古代歷史文化研究輯刊

十六編

王明蓀 主編

第 12 冊

宋代老年人法律保護研究

石 璠 著

國家圖書館出版品預行編目資料

宋代老年人法律保護研究／石璠 著 — 初版 — 新北市：花木
蘭文化出版社，2016〔民 105〕
目 2+198 面；19×26 公分
（古代歷史文化研究輯刊 十六編；第 12 冊）
ISBN 978-986-404-756-7（精裝）
1. 老人養護 2. 宋代
618   105014264

ISBN-978-986-404-756-7

9 789864 047567

古代歷史文化研究輯刊
十六編　第十二冊　　　　　　　　ISBN：978-986-404-756-7

宋代老年人法律保護研究

作　　者　石 璠
主　　編　王明蓀
總 編 輯　杜潔祥
副總編輯　楊嘉樂
編　　輯　許郁翎、王筑　美術編輯　陳逸婷
出　　版　花木蘭文化出版社
社　　長　高小娟
聯絡地址　235 新北市中和區中安街七二號十三樓
　　　　　電話：02-2923-1455／傳真：02-2923-1452
網　　址　http://www.huamulan.tw 信箱 hml810518@gmail.com
印　　刷　普羅文化出版廣告事業
初　　版　2016 年 9 月
全書字數　176851 字
定　　價　十六編 35 冊（精裝）台幣 68,000 元

宋代老年人法律保護研究

石璠　著

作者簡介

石璠，中國政法大學法律史學博士，現任東莞理工學院政法學院講師。主要論文有《宋代弱勢群體法律地位探析：以寡婦、贅婿和養子爲例》，《宋代給侍之法：養兒防老的古代實踐》等。主要從事宋代法律史研究。

提　　要

　　宋代以仁立國，在矜恤老弱方面繼承前代又有創新，其利弊得失可爲當代之鑒。本文對宋代法律在孝敬老人、贍養老人、優待老人以及救助孤貧老人等方面的制度規定及其實踐進行了系統的研究。

　　第一章「孝」與尊老之法，分析了宋代在國家、地方與家庭層面的各種孝道宣傳制度與實踐，並對學界多有討論但仍有辯證必要的「別籍異財」問題和並未引起學界特別關注的「不救親疾」問題進行了論述。此外，對司法官在處理不孝罪訴訟時的特殊立場進行了分析。

　　第二章「養老之法」，圍繞老年之人居家而得以養的兩個基本條件「得其人」和「有其財」來展開論述。前者涉及到有子場合的侍丁免役、侍丁緩刑與換刑以及職官歸侍等制度，以及無子場合的收養和招贅制度。後者則論述了「遺囑權」、「養老份」以及「賜賞高年」等制度對養老的影響。

　　第三章「憂老之法」，主要論述了宋代折杖法體系以及特定社會背景之下老年人刑罰以及訴訟優待制度的新發展。宋代役法對老人制度上的優待並實踐中的煩擾在此也有論及。

　　第四章「對孤貧老人的特殊救助」則主要是從宋代官辦救濟機構的設立、運行以及興廢等方面展開的研究。其中特別關注了居養機構的救助時間和標準問題。

　　最後結論部分對宋代的老年人法律保護制度進行了總結評價。

目次

緒　論

一、選題的緣起與擬解決的問題

　　人口老齡化是世界各國普遍面臨的重大社會問題。20 世紀 90 年代以來中國的人口老齡化進程也開始加速，目前的老齡人口已超過 2 億，老齡化程度已經達到 14.8%，預計 2040 年，65 歲以上的老年人口將超過我國人口總數的 20%，〔註 1〕這意味著我國也將面臨著巨大的人口老齡化壓力。老年之人由於身體機能的下降，在激烈競爭的社會中處於不利的地位，需要國家、社會和家庭的關心與幫助。而在一個老齡化的社會如何使老年人老有所養將是一個更具挑戰性的社會問題。就目前的狀況來看，我國還沒有找到很好的解決方案。雖然法律制度上已有「老年人權益保障法」在老年人權利、老年人生活優待和保障制度等方面做出了規定，但現實中許多老年人的生活遠未達到老有所養的目標，各種關於孤獨老人、被棄老人淒涼生活的報導屢見報端。

　　而中國傳統社會一向有尊老尚齒的傳統，它不僅是一種民間風俗，更是作為一種政治倫理貫徹於法律制度之中，包括尊敬老人、贍養老人、優待老人、救助老人在內的各種法律制度構建了一個保護老年人的法律系統。一切經驗和教訓都當來自對歷史的審視和總結，研究歷史上的老年人法律保護制度對解決今天社會所面臨的問題當具有重要的啓發和借鑒意義。宋代是傳統中國富於變化的一個時期，經濟、政治、社會結構、思想觀念等在這一時期

〔註 1〕 吳玉韶主編：《中國老齡事業發展報告（2013）》，社會科學文獻出版社 2013 年版。

都發生著重要的影響深遠的變化，在對老年人的法律保護方面，宋代也取得了令人矚目的成就。但是目前從法律史的角度對傳統中國的老年人保護制度進行研究的論著並不多見，宋代則更少，因此筆者計劃在已有的研究基礎之上，將宋代的老年人法律保護作爲研究對象，從尊老、養老、優老以及對孤貧老人的特殊救助方面探尋宋代老年人法律保護的制度規定與實踐情況，並希望解決以下問題：第一，宋代的法律給老年人提供哪些保護？這些法律保護的實踐情況如何？第二，這些法律實踐是否受到其它社會因素的影響，其結果如何？第三，宋代的法律生活中，老年人基於什麼價值選擇獲得尊重和保護？它對於老年群體本身有何影響？最後，從宋代老年人法律保護的制度與實踐中我們能得到什麼啓示？

二、概念的界定

何謂「老年」？《黃帝內經》對人體的衰老過程有這樣的描述：

> 女子七歲腎氣盛，齒更髮長。二七而天癸至，任脈通，太沖脈盛，月事以時下，故有子。三七腎氣平均，故眞牙生而長極。四七筋骨堅，髮長極，身體盛壯。五七陽明脈衰，面始焦，髮始墮。六七三陽脈衰於上，面皆焦，髮始白。七七任脈虛，太沖脈衰少，天癸竭，地道不通，故形壞而無子也。丈夫八歲腎氣實，髮長齒更。二八腎氣盛，天癸至，精氣溢瀉，陰陽和，故能有子。三八腎氣平均，筋骨勁強，故眞牙生而長極。四八筋骨隆盛，肌肉滿壯。五八腎氣衰，髮墮齒槁。六八陽氣衰竭於上，面焦，髮鬢頒白。七八肝氣衰，筋不能動。八八天癸竭，精少，腎臟衰，形體皆極，則齒髮去。〔註2〕

據此，在古人的觀念中，人體四十多歲已經進入身體機能的衰弱期了。儒家經典《禮記》則對人生階段作了這樣的劃分：

> 人生十年曰幼，學。二十曰弱，冠。三十曰壯，有室。四十曰強，而仕。五十曰艾，服官政。六十曰耆，指使。七十曰老，而傳。八十、九十曰耄。七年曰悼。悼與耄，雖有罪，不加刑焉。百年曰期頤。〔註3〕

〔註2〕《黃帝內經素問校釋》卷一《上古天眞論篇》，第7～8頁。
〔註3〕《禮記正義》卷第一《曲禮上》，第19～20頁。

也即人到五十歲時開始進入老年，但並未完全衰老，可以其人生經驗和歷練「與聞邦國之大事」，到六十歲時，可以「指事使人」，不必事必躬親，到七十歲可正式稱爲老人，這時候應當將自己的人生經驗和社會責任傳遞給子孫，八十歲以上者則不需承擔社會義務，而應該安享晚年。《禮記‧王制》則更明確地將養老的起始年齡定於五十而又有差等，並據此享受不同的優待：

> 凡養老，有虞氏以燕禮，夏后氏以饗禮，殷人以食禮，周人修而兼用之。五十養於鄉，六十養於國，七十養於學，達於諸侯。八十拜君命，一坐再至，瞽亦如之。九十使人受。五十異粻，六十宿肉，七十貳膳，八十常珍，九十飲食不離寢，膳飲從於遊可也。六十歲制，七十時制，八十月制，九十日修，唯絞、紟、衾、冒，死而後制。五十始衰，六十非肉不飽，七十非帛不暖，八十非人不暖，九十雖得人不暖矣。五十杖於家，六十杖於鄉，七十杖於國，八十杖於朝，九十者，天子欲有問焉，則就其室，以珍從。七十不俟朝，八十月告存，九十日有秩。五十不從力政，六十不與服戎，七十不與賓客之事，八十齊喪之事弗及也。五十而爵，六十不親學，七十致政。〔註4〕

　　但在法律上具體將老年的起始年齡定於哪一階段，在不同的歷史時期有不同的規定，在不同事務上老年的標準又是不同的。一般來說，賦役優待是進入老年期後首先可以獲得的優待，因此，在無法獲得明確的入老年齡法律規定時將免役的年齡作爲法律上的老年的起始年齡對本文所要討論的問題應當沒有大的影響。

　　西周之時將「國中」之六十以上者及「野」之六十五以上者歸爲老人，老者在賦役上皆得免徵。〔註5〕秦時，有爵者年五十六爲「免老」，無爵者六十方爲「免老」。〔註6〕漢時將老分爲「免老」和「睆老」，免老依據爵位年齡

〔註4〕《禮記正義》卷第十三《王制》，第420～423頁。

〔註5〕《周禮注疏》卷第十二《鄉大夫》：「鄉大夫之職……以歲時登其夫家之眾寡，辨其可任者。國中自七尺以及六十，野自六尺以及六十有五，皆徵之。其舍者，國中貴者、賢者、能者、服公事者、老者、疾者皆舍。以歲時入其書。」第295頁。

〔註6〕（漢）衛宏：《漢官舊儀》卷下：「秦制二十爵，男子賜爵一級以上，有罪以減，年五十六免。無爵爲士伍，年六十乃免老。」見（清）孫星衍等輯：《漢官六種》，第53頁。

從五十八至六十六不等，皖老要求稍低，最高六十二可爲皖老。〔註7〕不過漢昭帝時入老年齡則不分爵位統一規定爲五十六歲。〔註8〕晉戶調式規定：「男女年十六已上至六十爲正丁，十五已下至十三、六十一已上至六十五爲次丁，十二已下、六十六已上爲老小，不事。」〔註9〕則是六十六歲方爲老。北齊規定「男子……六十免力役，六十六退田，免租調。」〔註10〕北周的免役年齡也爲六十〔註11〕。隋開皇令規定：「男女三歲已下爲黃，十歲已下爲小，十七已下爲中，十八已上爲丁。丁從課役，六十爲老乃免。」〔註12〕即隋代的入老年齡爲六十，入老之後得免課役。唐戶令也以六十爲老而不課，〔註13〕不過在特定歷史時期也有五十八或五十五的入老規定，如神龍元年（705）以五十八爲老，〔註14〕廣德元年（763）又以五十五爲老。〔註15〕

　　宋代的入老年齡初承唐制，《宋刑統》準唐廣德元年敕以五十五爲老。其後乾德元年（963）定版籍，太祖「令諸州歲所奏戶賬，其丁口男夫二十爲丁，六十爲老。女口不須通堪。」〔註16〕則是又回復了唐令六十入老的規定。此後相對穩定，元豐、政和令皆以六十爲老。〔註17〕但在宋人的觀念中，年入五十已算得是進入老年期了。洪邁《人生五計》記述了時人對人生五個階段的劃分，不同階段人生的重點是不一樣的，十歲爲「生計」，二十爲「身計」，三十至四十爲「家計」，「五十之年，心怠力疲，俯仰世間，智術用盡，西山

〔註7〕　張家山二四七號墓竹簡整理小組編：《張家山漢墓竹簡（釋文修訂本）〔二四七號墓〕》《二年律令‧徭律》：「皖老各半其爵徭。」第64頁。

〔註8〕　（漢）桓寬著，王利器校注：《鹽鐵論校注》卷三《未通篇》：「今陛下哀憐百姓，寬力役之政，二十三始傅，五十六而免，所以輔耆壯而息老艾也。」第192頁。

〔註9〕　（唐）房玄齡等：《晉書》卷二十六《食貨志》，第790頁。

〔註10〕　（元）馬端臨：《文獻通考》卷二《田賦考二》。

〔註11〕　（唐）魏徵等：《隋書》卷二十四《食貨志》：「司役掌力役之政令。凡人自十八以至五十有九，皆任于役。」第679頁。

〔註12〕　（唐）魏徵等：《隋書》卷二十四《食貨志》，第680頁。

〔註13〕　（宋）竇儀等撰，薛梅卿點校：《宋刑統》卷第十二《戶婚律‧脫漏增減戶口》：「準戶令：諸男女三歲以下爲黃，十五以下爲小，二十以下爲中。其男年二十一爲丁，六十爲老。無夫者，爲寡妻妾。」第214頁。

〔註14〕　（後晉）劉昫：《舊唐書》卷四十八《食貨上》，第2089頁。

〔註15〕　（宋）歐陽修等：《新唐書》卷五十一《食貨一》，第1347頁。

〔註16〕　（宋）李燾：《續資治通鑑長編》卷四，乾德元年十月庚辰，第106～107頁。

〔註17〕　（清）徐松：《宋會要輯稿》食貨六〇之七，頁5868，2。

之日漸逼，過隙之駒不留，當隨緣任運，息念休心，善刀而藏，如蠶作繭，
其名曰老計；六十以往，甲子一周，夕陽銜山，倏爾就木，內觀一心，要使
絲毫無慊，其名曰死計」。〔註18〕也即五十歲之後進入老年，智術、體力皆衰，
不可再去逐名逐利，當靜待命運的安排。六十之後，死亡逼近，當反省內心，
無愧地面臨死亡。

當然，老年人在家庭生活中獲得照顧並不以年老爲前提，無論父母的年
齡如何，對於子女來說都算是「老人」，對於已成年的子女來說更是如此，子
女必須對父母盡養老之責。因此，無論是法律上還是習慣上，對家庭生活中
老人權益的獲得和保護並沒有明確的年齡界限。

因此，爲了更好地展現宋代老年人獲得保護的實際情況，本文在原則上
以年滿六十歲爲老年人的標準，但並不限於六十歲。

三、有關研究的學術史回顧

本文雖重在研究保護老年人權益的法律制度與實踐，但由於對老年人給
予法律保護涉及到社會生活的許多方面，作爲研究的基礎和素材並不能局限
於單純的法律條文和司法實踐，因此，在經濟、人口、禮制、社會救助等方
面涉及到老年人問題的研究都是本文展開研究的基礎。本文雖以宋代爲關注
點，但相關內容的通史性研究和宋以外朝代的斷代史研究對本文的論述亦多
有幫助。因此，在研究的過程中所涉及到的論著數量龐大，是筆者無法在此
一一述及的，因此僅將與本文內容直接相關的研究成果作一個回顧。

（一）綜合性的尊老養老研究

專著方面以高成鳶的《中華尊老文化探究》〔註19〕和謝元魯、王定璋的
《中國古代敬老養老風俗》〔註20〕爲代表，前者從多角度論述了中國古代的
尊老文化，涉及到孝與尊老之間的關係、歷代尊老禮制與法制、老人在家庭
生活、政治生活以及社會生活中的地位與價值等方面的內容，其中在孝與尊
老之間的關係上本書做了突破以往理論的新闡釋，指出孝乃是尊老風俗的衍
生；後者則系統梳理了歷代敬老養老的禮儀、對老人的優待與救濟措施、官
方的各種敬老慶典、民間的敬老風俗、官員的致仕等制度。論文方面有劉松

〔註18〕（宋）洪邁：《容齋隨筆‧五筆》卷三《人生五計》，第854頁。
〔註19〕中國社會科學出版社1999年版。
〔註20〕陝西人民出版社2004年版。

林的《淺談我國古代的養老制度》〔註21〕，其文簡要敘述了從先秦到明清的養老禮儀、制度與措施，分析了其歷史和社會根源。王志芬的論文《淺析中國古代的尊老養老體制》〔註22〕以《禮記》爲基本材料，分述了中國古代家庭裏的孝親、社會上的尊長、國家的尊老養老，認爲中國古代的尊老養老是以家庭養老爲主，家庭孝親、社會尊長、國家尊老養老三種形式並行的體制。其它如王定璋的《中國古代的敬老養老》〔註23〕、劉德增的《古代中國的養老與敬老》〔註24〕等文主要從社會風俗的角度介紹了古代的養老之制，也涉及到對相關制度的介紹分析。

吳欣的論文《強權與弱勢：中國古代老人的雙重身份研究》〔註25〕也涉及到對部分養老、優老制度的分析，然其重在對古代老人身份的辯證分析上，觀點頗有新意，文章提出中國古代的老人具有「強權」和「弱勢」雙重身份，強權表現在國家爲統治需要而設立的「里老」等「制度性老人」擁有一定的地方事務管理權上，弱勢表現在老年人的身體機能退化的事實上，而所謂的弱勢也因爲國家基於「老所當恤」的思想給予老人各種保護和優待而在事實上成爲老人的一種「優勢」。類似的關注老人社會角色的文章還有日本學者柳田節子的《宋代的父老——關於宋代專制權力對農民的支配》〔註26〕一文，文章給讀者展示了一個對維持地方秩序、推行地方治理發揮著重要作用的老人形象。

張鴻浩的論文《唐之前「敬老」文化的發展及其法制化進程》〔註27〕梳理了三代至南北朝敬老理念的形成、發展及其法制化的歷程，指出經過數百年的歷史積澱，至唐代禮法高度融合，尊老、敬老的法律法規已臻至完備，有序實施。王家封的碩士學位論文《中國古代老幼廢疾法律制度研究》〔註28〕難得地直接從法律的角度研究包括老人在內的中國古代涉及到矜恤老幼廢疾的法律制度，文章論述了中國古代老幼廢疾法律制度的思想淵源、歷史沿革和具體內容，並對其進行了評價。其中在各代的老幼廢疾法律制度的歷史沿

〔註21〕載《文史雜談》1999年第6期。
〔註22〕載《學術探索》2003年第7期。
〔註23〕載《文史雜誌》1991年第5期。
〔註24〕載《民俗研究》1992年第1期。
〔註25〕載《西北人口》2010年第3期。
〔註26〕載《漆俠先生紀念文集》，河北大學出版社2002年版，第331～338頁。
〔註27〕載《理論月刊》2012年第8期。
〔註28〕吉林大學2011年碩士學位論文。

革上，文章認爲唐律是中國古代老幼廢疾法律制度的成熟階段，其規定具體、明確而系統，唐後的朝代，包括宋代在老幼廢疾問題的立法上大多沿用唐律，幾無創新。此一結論值得商榷。

專門研究宋代尊老養老制度的成果較少，馬雪的碩士學位論文《宋代優老養老政策述論》〔註29〕是難得的直接以此爲題的論文，文章將對老年人的各種優待政策分爲優老和養老兩個層次來進行論述，並對宋代優老養老之政作出客觀的評價。任麗麗的碩士學位論文《唐宋時期的養老問題》〔註30〕則以唐宋時期爲關注點，分別從家庭養老、社會養老、政府養老以及致仕官員的養老四個方面論述了唐宋時期的養老問題。以上二文已經具有了一定的系統性，但由於篇幅的限制未能在具體問題上作更深入細緻的研究。

（二）孝與尊老的研究

中國古代的尊老在家庭生活中的實現主要依靠對孝的提倡和對不孝的禁止。關於此一方面的研究成果較多，茲選擇與本文所論直接關聯並具代表性者介紹如下：

1、宋代孝文化的研究

關於孝文化的通史性研究大多對宋代的孝文化有所涉及，而專門以宋代爲研究範圍的則以黃修明的《宋代孝文化述論》〔註31〕和舒大剛的《兩宋時期的孝悌文化》〔註32〕爲代表。前者具體論述了宋代的勸孝、禁不孝以及教育和人事制度中的重孝現象，後者論及了宋代儒學的提倡、孝經的推廣、對地方官勸孝責任的強調、不孝罪的懲治等方面的內容。

2、孝與法律的關係的研究

專門論述孝與法律問題的論著較多，較有代表性的有周欣宇《中國古代孝——法關係模式及其影響》〔註33〕將孝與法之間的關係概括爲「融孝於法」和「屈法申孝」兩方面，「父子相隱」、「存留養親」、「孝子復仇」等都是屈法申孝的體現。黃修明的《論儒家「孝治」司法實踐中「孝」與「法」的矛盾

〔註29〕湘潭大學 2008 年碩士學位論文。
〔註30〕河北師範大學 2010 年碩士學位論文。
〔註31〕載《四川大學學報》（哲學社會科學版）2002 年第 4 期。
〔註32〕載四川大學古籍研究所：《宋代文化研究》第十九輯，四川文藝出版社 2011 年版，第 20～29 頁。
〔註33〕載《蘭州學刊》2009 年第 2 期。

衝突》〔註34〕一文指出將儒家的孝治原則付諸司法實踐往往不同程度地出現「孝」與「法」的矛盾衝突，其結果通常是「法」屈於「孝」，從而導致了中國古代法制史上「以孝枉法」、「屈法徇孝」的有失司法公正的司法現象。林明的《傳統法制中的孝道文化因素釋義》〔註35〕闡述了孝從觀念到治國策略的演變過程，梳理了作爲孝文化載體之一的法律制度中基於孝與懲治不孝的規定，分析了中國古代孝法融合的必然性與合理性，呼籲重新審視傳統的孝道文化，重塑一種理性的孝觀念和新型的孝文化。

3、勸孝法律與實踐的研究

在旌表孝行方面，論著也很多，其中王美華的論文《官方旌表與唐宋兩代孝悌行爲的變異》〔註36〕從禮制發展的角度在論證唐宋兩代對孝悌認識之差異的基礎上，分析指出在官方的旌表之下宋代的孝悌行爲與唐代相比發生了變異，它從一種出於自然親情的個人行爲變爲一種爲官方引導和控制的社會行爲，並朝著一種極端化的方向發展。文中提到了宋代關於孝悌方面的法律和復仇殺人等法律問題，但遺憾的是文章並未涉及有關官方旌表方面的法律。

關於復仇，學者多有研究，成果頗豐。瞿同祖先生在《中國法律與中國社會》〔註37〕一書中已有專門研究。此外還有一些以復仇與法律、復仇與孝道等爲題的論文，如張建國《中國古代復仇觀之我見》〔註38〕、苗明宇《中國古代復仇制度初探》〔註39〕、張玉光《儒家孝義思想對傳統中國國家司法主義的影響——以「復仇」制度爲論域的思考》〔註40〕、唐紅林、鄒劍鋒《儒家「孝治」對血親復仇的揚抑》〔註41〕、楊士泰《中國古代法律中的復仇問題研究》〔註42〕、明輝《法律與復仇的歷史糾纏——從古代文本中透視中國法律文化傳統》〔註43〕等。

關於代刑的研究相對較少，除了瞿同祖先生在前述《中國法律與中國社

〔註34〕載《江西社會科學》2010 年第 6 期。
〔註35〕載《法學論壇》2011 年第 6 期。
〔註36〕載《東北師大學報》(哲學社會科學版) 2003 年第 2 期。
〔註37〕中華書局 1981 年版。
〔註38〕載《法學》1998 年第 8 期。
〔註39〕載《中國青年政治學院學報》2002 年第 6 期。
〔註40〕載《西南政法大學學報》2004 年第 5 期。
〔註41〕載《寧波大學學報》(人文科學版) 2005 年第 6 期。
〔註42〕載《河北職業技術學院學報》2006 年第 3 期。
〔註43〕載《學海》2009 年第 1 期。

會》一書中有簡單論述之外，筆者僅見的是方瀟的《中國古代的代親受刑現象探析》〔註44〕一文，文章從代親受刑的類型及特點、動因、法律規定、司法實踐、言詞技巧、善後處理、思想淵源等方面系統論述了中國古代的代親受刑現象，指出在情理爲指導的司法實踐中，屈法申情原宥代親受刑者的現象必然會不斷出現。

　　在地方官的勸孝責任與實踐上，有占秀梅的博士學位論文《北宋士大夫地方教化研究》〔註45〕，文章系統研究了北宋地方官的教化職責和以興學校、旌表勸諭、組織禮儀活動等爲主的教化活動，士大夫以家規家訓爲主要載體的家內教化以及以鄉約爲中心的地方教化活動論文亦有專章研究。王美華的《唐宋時期地方官教化職能的規範與社會風俗的移易》〔註46〕和《地方官社會教化實踐與唐宋時期的禮制下移》〔註47〕二文均是通過對唐宋時期地方官的勸孝責任及其實踐情況的對比論述後指出，通過地方官的教化，反映在官方文本中的禮制原則實施於民間，在帶來了民間文明化程度提高的同時也實現了國家權力對民間社會的控制。楊建宏的論文《論宋代官方諭俗文與基層社會控制》〔註48〕則重點討論了宋代官方諭俗文的源流與存在的社會基礎並對其基本內容與基層社會控制之間的關係進行了研究，指出宋代的官方諭俗文有助於禮教深入民間，加強了國家對基層的社會控制。

　　對宋代家法、家訓的研究較爲豐富，一般的家訓通史性的研究對宋代的家法、家訓都有重點關注，徐麗的《中國古代家訓通論》〔註49〕通過對古代家訓產生的社會基礎及主要內容的分析，指出家訓是家族性和社會性的統一、傳統經驗與價值的統一、勸導和約束的統一、歷史性和代傳性的統一。徐梓的《家範志》〔註50〕，徐少錦、陳延斌的《中國家訓史》〔註51〕，王長金的《傳統家訓思想通論》〔註52〕等都是比較具有代表性的家訓通史性著作，從中我們可以

〔註44〕載《法學研究》2012 年第 1 期。
〔註45〕上海師範大學 2010 年博士學位論文。
〔註46〕載《社會科學輯刊》2006 年第 3 期。
〔註47〕載《遼寧大學學報》（哲學社會科學版）2010 年第 5 期。
〔註48〕載《湖南社會科學》2006 年第 3 期。
〔註49〕載《學術月刊》1995 年第 7 期。
〔註50〕《中華文化通志》第 5 典《教化與禮儀·家範志》，上海人民出版社 1998 年版。
〔註51〕陝西人民出版社 2003 年版。
〔註52〕吉林人民出版社 2006 年版。

瞭解到歷代的主要家訓作品、思想內容、發展特點等,其中《家範志》中關於家範社會化的論述以及《傳統家訓思想通論》中關於家訓中的孝悌思想的論述與本文的研究有較直接的聯繫。陳延斌的《中國傳統家訓的孝道教化及其現代意蘊》〔註53〕一文主要闡述了傳統家訓中的勸孝內容、實現途徑及其在現代社會的借鑒價值,值得參考。此外關於家族制度的研究論著中亦有一些涉及到家訓,徐揚傑的《中國家族制度史》〔註54〕和《宋明家族制度史論》〔註55〕二著均將家法、家訓作爲宋代士大夫維繫累世同居大家族的重要手段。王善軍的《宋代宗族和宗族制度研究》〔註56〕則專闢一章考察了以家訓、家法爲主要內容的宋代家法族規的形成途徑、主要內容、時代特徵及其社會作用。除此之外,專門研究宋代家訓的論著亦有很多,但是,由於宋代家訓中治生實用特點的突出使得學者關注的焦點大多集中在其經濟內容上,而對其中的勸孝內容反而沒有太多特別的關注。值得參考的有陳延斌的《〈袁氏世範〉的倫理教化思想及其特點》〔註57〕和《論司馬光的家訓及其教化特色》〔註58〕、游彪的《建構和諧:宋儒理想狀態的家庭鄰里關係》〔註59〕、宋東俠的《淺析宋代家訓的和諧因子》〔註60〕等。在宋代家訓的社會影響方面,楊建宏的《宋代禮制與基層社會控制研究》〔註61〕和劉欣的《宋代家訓研究》〔註62〕此二篇博士論文對此有所論述。

4、禁止不孝的法律與實踐的研究

關於不孝的法律禁止有諸多法律史研究成果,就本文所涉及到的宋代別籍異財的不孝行爲來說,主要研究成果有包偉民、尹成波的《宋代「別籍異財法」的演變及其原因闡析》〔註63〕、張本順的《變革與轉型:宋代「別籍異財」法的時代特色、成因及意義論析》〔註64〕等。尹成波的博士學位論文《從

〔註53〕載《孝感學院學報》2011年第1期。
〔註54〕人民出版社1992年版。
〔註55〕中華書局1995年版。
〔註56〕河北教育出版社2000年版。
〔註57〕載《道德與文明》2000年第5期。
〔註58〕載《南京師大學報》(社會科學版)2001年第4期。
〔註59〕載《上海大學學報》(社會科學版)2008年第1期。
〔註60〕載《青海師範大學學報》(社會科學版)2008年第2期。
〔註61〕四川大學2006年博士學位論文。
〔註62〕雲南大學2010年博士學位論文。
〔註63〕載《浙江大學學報》(人文社會科學版)2009年第3期。
〔註64〕載《法制與社會發展》2012年第2期。

異子之科到禁止別籍異財》〔註65〕則詳細梳理了別籍異財法的發展歷程,並對其發展變化的原因作出了分析。柳立言的《宋代的家庭與法律》〔註66〕中有多篇文章涉及到別籍異財問題,如《宋代同居制度下的所謂「共財」》、《宋代分產法「在室女得男之半」新探》二文在討論宋代「同居共財」的性質以及女兒的財產權利時都對別籍異財法有所論及,《從法律糾紛看宋代的父權家長制——父母舅姑與子女媳婿相爭》在探討父母子女之間的財產糾紛時對別籍異財法亦有所涉及。此外其論文《宋代的社會流動與法律文化:中產之家的法律?》〔註67〕也有相似內容。戴建國的《宋代家族政策初探》〔註68〕一文也對分戶別籍問題進行了簡要論述。

對「不省父母疾」的不孝行為法史學者多未特別關注,因為此一行為與宋代民間的巫覡信仰有關,因此有關宋代巫覡信仰的研究對此問題有所涉及,包括劉黎明的《宋代民間巫術研究》〔註69〕、李小紅的《巫覡與宋代社會》〔註70〕、王章偉的《在國家與社會之間——宋代巫覡信仰研究》〔註71〕等。

在宋代不孝罪司法上,學者對司法官的斷案技巧和價值追求已有豐富的研究。范忠信、鄭定、詹學農的《情理法與中國人——中國傳統法律文化探微》〔註72〕、霍存福的《中國傳統法文化的文化性狀與文化追尋——情理法的發生、發展及其命運》〔註73〕、顧元的《衡平司法與中國傳統法律秩序——兼與英國衡平法相比較》〔註74〕等均為通論性的作品。具體到宋代,陳景良先生有一系列文章可為參考,如《試論宋代士大夫司法活動中的人文主義批判之精神》〔註75〕、《試論宋代士大夫司法活動中的德性原則與審判藝術》〔註76〕、《試論宋代士大夫的法律觀念》〔註77〕等,此外還有王志強的《南宋司法裁判中的價

〔註65〕浙江大學 2009 年博士學位論文。
〔註66〕上海古籍出版社 2008 年版。
〔註67〕載《唐研究》第 11 卷,北京大學出版社 2005 年版,第 117～158 頁。
〔註68〕戴建國:《宋代法制初探》,黑龍江人民出版社 2000 年版,第 292～326 頁。
〔註69〕巴蜀書社 2004 年版。
〔註70〕四川大學 2004 年博士學位論文。
〔註71〕香港中華書局 2005 年版。
〔註72〕中國人民大學出版社 1992 年版。
〔註73〕載《法制與社會發展》2001 年第 3 期。
〔註74〕中國政法大學出版社 2006 年版。
〔註75〕載《法商研究》1997 年第 5 期。
〔註76〕載《法學論壇》1997 年第 6 期。
〔註77〕載《法學研究》1998 年第 4 期。

值取向》﹝註78﹞、日本學者佐立治人的《〈清明集〉的「法意」與「人情」——由訴訟當事人進行法律解釋的痕跡》﹝註79﹞可供參考，劉馨珺《明鏡高懸——南宋縣衙的獄訟》﹝註80﹞一書中也有專章論述法官的聽訟與定罪方法。再具體到宋代的不孝罪司法，柳立言先生的一些論著則極有參考價值，前述《從法律糾紛看宋代的父權家長制——父母舅姑與子女媳婿相爭》，通過對不同類型的父母子女之間的糾紛及其處理的分析來闡述宋代的父權家長制，指出在各類親子之間的糾紛中執法者的最終目標是維護家庭的秩序和和諧，也即家內的尊卑有分和父慈子孝，此文亦談到性別對法律糾紛中當事人所處地位的影響，認爲作爲寡婦的母親在教令權、財產權等方面均表現出衰弱的趨勢。

（三）養老之法的研究

1、老疾給侍之法的研究

老有所養需要得其人，亦需要有其財。得其人表現在法律上則有「老疾給侍」之法。其中包含狹義的給侍及侍丁免役制度、存留養親製度、職官歸侍制度等。下面分述這些方面已有的研究成果。在給侍制度上，有關唐代的研究較多，如陳明光的《唐朝的侍老制度》﹝註81﹞，李錦繡的《唐代制度史略論稿》﹝註82﹞第四部分「交通、社會制度」中也有題爲「唐代的給侍制度——儒家學說的具體實現」的專題研究，王春花的博士學位論文《唐代老年人口研究》﹝註83﹞則有專章結合出土資料對唐代的給侍制度作了專門研究。但關於宋代給侍制度的研究筆者多方搜索未有結果。關於存留養親製度，瞿同祖先生的《中國法律與中國社會》一書中早有研究，專門研究存留養親製度的論文則有張紀寒《存留養親製探源》﹝註84﹞，劉希烈《論存留養親製度在中國封建社會存在的合理性》﹝註85﹞等。吳昊的碩士學位論文《存留養親

﹝註78﹞ 載《中國社會科學》1998 年第 6 期。
﹝註79﹞ 載楊一凡總主編《中國法制史考證》丙編第三卷，寺田浩明主編《日本學者考證中國法制史重要成果選擇‧宋遼西夏元卷》，中國社會科學出版社 2003 年版，第 438～477 頁。
﹝註80﹞ 北京大學出版社 2007 年版。
﹝註81﹞ 載《文史知識》1991 年第 11 期。
﹝註82﹞ 中國政法大學出版社 1998 年版。
﹝註83﹞ 山東大學 2011 年博士學位論文。
﹝註84﹞ 載《中南大學學報》（社會科學版）2003 年第 4 期。
﹝註85﹞ 載《當代法學》2005 年第 3 期。

製度流變探析》〔註86〕對存留養親製度的歷史發展做了梳理，但其文將宋代的存留養親製度歸入因襲階段，因而並無深入探討。在有關宋代刑法史、刑罰史、司法制度史的論著中對存留養親製度則有零星涉及。如王雲海主編的《宋代司法制度》〔註87〕執行章對侍丁編配之刑及死刑的緩刑和減免有簡單介紹，魏殿金的《宋代刑罰制度研究》第三章第四節「其它量刑制度」〔註88〕中也有關於侍丁緩刑的簡單介紹。對職官歸侍制度的專門研究並不多見，筆者所知的相關研究多是學者在研究職官任職迴避制度時作爲例外情況附帶性的有所提及，如張邦煒《宋代避親避籍制度述評》〔註89〕對避親籍制度的歷史源流、宋代此制的發展及實踐情況、例外規定以及此制的利弊作出了分析論述。苗書梅的《宋代官吏迴避法述論》〔註90〕對宋代官吏迴避法的歷史發展及其重要作用展開了論述。張希清的《宋朝典制》〔註91〕、祝豐年、祝小惠合著的《宋代官吏制度》〔註92〕在論述職官除授迴避制度時對此也有簡要論述。

2、收養與入贅的研究

無子時，要實現老而得人所養則可通過收養和招贅的方法來實現。在這一問題上與本文所論有直接聯繫的以柳立言的《養兒防老：宋代的法律、家庭與社會》〔註93〕一文最具代表性，其文除了對有子場合的親子之間的一般供養法律關係進行了分析之外，重點分析了無子的場合繼子、義子、贅婿與養父母及岳父母之間的權利義務關係，認爲父母必須先養兒後防老，不同身份的養子與贅婿的財產權利的大小乃取決於其對所養、所贅之家孝養義務的履行情況。前述張希清《宋朝典制》一書亦有類似看法，指出宋代的財產繼承制度具有「強調繼承權與贍養義務的一致性」的特點。葉孝信主編的《中國民法史》〔註94〕在對宋代的繼承制度論述時也持類似觀點。日本學者滋賀秀三的《中國家族法原理》〔註95〕對嗣子的選定與地位做了專章研究，贅婿也被其作爲不正規的家

〔註86〕西南政法大學 2005 年碩士學位論文。
〔註87〕河南大學出版社 1992 年版。
〔註88〕齊魯書社 2009 年版，第 154～155 頁。
〔註89〕載《四川師範大學學報》1986 年第 1 期。
〔註90〕載《河南大學學報》（社會科學版）1991 年第 1 期。
〔註91〕吉林文史出版社 1997 年版。
〔註92〕中國社會出版社 2007 年版。
〔註93〕柳立言：《宋代的家庭和法律》，上海古籍出版社 2008 年版，第 375～407 頁。
〔註94〕上海人民出版社 1993 年版。
〔註95〕中國政法大學出版社 2002 年版。

庭成員對其地位進行了探討。筆者的碩士學位《宋代弱勢群體法律地位探析——以寡婦、贅婿、養子爲例》〔註96〕對收養的程序、養子的法律地位、贅婿的法律地位等問題有初步研究。其它還有一些專門研究宋代收養與入贅制度的論文，亦爲本文的研究提供了線索。包括朱鳳詳的《漫話贅婚》〔註97〕、邢鐵的《我國古代的贅婿繼產問題》〔註98〕和《唐宋時期的贅婿和接腳夫》〔註99〕、呂志興的《宋代立嗣制度探析》〔註100〕等。近年則有金眉《唐宋養子制度變動研究——以異姓男的收養爲考察對象》〔註101〕、李雲根《宋代入贅婚論略》〔註102〕等文可供參考。

3、養老的經濟基礎

老年人老有所養除了要得其人之外，還需要有其財。老人對家庭財產的支配之權以及家庭本身的經濟條件影響著老年人養老的經濟基礎。老年人對家庭財產的支配權主要體現在其作爲家長時對家庭財產支配、處分之權，其中也包括以遺囑處分財產的權利，對此前輩學者已有充分的研究。日本學者中田薰《唐宋時代の家族共產制》〔註103〕與前述滋賀秀三《中國家族法原理》二著開啓了學界對此一問題迄今仍在繼續的論爭。此外仁井田陞的《唐宋法律文書の研究》〔註104〕、《中國身份法史》〔註105〕和《中國法制史》〔註106〕等著作中對此問題亦有專門研究。柳立言先生的諸多論著對此問題也有討論，前述《宋代同居制度下的所謂共財》最具代表性。此外，代表性的成果還包括：莫家齊《從名公書判清明集看宋朝繼承制度》〔註107〕、郭東旭《宋代財產繼承法初探》〔註108〕、魏天安《宋代「戶絕條貫」考》〔註109〕、邢

〔註96〕中國政法大學 2004 年碩士學位論文。

〔註97〕載《黃淮學刊》（哲學社會科學版）1998 年第 3 期。

〔註98〕載《民俗研究》1996 年第 2 期。

〔註99〕載《宋史研究論叢》第九輯，河北大學出版社 2008 年。

〔註100〕載《現代法學》2001 年第 3 期。

〔註101〕載《法制與社會發展》2011 年第 4 期。

〔註102〕載《江西社會科學》2012 年第 8 期。

〔註103〕〔日〕中田薰：《法制史論集》第三卷，岩波書店 1943 年版。

〔註104〕東方文化學院東京研究所 1937 年版。

〔註105〕東京大學出版會 1942 年版。

〔註106〕上海古籍出版社 2011 年版。

〔註107〕載《法學雜誌》1984 年第 6 期。

〔註108〕載《河北大學學報》1986 年第 3 期。

〔註109〕載《中國經濟史研究》1988 年第 3 期。

鐵《宋代的財產遺囑繼承問題》〔註110〕、王善軍《從〈名公書判清明集〉看宋代的宗祧繼承與財產繼承的關係》〔註111〕、邢鐵《宋代家庭研究》〔註112〕、魏明道《中國古代遺囑繼承制度質疑》〔註113〕、姜密《中國古代「非戶絕」狀態下的遺囑繼承制度》〔註114〕、俞江《家產製視野下的遺囑》〔註115〕、乜小紅《秦漢至唐宋時期遺囑制度的演化》〔註116〕等。前述葉孝信主編的《中國民法史》中也有對此問題的細緻研究。此外李淑媛《爭財競產：唐宋的家產與法律》〔註117〕、高楠的《宋代民間財產糾紛與訴訟問題研究》〔註118〕中也有關於遺囑繼承、養老份的研究。

（四）老年人的刑罰與賦役優待

關於老年人的刑罰優待在一般的法制通史性著作中均有涉及，也有一些專門研究的論文，如吳曉玲《論中國封建法制的恤刑原則》〔註119〕、王春林《論中國古代法律中的矜老恤幼原則》〔註120〕、毛曉燕《中國傳統恤刑思想與刑獄實踐述評》〔註121〕、穆中傑《「矜老恤幼」：唐律認定刑事責任能力的基點》〔註122〕等。也有一些以此為題的碩士學位論文，如王慶亮《論中國古代法制之矜恤主義》〔註123〕、唐楊靜《論中國古代老年人犯罪之寬宥制度》〔註124〕、葛敬靜《中國古代寬宥制度研究》〔註125〕等。這些研究成果或專注於對中國傳統矜老恤幼的刑罰原則進行概括性地梳理，或主要以唐代法律的規定為立論之基礎，很少有人注意到宋代法律在給予老年人刑罰優待上所表

〔註110〕載《歷史研究》1992 年第 6 期。

〔註111〕載《中國社會經濟史研究》1998 年第 2 期。

〔註112〕上海人民出版社 2005 年版。

〔註113〕載《歷史研究》2000 年第 6 期。

〔註114〕載《歷史研究》2002 年第 2 期。

〔註115〕載《法學》2010 年第 7 期。

〔註116〕載《歷史研究》2012 年第 5 期。

〔註117〕北京大學出版社 2007 年版。

〔註118〕雲南大學出版社 2009 年版。

〔註119〕載《南昌大學學報》（人文社會科學版）2000 年第 1 期。

〔註120〕載《廣西青年幹部學院學報》2006 年第 4 期。

〔註121〕載《中州學刊》2006 年第 4 期。

〔註122〕載《理論月刊》2012 年第 5 期。

〔註123〕吉林大學 2006 年碩士學位論文

〔註124〕蘇州大學 2012 年碩士學位論文

〔註125〕青島大學 2012 年碩士學位論文

現出的新特點並對之進行專門研究。筆者僅見劉馨珺在前述著作《明鏡高懸——南宋縣衙的獄訟》中對宋代老年人在訴訟程序上所享的法律優待有所論及。

對老年之人給予賦役優待似乎是一個不言自明的固有制度，因此，對此進行專門研究的論著很少，已有的研究主要集中在漢、唐，宋代的有關研究成果極少，筆者僅從一些經濟史、財政史論著中獲得一些間接的論述，如漆俠《宋代經濟史》﹝註126﹞、鄭學檬《中國賦役制度史》﹝註127﹞、汪聖鐸《兩宋財政史》﹝註128﹞、曾我部靜雄《宋代財政史》﹝註129﹞等。

（五）居養之法

宋代通過普遍設立官辦機構給予孤貧老人以居養救助的做法在中國貧困救助史上格外引人注目，研究者眾多，有的以社會救助、社會保障為視角，有的將之歸入慈善範疇予以研究，成果極為豐富。早期有臺灣學者金中樞的論文《宋代的幾種社會福利制度：居養院、永濟坊、漏澤園》﹝註130﹞極有代表性，該文對宋代官辦的救助弱勢群體的機構設置、運作以及發展沿革作了詳細介紹，肯定了宋代的官辦弱勢群體救助機構的存在價值，認為其主旨是與現代的社會救濟制度相符的。宋炯《兩宋居養制度的發展——宋代官辦慈善事業初探》﹝註131﹞則以中央居養制度以及地方慈善事業的興衰發展為研究基礎，認為宋政府對慈善事業的重視有社會進步的意義，在慈善事業發展史上有繼往開來之功，但宋代的慈善事業其目的是社會控制，其指導思想是一種仁政的施捨思想，因此被救助者只是被動地接受施捨而不是享受權利。李瑾明的論文《宋代社會救濟制度的運作與國家權力——以居養院的變遷為中心》﹝註132﹞則重點介紹了宋代居養院的運營實態以及收容對象，認為居養院規模零散、財政基礎脆弱，加之所收容的並非完全是「窮民」，而是包括了大量會影響社會治安的無賴之徒，因此其盛衰與社會情勢的變化有密切關係，

﹝註126﹞河北大學出版社 2008 年版。
﹝註127﹞廈門大學出版社 1994 年版。
﹝註128﹞中華書局 1995 年版。
﹝註129﹞株式會社 1966 年版。
﹝註130﹞載邢義田、黃寬重、鄧小南總主編，李建民主編，臺灣學者中國史研究論叢，《生命與醫療》，中國大百科全書出版社 2005 年版，第 299～335 頁。
﹝註131﹞載《中國史研究》2000 年第 4 期。
﹝註132﹞載《中國史研究》2005 年第 3 期。

社會不安定之時，居養院就顯得活躍，相反，社會安定之時，居養院就進入
停滯蕭條期。莊華鋒、譚書龍的《宋代江南地區慈善事業研究》〔註 133〕以江
南地區的慈善事業爲研究對象，總結了其慈善事業發展的特點和興盛的原
因。此外還有沈華的《宋代官辦慈善事業新探》〔註 134〕一文，簡要介紹了宋
代的各種官辦慈善活動，並重點對宋代官辦慈善事業繁榮的原因做了分析，
認爲其根源不能僅僅歸於儒家仁政思想的影像，而是宋代解決社會矛盾、穩
定社會秩序的不得已手段。

　　著作方面，張文的《宋朝社會救濟研究》〔註 135〕和《宋朝民間慈善活動
研究》〔註 136〕、郭文佳的《宋代社會保障研究》〔註 137〕對宋代社會救助作了
系統研究，其中兩宋的官辦救助機構均是重要的研究對象。在居養機構的研究
方面，張文的《宋朝社會救濟研究》作了非常細緻的工作，通過對各地居養機
構的設置、興廢、規模、經濟來源等情況的研究向讀者展示了一個具體而生動
的居養機構形象。此外，梁其姿的《施善與教化：明清的慈善組織》〔註 138〕
一書是以明清時期的民間慈善爲主要研究對象的，但在第一章「明末以前的慈
善——觀念與制度變化」中對宋代政府給予貧老病者的救濟政策有專節論述。
日本學者夫馬進的《中國善會善堂史研究》〔註 139〕一書首章便介紹了到宋元
時代爲止的鰥寡孤獨政策，提出此一時期鰥寡孤獨保護的新動向在於均田制的
實施與救濟機構的出現，並以此來解釋國家對鰥寡孤獨者的具體救助措施。王
子今、劉悅斌、常宗虎的《中國社會福利史》〔註 140〕對宋元時期社會福利政
策的論述也主要集中在對各種官辦救助機構的研究上，其對居養院、禮敬高年
等制度措施的研究亦是本文展開進一步研究的基礎。

　　通過上述學術史的回顧可以看到，在宋代老年人法律保護的諸多相關問
題上學界已經取得了一定的成果，但仍存在一些不足，主要表現在：

　　第一，對宋代老年人法律保護的研究缺乏系統性。已有的研究成果非常
分散，往往僅針對老年人法律保護的某一方面，因此無法獲得對宋代老年人

〔註 133〕載《安徽史學》2006 年第 6 期。
〔註 134〕載《江西社會科學》2008 年第 11 期。
〔註 135〕西南師範大學出版社 2001 年版。
〔註 136〕西南師範大學出版社 2005 版。
〔註 137〕新華出版社 2005 年版。
〔註 138〕河北教育出版社 2001 年版。
〔註 139〕商務印書館 2005 年版。
〔註 140〕中國社會出版社 2002 年版。

法律保護狀況的整體性認識。

第二，對宋代老年人法律保護的不同方面的研究並不平衡。關於孝與尊老之法的研究以及對孤貧老人的特殊救濟的研究相對較爲成熟和豐富，而在養老以及老年人的刑罰和賦役優待方面的研究存在不足，還有許多可探究的空間。

第三，在某些具體問題上雖多有研究，但其眞實狀態還有辯證的必要。如別籍異財問題、居養之法的救助標準問題等。

有鑒於此，筆者不揣淺陋，希望在已有的研究基礎之上對宋代的老年人法律保護制度及其實施狀況進行系統研究，對前輩學者遺漏或關注較少的一些問題進行盡可能深入的探討，並對存在爭議的諸問題提出自己的拙見。

第一章　「孝」與尊老之法

　　「尊老尙齒」是自三代以來即已形成的傳統，《禮記・祭義》載：「昔者，有虞氏貴德而尙齒，夏后氏貴爵而尙齒，殷人貴富而尙齒，周人貴親而尙齒。虞夏殷周，天下之盛王也，未有遺年者。」自西周以後，宗法血緣關係成爲維繫社會的樞紐，「尊老尙齒」與「貴親」聯繫在一起之後，即形成了後世所謂「孝」的觀念。因此，通常意義上的「孝」本是「尊老」的衍生，「『孝』的道德，實際上是對老年家庭成員的尊重、敬愛、贍養和祭祀」。〔註1〕而經過儒家推崇和宣揚的「孝」從一種道德倫理上升爲一種政治倫理進而成爲一種法律義務之後，本源性的「尊老尙齒」傳統的實現在血緣維繫的家族內部卻需仰賴於「孝」的實施。所以本章所討論的宋代的尊老之法本於「孝」在宋法中的體現以及生活與司法中的孝之實踐。

第一節　勸孝之法律與實踐

　　「人之行，莫大於孝」。〔註2〕儒家認爲孝乃是人之品性中最重要的美德，並將之發揮爲治國安民之本，明王皆當「以孝治天下」，〔註3〕以孝教民，即所謂「教民親愛，莫善於孝」。〔註4〕因此，《周禮》所描繪的教民之「鄉三物」即包括以孝爲首的「六行」之教。〔註5〕此後，從奉行「孝治」的漢代開始，

〔註1〕　胡平生：《孝經譯注》，第33頁。
〔註2〕　《孝經注疏》卷第五《聖治章》，第28頁。
〔註3〕　《孝經注疏》卷第四《孝治章》，第23頁。
〔註4〕　《孝經注疏》卷第六《廣要道章》，第42頁。
〔註5〕　《周禮注疏》卷第十《地官・大司徒》：「以鄉三物教萬民而賓興之：一曰六

歷代法制中均有勸孝之內容，主要表現在以下幾個方面：其一，直接頒佈賜賞孝悌的詔令；其二，在學校教育上確立《孝經》的官學地位；其三，在官吏選拔上「舉孝廉」。搜檢史書，漢以及南北朝時期，皇帝以詔令的形式對「孝悌」者賜爵賞物非常普遍，〔註6〕對孝行卓著的孝子順孫給予旌表、蠲免亦是歷代的主要勸孝方式。集中闡釋和宣揚孝道的《孝經》在漢代成爲法定的學校教育的課本，魏晉南北朝時期《孝經》亦被立爲官學，皇帝、太子講《孝經》、注《孝經》，《孝經》幾乎被宗教化。漢代開始，孝成爲選撥和考察官吏的重要標準，「舉孝廉」的選官途徑直至科舉興起的隋唐仍爲選官之一途。如此這般，彰顯了法律對孝道倫理的推崇。

在勸孝之法上，宋代以詔令的形式進行一般性的孝行賜賞不如前代頻繁。集中論述孝道的《孝經》在宋代的傳習雖十分普遍，但由於四書五經的流行，《孟子》成爲科舉考試最重要的內容，《孝經》則退出正式的科考，僅屬童蒙教育的內容。宋代，科舉已經成爲選官的主要途徑，「孝」雖仍是任官取士的基本條件，〔註7〕但是察舉孝悌卻不再是選官的主流方式了，因此宋代的察舉之令也較少見，僅有的幾次主要集中在宋初。宋太祖開寶三年（970）曾「詔諸州官吏次第審察民有孝弟彰聞、德業純茂者」〔註8〕，開寶八年（974）亦下詔令「諸道州府下屬邑令佐，令佐下鄉里耆艾，察民有孝弟力田，奇才異行，或文武才幹堪備任用，年二十以上，五十以下者，傳送赴闕」。〔註9〕但是，由於州縣所察舉的所謂孝悌力田之人多數並無眞才實學不堪任用，〔註10〕因此，察舉孝悌在宋代官製成熟之後極少使用，所以，並

德……二曰六行，孝、友、睦、姻、任、恤。三曰六藝……」，第 266 頁。

〔註6〕 參見王文濤：《秦漢社會保障研究——以災害救助爲中心的考察》，第 148～149 頁。

〔註7〕 （元）脫脫：《宋史》卷一百五十五《選舉一》：「凡命士應舉，謂之鎖廳試。所屬先以名聞，得旨而後解。既集，什伍相保，不許有大逆人緦麻以上親，及諸不孝、不悌、隱匿工商異類、僧道歸俗之徒。」第 3605 頁。

〔註8〕 （宋）李燾：《續資治通鑑長編》卷十一「開寶三年春正月辛酉」，第 240 頁。

〔註9〕 （宋）李燾：《續資治通鑑長編》卷十六「開寶八年九月辛亥」，第 348 頁。

〔註10〕 （宋）李燾：《續資治通鑑長編》卷十七「開寶九年正月癸未」：「命翰林學士李昉，知制誥扈蒙、李穆等，於禮部貢院同閱諸道所解孝弟力田及有文武材幹者凡四百七十八人。及試，問所習之業，皆無可采。而濮州以孝弟薦名者二百七十人，上駭其多，召問於講武殿，率不如詔。猶自言能習武，復試以騎射，則皆隕越顛沛，上顧曰：『止可隸兵籍耳。』眾皆號泣求免。乃悉令退去，劾本州官司濫舉之罪。」第 363 頁。

不是主要的勸孝方式。但宋代亦是實踐儒家「以孝治天下」的重要時代，所謂「風化之本，孝弟爲先」，〔註11〕勸孝仍是其實現治理的重要手段，因此也有一些優待禮遇孝子的法令。如宋初《天聖令‧賦役令》規定：

> 諸孝子、順孫、義夫、節婦，志行聞於鄉閭者，具狀以聞，表其門閭，同籍悉免色役。有精誠冥感者，別加優賞。〔註12〕

神宗熙寧三年（1070）又有關於給予孝子刑罰優待之議：

> 中書上刑名未安者五條……其四，令州縣考察士民，有能孝悌力田爲眾所知者，給貼付身。偶有犯令，情輕可恕者，特議贖罰；其不悛者，科決。

皇帝因此詔令編敕所詳議立法。〔註13〕又如徽宗崇寧五年（1106）曾經著令：「如有孝弟、睦姻、任恤、忠和，若行能尤異爲鄉里所推，縣上之州，免試入學。」〔註14〕也即孝子可以在刑罰以及教育上享受優待。除此之外，宋代的勸孝之法主要體現在國家對因孝而爲之極端行爲的旌表與寬宥、地方官在地方治理中的勸諭興孝及家法族規對孝的回應諸方面。由此構建了一個由中央到地方到家內的勸孝之網。

一、旌表與寬宥：孝之極端行爲的處理

所謂的孝之極端行爲一是指毀身救親，二是指復仇和代親受刑。朝廷對毀身救親予以旌表，對復仇殺人予以寬宥，對代親受刑表示同情集中反映了宋代的勸孝主旨。

（一）旌表毀身救親

「冠冕百行莫大於孝」。〔註15〕對突出的孝行予以旌表獎勵是漢以來歷代通行的做法。雖然宋代一般意義上的旌表孝義的詔令不如前代頻繁，但是對突出的孝行予以旌表獎勵卻不輸前朝，尤其對於毀身救親這種極端孝行，宋史的記載明顯多於前代。所謂毀身救親是指毀割自己的身體爲藥餌

〔註11〕 （宋）李燾：《續資治通鑑長編》卷十七「開寶九年十月乙卯」，第382頁。
〔註12〕 天一閣博物館、中國社會科學院歷史研究所天聖令整理課題組校正：《天一閣藏明抄本天聖令校正附唐令復原研究》，第265頁。
〔註13〕 （元）馬端臨：《文獻通考》卷一百六十七《刑六》，第1448，下頁；（清）徐松：《宋會要輯稿》刑法一之七，第6465b頁。
〔註14〕 （元）脫脫：《宋史》卷一百五十七《選舉三》，第3664頁。
〔註15〕 （元）脫脫：《宋史》卷四百五十六《孝義傳》，第13386頁。

以治療親人疾病的行爲。宋代「刲股割肝，咸見褒賞」。〔註16〕如并州太原人劉孝忠，母親生病三年，孝忠「割股肉，斷左乳」給母親食用，母親因病心痛，孝忠則「燃火掌中」以期代替母親的疼痛，後母親果然痊癒，母親死後，孝忠爲他人之養子，又爲失明的養父舔舐雙目，養父得以復明，親人去世之後，孝忠「割雙股肉，注油創中，燃燈一晝夜」以事佛，諸種駭人聽聞的行爲爲太祖所褒獎。萊州人呂升，剖腹探肝以救療父親的失明之疾，冀州人王翰，挖掉自己的右眼以補母親失明之目，升父、翰母眼疾得愈，太宗因此下詔賜二人粟、帛。渠州教書先生成象，在母親病中割下自己的大腿肉給母親食用，亦得皇帝「賜束帛醪酒」。江陵教書先生龐天祐，父病，亦「割股肉食之」，父目失明，又「號泣祈天舐之」，知府因此上表其事，得到了「詔旌表門閭」的嘉獎。〔註17〕諸如此類割股挖眼的極端孝行頻繁地見於宋史之中。

不僅如此，宋法之中亦專有條格來規範對毀身救親行爲的賜賞和旌表：

> （徽宗崇寧）四年（1105）十二月二十六日，興元府言：「城固縣民周文綰妻久患，次男周任割肝與母，即日平安。除已比附割股支與例物訖，今後如有似此爲祖父母、父母割肝，乞遍下諸路依割股條支賞施行。」禮部檢準敕，京畿轉運司狀，陳留縣王堅爲父割肝，乞優加支賜。詔支絹五匹、米麵各一石，酒二斗。禮部勘當，如有割肝之人，欲依上件則例支給。從之。〔註18〕

可見，在崇寧四年以前，朝廷已經有關於割股救親賞賜辦法的「割股條」，此次地方的申請使得割肝救親的行爲亦得以與割股救親一樣獲得賜賞，並成爲「指揮」實施於諸路。崇寧五年（1106）一個關於宗室之人割股救母的案件亦可證實「常人割股給賜條格」的存在，且可看出宗室之人毀身救親獲得的賜賞更爲豐厚：

> 八月十五日，蘇州言：「崑山縣寄居前本州巡塘、供奉官趙約之妻夏氏爲患日久，有男公遹割股救母痊復。」禮部檢到潤州奏，市易務監官、供奉官趙叔鋙爲母患割股，詔支賜絹三十匹、米十石、麵十石、酒一石。本部看詳法案，檢到常人割股給賜條格，無似此

〔註16〕 （元）脫脫：《宋史》卷四百五十六《孝義傳》，第 13386 頁。
〔註17〕 以上事例皆見於《宋史》卷四百五十六《孝義傳》。
〔註18〕 （清）徐松：《宋會要輯稿》禮六一之四～五，頁 1689b～c。

宗室之家支賜體例。詔趙公適依趙叔錕例減半支給。〔註19〕

對於那些被上報到朝廷並獲得皇帝額外褒獎予以旌表的毀身救親之人，其所獲得的利益遠不止絹米酒麵的賜賞，還意味著其家庭中各色力役的免除，這在賦役沉重的宋代無疑是莫大的好處：

> 大中祥符元年（1008）八月，詔旌表門閭人，自今稅外免其雜
> 差役。〔註20〕

> 天禧四年（1020）二月，詔諸州旌表門閭戶與免戶下色役，自
> 餘合差丁夫科配，即準例施行。〔註21〕

但是，這種毀身救親的孝行已經離開了孝之本義，實際上是不利於孝之養老這一目的的實現的。《孝經》所主張的孝子對待父母疾病的原則是「病則致其憂」，所謂「致其憂」當指「父母有疾，憂心慘悴，卜禱嘗藥，食從病者，衣冠不解，行不正履」〔註22〕這樣的行為，而不包括毀壞自己身體的割股挖眼等極端行為。對於這類行為，即使是在現代醫學發達的條件下行為人亦有生命之憂，更遑論是在醫療並不發達的古代，自身已經難保了還談何孝敬父母呢？蔡襄因此斥之為「蠹仁而稗教者」，主張立法以禁。〔註23〕真德秀對此行為的害處亦有清醒的認識，認為割股割肝的行為「非聖經所尚」，雖鑒於「其孝心誠切，實有可嘉」對某些此類行為予以了嘉獎，但是他仍勸諭百姓說：

> 所謂病則致其憂者，言父母有疾，當極其憂慮也。昔人有母病
> 三年，夜不解帶者。親年既高，不能無疾，人子當躬自侍奉，藥必
> 先嘗，若有名醫，不惜涕泣懇告以求治療之法，不必刲肝割股，然
> 後為孝。蓋身體髮膚，受之父母，或不幸因而致疾，未免反貽親憂。
> 〔註24〕

刲股割肝的行為可能非但不能治癒父母之疾，反而使自身受到傷害，徒增父母之憂心。因此，朱熹認為孝亦當有一定的原則限度，當「止於至善」：

> 且以孝言之，孝是明德，然亦自有當然之則。不及則固不是，

〔註19〕（清）徐松：《宋會要輯稿》禮六一之五，頁1689c。
〔註20〕（清）徐松：《宋會要輯稿》禮六一之二，頁1688b。
〔註21〕（清）徐松：《宋會要輯稿》禮六一之二，頁1688b。
〔註22〕胡平生：《孝經譯注》，第25頁。
〔註23〕（宋）蔡襄：《蔡襄集》卷之三十三《雜著一·毀傷議》：「今之民人，父母有病，輒炙股肉以啗之，冀夫有瘳。噫，甚乎，蠹仁而稗教者耶。」第602頁。
〔註24〕（宋）真德秀《諭俗文》「泉州勸孝文」，第8頁。

若是過其則，必有刲股之事。須是要到當然之則，田地而不遷，此
方是「止於至善」。〔註25〕

但是，宋代的皇帝似乎對此類孝行多持肯定的態度，旌表、賜物、蠲免，
甚至封官等獎勵不一而足，雖有大臣對刲股割肝者封以官位表示反對，指出
「此閭巷細民之所爲，若獎及宗室，則恐浸以成俗而不可禁」，皇帝仍退而求
其次，給予這種極端孝行者以物質獎勵。〔註26〕有的地方官雖然已經認識到
這種毀身救親行爲的不正常，謂「自毀其體，哀慟傷生」，「非孝道之正」，但
仍以其「能爲人所難爲之事，亦天性之至」，肯定其異行。〔註27〕然而，這種
極端之孝行眞的是出於天性嗎？多數情況下答案恐怕是否定的，其背後的經
濟利益才是主要動因。如前所述，宋以法令的形式賦予了毀身救親者獲得旌
表賜賞的權利，因此，常常有人妄圖以此極端行爲獲得朝廷的賜賞和旌表，
並不惜弄虛作假：

> （大觀）三年（1109）七月九日，權知兗州王詔言：「檢準崇寧
> 四年十二月二十六日敕節文，今後如有爲祖父母割肝之人，支絹五
> 匹、米麵各一石、酒二斗。竊見本州諸縣累申諸色人割肝，官司驗
> 視，多見肋脅間微有瘢痕，若果傷臟腑，理無生全。緣愚民無知，
> 利於給賜，妄自傷殘。欲乞朝廷詳酌，刪去上條，杜絕僞冒之弊。」
> 詔崇寧四年十二月二十六日指揮更不施行。〔註28〕

這種爲規避賦役而毀身救親的做法在五代之時已很多見：

> 民苦於兵，往往因親疾以割股，或既喪而廬墓，以規免州縣賦
> 役，戶部歲給蠲符不可勝數。〔註29〕

雖然上述大觀三年的詔令停止了崇寧四年指揮的繼續施行，但這並不意味著
此後對所有毀身救親行爲均不予賜賞。因爲，需要注意的是崇寧四年的指揮
針對的僅僅只是割肝救親行爲，割股救親的行爲仍得以按照舊有例條予以賜
賞。即使如此，割股救親的行爲仍頻頻出現，且仍舊能夠獲得皇帝的旌表和
賜賞。〔註30〕

〔註25〕 （宋）黎靖德編：《朱子語類》卷第十四《大學一》，第271頁。
〔註26〕 （宋）李燾：《續資治通鑑長編》卷一百五「仁宗天聖五年十二月庚寅」，第
2457頁。
〔註27〕 （元）脫脫：《宋史》卷四百五十六《孝義傳·陳宗》，第13412頁。
〔註28〕 （清）徐松：《宋會要輯稿》禮六一之五～六，頁1689d～1690a。
〔註29〕 （宋）歐陽修等：《新五代史》卷五十六《何澤傳》，第647～648頁。
〔註30〕 不過南宋末年，蒙古人建元前後，這種刲股割肝的極端行爲已爲法律所禁止。

可見，宋廷提倡孝道，褒獎孝行已經到了極端化的地步，而各種極端化的孝行並不是真正有利於侍養父母的，這一道理想必身居廟堂之高的皇帝是心知肚明的，在此情形之下仍給予此類毀身救親行為予以旌表賜賞並定之為法，反映了帝王提倡的孝道其目的並不在於「侍親」，而在於營造一種孝的社會風氣，「移孝作忠」，以實現對民間社會的控制。當然，「為人所難為之事」的毀身救親的極端孝行畢竟是少數，多數人或有可能會在朝廷勸孝之法、社會重孝之風的影響下，成為「風下之草」，實踐《孝經》「病則致其憂」的要求。

（二）寬宥復仇與同情代刑

與刑罰相關的因孝而為之極端行為最有代表性的當屬於「復仇」和「代刑」。復仇者雖申親仇而傷人害命，代刑者雖不損人但卻害己，且均與國家法律相衝突。對復仇的寬宥，對代刑的同情反映了在孝法衝突之時，宋代司法「屈法申孝」的價值取向。

1、寬宥復仇。〔註31〕復仇是形成於氏族社會的一種自力救濟的方式，體現了「以牙還牙，以眼還眼」的原始正義，而當國家機構完善之後針對暴力犯罪的自力救濟為公力救濟所取代，「王者之政莫急於盜賊」，復仇殺人即屬於急政之「賊」的行為，當為法律所禁止。這一點在法家思想主導之下驅民「勇於公戰，怯於私鬥」的秦法中並無扞格。但是自漢以降，儒家「以孝治天下」的理論幾被歷代統治者奉為圭臬，「父之仇弗與共戴天」〔註32〕的思想深入人心，復仇的孝行與禁殺人的國法之間衝突尖銳。自漢以來歷代法律試圖在制度上解決這一矛盾，但大部分的朝代均未敢在法律中明確而徹底地禁

先是在至元三年（1266）禁止割肝剜眼之行為，其後至元七年（1270）又有「行省割股不賞」之令，至元八年（1271），「臥冰行孝」的行為亦被禁止。（《大元聖政國朝典章·禮部·孝節》）但是，在社會動蕩之下，法律的移風易俗的功能未能很好地發揮，至明代，刲股割肝的行為並未禁絕，甚至出現了殺子以救親疾的行為，洪武二十七年（1394）因除此類行為的旌表之法，英宗之後「所旌，大率皆廬墓者」。（《明史·孝義一》）及至清代，「親病，刲股割肝；親喪，以身殉。皆以傷生有禁。」（《清史稿·孝義一》）至此，由宋時開始泛濫的此類毀身救親的極端孝行在法律上由旌表肯定基本回歸了正軌。

〔註31〕復仇問題是封建正統法律思想主導之下長期爭論的幾個主要問題之一，學者對此多有研究。可參考：瞿同祖：《中國法律與中國社會》第一章第四節，第65～85頁。

〔註32〕《禮記正義》卷第三《曲禮上》，第84頁。

止復仇。韓愈的上書道出了個中緣由，並提出了解決之法：

> 伏以子復父仇，見於《春秋》，見於《禮記》，又見於《周官》，
> 又見於諸子史，不可勝數，未有非而罪之者也。最宜詳於律，而律
> 無其條，非闕文也。蓋以爲不許復仇，則傷孝子之心，而乖先王之
> 訓；許復仇，則人將倚法專殺，無以禁止其端矣。……宜定其制曰：
> 凡有復父仇者，事發，具其事由，下尚書省集議奏聞。酌其宜而處
> 之，則經律無失其指矣。〔註33〕

及至宋代，韓愈的這種建議被寫入了基本法典之中。《宋刑統・鬥訟律》「祖
父母父母爲人毆擊子孫卻毆擊」條之後增設「臣等參詳」之文：「如有復祖父
母、父母之仇者，請令今後具案，奏取敕裁。」將此類案件的裁判權交給了
最高司法權的掌控者──皇帝。而在實踐中，皇帝往往會同情復仇者而「屈
法申孝」，對其減輕處罰甚至免於處罰。

《宋史・刑法志》中所記載幾例爲親復仇之案最後都得到了減輕處罰：

> 仁宗時，單州民劉玉父爲王德毆死，德更赦，玉私殺德以復父
> 仇。帝義之，決杖、編管。

> 元豐元年，青州民王贇父爲人毆死，贇幼，未能復仇。幾冠，
> 刺仇，斷支首祭父墓，自首。論當斬。帝以殺仇祭父，又自歸罪，
> 其情可矜，詔貸死，刺配鄰州。

而《宋史・孝義傳》中記載的一些復仇殺人的事例，則無一例外均得到了寬
宥：

> 李璘，瀛州河間人。晉開運末，契丹犯邊，有陳友者乘亂殺璘
> 父及家屬三人。乾德初，璘隸殿前散祗候，友爲軍小校，相遇於京
> 師寶積坊北，璘手刃殺友而不遁去，自言復父仇，案鞫得實，太祖
> 壯而釋之。

> 雍熙中，又有京兆鄠縣民甄婆兒，母劉與同里人董知政忿競，
> 知政擊殺劉氏。婆兒始十歲，妹方襁褓，託鄰人張氏乳養。婆兒避
> 仇，徙居赦村，後數年稍長大，念母爲知政所殺，又念其妹寄張氏，
> 與兄課兒同詣張氏求見妹，張氏拒之，不得見。婆兒憤怒悲泣，謂
> 兄曰：「我母爲人所殺，妹流寄他姓，大仇不報，何用生爲！」時方

〔註33〕（後晉）劉昫《舊唐書》卷五十《刑法志》，第 2153～2154 頁。

寒食，具酒肴詣母墳慟哭，歸取條桑斧置袖中，往見知政。知政方
與小兒戲，婆兒出其後，以斧斫其腦殺之。有司以其事上請，太宗
嘉其能復母仇，特貸焉。

劉斌，定州人。父加友，端拱中爲從弟志元所殺。斌兄弟皆幼，
隨母改適人，母嘗戒之曰：「爾等長，必復父仇。」景德中，斌兄弟
挾刀伺志元於道，刺之不殊，即詣吏自陳。州具獄上請，詔志元黥
面配隸汝州，釋斌等罪。

有些復仇殺人者其殺人手段異常殘忍，以當時的刑律來看當屬於「十惡」
之「不道」罪。但是，即使如此，復仇者仍得以免罪：

張藏英，涿州范陽人，自言唐相嘉貞之後。唐末，舉族爲賊孫
居道所害。藏英年十七，僅以身免。後逢居道於齕州市，引佩刀刺
之，不死，爲吏所執。節帥趙德鈞壯之，釋而不問，以補牙職。藏
英後聞居道避地關南，乃求爲關南都巡檢使。至則微服攜鐵楇，匿
居道舍側，伺其出，擊之，僕於地，齧其耳啖之，遂禽歸。設父母
位，陳酒肴，縛居道於前，號泣鞭之，臠其肉，經三日，刳其心以
祭。即詣官首服，官爲上請而釋之。〔註34〕

可見，同樣是殺人行爲，但因復仇乃是出於孝心、實踐孝道，在宋廷勸
孝主旨之下，自是不能與普通的殺人相等同，即使復仇行爲兇狠殘忍亦得免
罪，諸如此類，體現了宋代對孝行的重視，對勸孝的不遺餘力。

2、同情「代刑」。〔註35〕復仇之外，另外一種因孝而爲之極端行爲是代
親受刑。所謂代親受刑是指在親人犯罪當受刑罰之時，自己向官府請求代替
親人受刑或自誣爲罪以求親人免於刑責的行爲。其中代替父母受刑的行爲無
疑是一種孝道的體現。但「代親受刑」使犯罪之人免於刑責而無辜之人卻受
刑罰，是違背法理的，因此，歷代法典均未認可「代刑」。〔註36〕但民間代刑

〔註34〕 （元）脫脫：《宋史》卷二百七十一《列傳第三十・張藏英》，第9290頁。

〔註35〕 關於代刑，瞿同祖先生的《中國法律與中國社會》有簡短論述，第60～62頁。
更詳細的論述可參考方瀟：《中國古代的代親受刑現象探析》，載《法學研究》
2012年第1期。

〔註36〕 關於代刑的法律僅見於少數詔令之中。據前揭方氏論文考證，主要有以下五
條，其一：東漢永平八年漢明帝「詔三公募郡國中都官死罪繫囚，減罪一等，
勿笞，詣度遼將軍營，屯朔方、五原之邊縣；妻子自隨，便占著邊縣；父母
同產欲相代者，恣聽之。」（《後漢書・明帝紀》）其二：漢安帝准陳忠所奏「母
子兄弟相代死，聽，赦所代者」。（《後漢書・郭陳列傳》）其三：北魏宣武帝

現象卻不絕於書，且多受到司法者的同情。父竊羊後請求代父受誅的「楚之直躬」當是史籍記載的最早的代父受刑者，其因「信且孝」而爲楚王免死。〔註37〕而最有名的「緹縈救父」一案中，緹縈請求代父受刑的舉動不僅使得其父免受肉刑，還成爲漢文帝廢除肉刑的導火線。其後，請求代親受刑者歷代皆有，最常見的結果是求代者與被代者兩得免，即使代刑請求不被同意，也大多會獲得同情而減輕處罰。宋代的法令中未發現關於代刑的規定，而司法實踐中，卻不乏代親受刑的案例：

> 邢神留，深州陸澤人。父超，逋官租，里胥督租，與超鬥，超歐里胥死。神留年十六，詣吏求代父死。州以聞，特詔減死，賜里胥家萬錢爲棺殮具。〔註38〕

該案中，因邢神留的「代親受刑」請求，其父得以減死，朝廷同時以「萬錢」作爲對受害人家庭的補償。即使是代刑請求不被同意的案例中，司法者也往往爲請求代刑者的孝行所感動而作出特殊的裁判。如越州會稽人蔡定，其父蔡革年七十餘歲坐獄，蔡定多次到官府請求代父坐獄，未獲許可，因此投河自殺，以明其志。「府帥聞之，驚曰『真孝』，立命出革，厚爲定具棺斂事，而撫周其家」。〔註39〕這種對代親受刑者的同情和屈法，同樣是宋廷致力於勸孝的重要表現。

二、地方官的勸孝責任與實踐

地方官的職責並不只是錢穀、獄訟之事，地方的風俗教化亦是其重要公務，「朝廷委寄之重，非特責以有司常務而已，布宣德化、道迪人心，實守臣之事」。〔註40〕而「教民以孝悌爲先」，勸孝乃是地方教化的首要內容。如前所

景明二年詔「以奸吏逃刑，懸配遠戍，若永避不出，兄弟代之」。(《魏書‧郭祚、張彝傳》) 其四：明洪武時期法令「戍邊者必年十六以上，嫡長男始許代」。(《明史‧孝義一》) 其五：明孝宗時期法令「若年八十以上及篤疾有犯應永戍者，以子孫發遣」。(《明史‧刑法一》) 但嚴格來說，詔令三、五所反映的並不是「代刑」制度，因其缺乏當事人的自願性，所以更應當看做是一種強制的刑事責任主體的變更。正如「家人共犯，只坐尊長，子法不坐者，歸罪於其次尊長」的規定一樣。

〔註37〕《呂氏春秋》卷第十一《仲冬紀‧當務》。
〔註38〕（元）脫脫：《宋史》卷四百五十六《孝義傳》，第13389頁。
〔註39〕（元）脫脫：《宋史》卷四百五十六《孝義傳》，第13414~13415頁。
〔註40〕（宋）真德秀：《諭俗文》「潭州諭俗文」，第1頁。

述，《周禮》已經把勸孝作為地方官的職責之一，宋法亦是如此。大中祥符元年（1008），眞宗特作《文武七條》戒敕，使百官「奉以爲法」，其文七條要求地方官清心、奉公、修德、責實、明察、勸課與革弊，其中勸課即指「勸諭下民勤於孝悌之行、農桑之務」。〔註41〕宋代的官制也對州縣官的勸孝之責予以了強調，要求縣令「有孝悌行義聞於鄉閭者，具事實上於州，激勸以勵風俗」。〔註42〕同時定考課之法，對其勸孝之責定時考覈，以定賞罰。〔註43〕因此，在實踐中，地方官們極爲重視勸孝，他們除了依法「旌別孝悌」、〔註44〕「上報孝悌」之外，還通過所撰諭俗文中的勸孝來實踐其「道迪人心」之責。

在地方治理的過程中，眾多的宋代地方官撰寫諭俗文以助申嚴教化之目的，這是宋代地方治理的一大特色。勸孝則是諭俗的重要內容。如北宋陳襄的《仙居勸諭文》即以父慈子孝開篇，以「老老」結束，體現了勸孝之主要目的：

> 爲吾民者父義（能正其家）、兄友（能養其弟）、弟恭（能敬其兄）、子孝（能事父母）。夫婦有恩（貧窮相守爲恩。若棄妻不養，夫喪改嫁皆是無恩也）、男女有別（男有婦，女有夫，分別不亂）、子弟有學（能知禮義廉恥）、鄉閭有禮（歲時寒暄，皆以恩義，往來燕飲，序老少，坐立拜起）。貧窮患難親戚相救（借貸財穀）、婚姻死喪鄰保相助。無墜農桑，無作盜賊，無學賭博，無好爭訟。無以惡凌善，無以富吞貧。行者遜路（少避長，賤避貴，輕避重，去避來）、耕者遜畔（地有界畔不相侵奪），斑白者不負載於道路（子弟負重執役，不令老者擔舉），則爲禮義之俗矣。〔註45〕

其後該文經常被其它官員作爲諭俗範例而運用，如朱熹在全文抄錄該文之後，要求：

> 同保之人今仰互相勸誡，孝順父母，恭敬長上，和睦宗姻，周恤鄰里。……保內如有孝子順孫、義夫節婦，事跡顯著者，即仰具

〔註41〕（元）脫脫：《宋史》卷一百六十八《職官八》，第4008頁。

〔註42〕（元）脫脫：《宋史》卷一百六十七《職官七》，第3977頁。

〔註43〕（元）脫脫：《宋史》卷一百六十《選舉六》：「紹興……五年，立縣令四課：曰糾正稅籍，團結民兵，勸課農桑，勸勉孝悌。三歲，就緒者加旌賞，無善狀者汰之。」第3763頁。

〔註44〕（清）徐松：《宋會要輯稿》職官四七之一二，「神宗正史職官志」、「哲宗正史職官志」，頁3424a～b。

〔註45〕（宋）陳耆卿：《嘉定赤城志》卷三十七《風土門‧勸俗文》，第7573頁。

申，當依條旌賞。其不率教者，亦仰申舉，依法究治。〔註46〕

朱熹又專作《勸諭榜》重申了上文對同保之人的要求，並特別勸諭民眾孝父母、友兄弟：

> 勸諭士民當知此身本出於父母，而兄弟同出於父母，是以父母兄弟天性之恩，至深至重，而人之所以愛親敬長者，皆生於本心之自然，不是強爲，無有窮盡。今乃有人不孝不弟，於父母則輒違教命，敢闕供承，於兄弟則輕肆忿爭，忍相拒絕，逆天悖理，良可歎傷。宜亟自新，毋速大戾。〔註47〕

在知南康軍時，朱熹又發佈榜文勸諭百姓「修其孝弟忠信之行」，〔註48〕又有《示俗》專文詳解《孝經・庶人章》重點勸孝。〔註49〕

鄭至道任天台令時，針對「違理逆德、不孝不悌」之鄙陋風俗作諭俗文七篇以助教化。〔註50〕其後彭仲剛、應俊在鄭至道諭俗七篇的基礎之上續補而成《琴堂諭俗編》上下兩卷，其首篇即是「孝父母」。〔註51〕趙景緯知台州時「以化民成俗爲先務」，亦「首取陳述古《諭俗文》書示諸邑，且自爲之說，使其民更相告諭、諷誦、服行，期無失墜」。除此，爲重點勸孝，趙景緯又「取《孝經・庶人章》爲四言詠贊其義，使朝夕歌之，至有爲之感涕者」，又「作《訓孝文》以勵其俗」。〔註52〕真德秀在地方官任內也有眾多諭俗之文頒示百姓，其《潭州諭俗文》開篇就是勸孝：

> 古者教民必以孝悌爲本，其制刑亦以不孝不悌爲先。蓋人之爲人，異乎禽獸者，以其有父子之恩、長幼之義也……今乃有親在而別籍異財，親老而供養多闕，親疾而救療弗力，親沒而安厝弗時……自今民間有孝行純至、友愛著聞者，採訪得實，具申本州，當與優加旌賞，以爲風俗之勸。或其間有昧於禮法之人，爲不孝不悌之行，鄉里父老，其以太守之言，曲加誨諭，令其悛改。……若上違太守之訓言，下拒父老之忠告，則是敗常亂俗之

〔註46〕　（宋）朱熹：《晦庵先生朱文公文集》卷一百《公移・揭示古靈先生勸諭文》。

〔註47〕　（宋）朱熹：《晦庵先生朱文公文集》卷一百《公移・勸諭榜》。

〔註48〕　（宋）朱熹：《晦庵先生朱文公文集》卷九十九《公移・知南康軍榜文》。

〔註49〕　（宋）朱熹：《晦庵先生朱文公文集》卷九十九《公移・示俗》。

〔註50〕　（宋）陳耆卿：《嘉定赤城志》卷三十七《風土門・天台令鄭至道諭俗七篇》，第7574頁。

〔註51〕　（宋）鄭至道撰，彭仲剛續，應俊編補、（元）左祥增：《琴堂諭俗編》。

〔註52〕　（元）脫脫：《宋史》卷四百二十五《趙景緯傳》，第12673頁。

民，王法所加，將有不容己者，一陷刑戮，終身不齒，雖悔何及？
爾民其思之毋忽。〔註53〕

在任泉州之時，西山先生再發勸諭之文，通過耐心地向民眾宣講為人父母之
不易以期喚起為人之子的感恩反哺之心，從而達到勸孝的目的，他說：

人非父母，豈有此身？父母生兒，多少辛艱！妊娠將娩，九死
一生。乳哺三年，飲母膏血。攜持保抱，日望長成，如惜金珠，如
護性命。慈烏反哺，猶知報恩，人而不孝，烏雀不若！〔註54〕

烏雀尚且懂得反哺，為人之子而不孝父母，那就是禽獸不如了。不過，其守
內還真有禽獸不如之人，數月以後發生了母訴子不孝之案，西山先生專作「泉
州勸孝文」，褒獎孝行、懲罰不孝，「使人知孝於其親者有司所深敬，不孝其
親者王法所必懲」，並將「居則致其敬，養則致其樂，病則致其憂，喪則致其
哀，祭則致其嚴」的孝行予以闡釋分析，教民以致敬、致樂、致憂、致哀、
致嚴之方法，並承諾對貧窮的家庭予以治病、安葬之經濟支持。〔註55〕可見，
對於勸孝，西山先生可謂是用心竭力。

前揭地方官的職責之一為「勸課農桑」，對地方官的考課也要針對其治內
的經濟成績，因此常有以「勸農」為對象的諭俗文作出。雖然是勸農，主旨在
於勸勵勤勞，不廢農事，但由於民間詞訟往往會妨害農務，而此類詞訟又多因
「不孝不悌」而起，因此，勸農文中亦常有勸孝之語。魏了翁所作多篇勸農文
即有此特點。如，其《權遂寧府勸農文》有言：「若子若弟乃有不率於教，不
服田畝，不孝養厥父母，以害於閭者，其亦以告我，當與爾懲之」。〔註56〕其
《潼川府勞農文》又說到：「爾孝弟力田循理奉法，毋忿爭囂訟，毋博弈慢遊，
則可以免一有，不然則貪吏奸民將不汝恤矣。」〔註57〕以不孝興訟可能帶來之
不利後果勸諭百姓為孝。

還有一些地方官直接將相關刑律寫在告諭文字中，使百姓能清楚地瞭解
到不孝之後果以達到勸孝的目的。陳傅良的《桂陽軍告諭百姓文》便將「子
孫違犯教令及供養有闕」以及「告言祖父母、父母」之律敕列出，以直觀的
刑罰來威懾不孝之子孫：

〔註53〕（宋）真德秀：《諭俗文》「潭州諭俗文」，第1頁。
〔註54〕（宋）真德秀：《諭俗文·再守泉州勸諭文》，第3～4頁。
〔註55〕（宋）真德秀：《諭俗文·泉州勸孝文》，第7～9頁。
〔註56〕（宋）魏了翁：《鶴山先生大全文集》卷一百《勸農文·權遂寧府勸農文》。
〔註57〕（宋）魏了翁：《鶴山先生大全文集》卷一百《勸農文·潼川府勞農文》。

照會當職到任，欲得民間通曉法意，檢坐到見行條法如右（左）：

父子律：子孫違犯教令及供養有闕者，徒二年。敕，子孫違犯教令及供養有闕，情重者，鄰州，兇惡者千里，並編管。

……

律諸告周親尊長、外祖父母、夫之祖父母，雖得實，徒其告，重者減所告罪一等，即誣告重者，加所誣罪三等；告大功尊長各減一等，小功緦麻減二等，誣告重者，各加所誣罪一等，即非相容隱被告者，論如律。其相侵犯自理訴者，聽。

……

右仰汝等百姓各詳立法之意，欲汝慈孝、父子有恩，故有供養有缺及違法（犯）教令及不舉子之法……當職今節取數項……以教諭，汝等皆有良心，其俗質樸，比之諸處，公事最稀，若更遵從，不致違戾，雖有官府，刑何所施？〔註58〕

此外，有一些被歸為官箴的文獻中亦有以勸孝為內容的榜文。李元弼的《作邑自箴》卷六《勸諭民庶榜》首先就是要求「耆宿常切教誨卑幼……孝順父母」，〔註59〕卷九又有《勸諭榜》勸民「謹身節用以養父母」。〔註60〕

縱觀以上勸孝之文，可以看到地方官在履行勸孝之責上可謂是用心良苦，不遺餘力。他們不厭其煩地向百姓講解「孝」之基本含義和要求，從人性出發講述父母之不易與辛勞，同時，將孝者嘉獎、不孝者受刑正反兩方面的實例進行對比，必要時直接搬出刑律條文將刑罰後果擺在民眾面前，讓民眾知曉其中利害，作出權衡。

雖然以約束榜、勸諭榜形式發佈的勸諭文具有官方法律文書的性質，但是其內容卻並不具有強制性，其落腳點仍然是「勸諭」，這一點作出勸諭之文的地方官們自己也非常清楚。因此，為了使這種勸諭性質的文告得到民眾的遵從，作者們有時又會擺出「父母官」的威嚴、曉示國法的無情以威懾百姓：

前件勸諭只願民間各識道理，自做好人，自知不犯，有司刑憲

〔註58〕　（宋）陳傅良：《止齋先生文集》卷四四《雜錄‧桂陽軍告諭百姓文》。

〔註59〕　（宋）李元弼：《作邑自箴》卷六《勸諭民庶榜》，載官箴書集成編纂委員會編：《官箴書集成》第一冊，第83頁。

〔註60〕　（宋）李元弼：《作邑自箴》卷九《勸諭榜》，載官箴書集成編纂委員會編：《官箴書集成》第一冊，第92頁。

無緣相及，切須遵守，用保平和，如不聽從，尚敢干犯，國有明法，
吏不敢私，宜各深思，無貽後悔。〔註61〕

除此之外，他們還利用民間信仰，宣揚「孝悌之至，通於神明」〔註62〕的思
想，以「天譴」、「報應」之論構建一個從人世間到幽冥界的勸孝密網。如《琴
堂諭俗編》在闡述有的不孝之子由於父母出於慈愛之心對其不孝行爲容忍而
不告發以致於不孝者逃脫刑責的情況時說道：

父母吞聲飲恨之際，不覺怨氣有感，是以世之不孝者或斃於雷，
或死於疫，後嗣衰微，此皆受天刑也。嗚呼！王法可幸免，天誅不
可逃。爲人子者可不孝乎？〔註63〕

眞德秀《泉州勸孝文》則利用當地民眾信佛的心理，闡發孝親者佛將祐，不
孝者拜佛亦徒勞的道理：

父母者，子之天地也。爲人子而慢天地，必有雷霆之誅。爲人
子而慢天地，必有幽明之譴。昔太守侍郎王公見人禮塔，呼而告之
曰：「汝有在家佛，何不供養？」蓋謂人能奉親即是奉佛，若不能奉
親雖焚香百拜，佛亦不佑。〔註64〕

三、家法、家訓對孝的回應

宋代的勸孝之法經過中央和地方的實踐，也影響到了民間社會。有些家
庭通過撰寫家法、家訓的方式教導子弟「善事父母」，不虧孝行。而重要的是，
宋代是家法、家訓的繁榮時期，不僅士大夫家庭多有家法，這些包含勸孝內
容的家法、家訓更是突破家庭範圍廣泛傳播於普通民眾之中，將家庭的勸孝
擴展於社會，與國家的旌表、地方官的勸諭一起形成了上下一致，互相呼應
的勸孝話語。

（一）宋代家法的興起與普遍

「三代而上，教詳於國；三代而下，教詳於家」，〔註65〕是以三代以後是

〔註61〕 （宋）朱熹：《晦庵先生朱文公文集》卷一百《公移·勸諭榜》。
〔註62〕 《孝經注疏》卷第八《感應章》，第52頁。
〔註63〕 （宋）鄭至道撰，彭仲剛續，應俊編補、（元）左祥增：《琴堂諭俗編》卷上
《孝父母》，第865～225頁。
〔註64〕 （宋）眞德秀：《諭俗文·泉州勸孝文》，第8頁。
〔註65〕 《顏氏家訓》明刻本序言，轉引自尹旦萍：《〈周易〉的生存智慧與中國的家
訓文化》，《孔子研究》2002年第2期。

家法興起的時期。但直至被稱爲「家訓之祖」的《顏氏家訓》出現以前，傳統的家訓篇幅簡短，往往針對某一具體問題而發，因此所涉內容也較單一。《顏氏家訓》的內容則涉及教子、治家、勸學、養生等諸多方面，廣泛而自成體系，但其對孝道的宣揚並不十分突出。及至唐代，世家大族漸趨衰微，爲保地位，「諸臣亦各修其家法」〔註66〕，然其重點亦在於對家道地位的保持。到了宋代，由於特殊經濟社會形勢，具有時代特徵的家法族規開始增多，進入了中國傳統家訓的「繁榮時期」。

五代末，自魏晉以來的世家大族式的家族組織漸趨瓦解，門閥士族制度也無存在之基礎，新興的仕宦階級所擁有的政治和經濟地位不再能以世襲而獲得永葆，而宋代「不立田制，不抑兼併」的經濟政策使得農業社會最重要的生產資料——土地得以自由流轉，隨之而來的是繁榮活躍的商品經濟，這些又對新的官宦之家的經濟地位帶來了巨大衝擊。「士大夫試歷數鄉曲，三十年前宦族，今能自存者有幾家？」〔註67〕因此面對階級分化的壓力，士大夫們更關注對子弟的教育和約束，將家族持續興盛的希望寄託於具備高尚品德，能夠孝敬長上、和睦親族，有治家之道的下一代。而這類教育和約束所寄託的載體便是家訓、家法。

宋代保存下來的家法、家訓不在少數。比較具有代表性的有司馬光《溫公家範》，全書共十卷，除治家外，均以家庭中的各種成員爲目，各項下分列相關的先賢言論，附以評論和實例，是系統瞭解司馬光家族倫理主張和治家方略的主要資料。此外，司馬光亦有《居家雜儀》、《訓康示儉》等家訓傳世。被譽爲「顏氏家訓之亞」的《袁氏世範》爲南宋時袁采所作，包括睦親、處己、治家三卷一百八十七條，內容涉及如何處理親屬關係、如何修身養性交友、如何保障家庭安全和進行家庭經濟管理等，是宋人家訓中內容最豐富和最貼近生活的。趙鼎的《家訓筆錄》凡三十項，除首二項論及子弟的居家孝友、爲官清廉外，餘下多項皆以「制用」爲主旨，包括對家族財產的管理、分配等內容。陸九韶的《居家正本制用篇》包括「正本」和「制用」兩部分，「正本」注重倫理道德的告誡，「制用」則注重家族財產的用度與管理。葉夢得的《石林家訓》、《石林治生家訓要略》在強調德行、孝道的培養之同時，

〔註66〕 宋）歐陽修等：《新唐書》卷七一上《宰相世系一上》，第2179頁。
〔註67〕 （宋）袁采著，賀恒禎，楊柳注釋：《袁氏世範》卷之上《睦親‧子弟貪繆勿使仕宦》，第37頁。

對「治生」之道著墨較多。而朱熹的《家禮》則專注於對居家禮儀的規範，與司馬光的《居家雜儀》一樣被其後的家法、家訓奉爲圭臬，直接加以引用。而劉清之的《戒子通錄》則可謂是一部家訓總集，全書共八卷，「採經史群籍，凡有關庭訓者，皆節錄其大要，至於母訓闈教亦備述焉」。〔註68〕呂本中的《童蒙訓》，是一部蒙學著作也是一種家訓作品，本書通過記錄和評價自身、父祖及親友的言行事跡，對子孫進行倫理道德、治學之道以及初步的政治教育。呂祖謙《少儀外傳》亦爲訓課幼學的作品，在向幼學者講授《禮記·少儀》時穿插前賢的懿行嘉言，涉及到道德禮儀、治學修身等方面。蘇頌的《魏公譚訓》與《童蒙訓》的寫作方法相仿，亦是通過記錄父祖言行以之爲表率來訓導家眾，陸游的《放翁家訓》亦是如此。除此之外，流傳至今的宋人家法、家訓還有范質的《戒從子詩》，宋祁的《庭戒》，韓琦的《戒子侄詩》，賈昌朝《戒子孫》，邵雍的《戒子孫》，黃庭堅的《家誡》，江端友的《家誡》等〔註69〕。此外，宋代一些數世義居的大家族亦有自己的家族規範，其中也不乏勸孝的內容。如江州義門陳氏的《陳氏家法》，以及在范仲淹建立義莊的基礎之上制定的《義莊規矩》等。因此，說宋代開始了家訓的繁榮期是有依據的。

（二）家法的勸孝特點

宋人的家法、家訓內容廣泛，包括了「修身、力學、盡忠、保孝、讀書、慎言」〔註70〕以及治生等諸多方面。其中對孝的勸誡在不同的家訓、家法之中有不同的特點，但總的來說仍然是一種有節制的、開明的孝，而不是專制的、愚昧的孝。

1、司馬光《家範》

《家範》的勸孝集中在卷四、卷五對子的行爲要求部分。〔註71〕《家範》引《孝經》、《孟子》等書闡述孝之含義，強調孝爲「天之經，地之義」如果爲人子而不孝，那麼即使有再多的其它善行也不足以彌補。「居則致其敬」，孝不僅是指能「養」父母，主要在於能「敬」父母，否則亦與犬馬無異，爲實踐對父母的「敬」，司馬光細緻地設計了子孫居家的各種禮儀，後編爲《居

〔註68〕 （清）永瑢、紀昀等：《四庫全書總目提要》卷九十二《子部二儒家類二·戒子通錄》。
〔註69〕 參見包東坡選注：《中國歷代名人家訓精粹》。
〔註70〕 （宋）葉夢得：《石林家訓》「跋語」。
〔註71〕 （宋）司馬光著，王宗志注釋：《溫公家範》，第62～106頁。

家雜儀》，爲其它士大夫的家訓所沿用。其後《家範》又闡述了「養則致其樂」、「病則致其憂」、「喪則致其哀」、「祭則致其嚴」的孝之具體表現的行爲方式。對於「病則致其憂」，《家範》並沒有宣揚極端的「刲股割肝」的毀身救親的行爲，所舉之「病憂」之例皆人子出於自然親情的正常反應，其引《孝經》所謂「身體髮膚，受之父母，不敢毀傷，孝之始也」的觀點，主張爲人子應珍惜、善待自己的身體，不敢有所毀傷。但父母處於危難之時，人子當「赴湯蹈火，無所辭」。在作爲慈父之「慈」與作爲孝子之「孝」發生衝突之時，當以孝爲重。

不過，《家範》中所主張的孝，是有節制的孝，所謂「父慈而教，子孝而箴」，即對於子來講，在孝的前提之下，可以向父祖勸諫，對於父祖不義之令，不可不爭，若不爭則陷父祖於不義，即是不孝。對於父母的暴力行爲亦不當無條件地承受，避免「身既死而陷父於不義」。

2、袁采《袁氏世範》

《袁氏世範》中集中勸諭盡孝的在《睦親》卷中，其中「孝行貴誠篤」、「人不可不孝」二篇是直接論述孝的。「人不可不孝」篇說，人在嬰孩之時，「愛戀父母至切」，父母對其亦「愛念尤厚，撫育無所不至」，長大之後，「分稍嚴而情稍疏」，爲保親情，父母當盡其慈，子當盡其孝，這是人之所以區別於飛禽走獸之所在。然而，父母撫育之恩猶如天地對人的給予，「至廣至大」，爲人子者即使「終身承顏致養，極盡孝道」也報答不了。不能盡孝道之人，應當看看爲人父母者是如何無微不至地撫育嬰孩的，自當反思羞愧而醒悟。〔註72〕

「孝行貴誠篤」篇說：「人之孝行，根於誠篤，雖繁文末節不至，亦可以動天地感鬼神。」孝貴在心誠而堅定，如果誠心爲孝，即使有一些繁文末節沒有注意到，也不會折損其孝行。相反，如果沒有誠篤之心，只是注重表面恭敬的孝，實際上是一種欺騙，會被「天地鬼神所誅」，其家道也不得長久。〔註73〕從這一點上來說，袁采所提倡的孝在形式上是不同於十分注重居家禮儀的司馬光、朱熹等所提倡的孝的。

〔註72〕（宋）袁采著，賀恒禎，楊柳注釋：《袁氏世範》卷之上《睦親·人不可不孝》，第11頁。

〔註73〕（宋）袁采著，賀恒禎，楊柳注釋：《袁氏世範》卷之上《睦親·孝行貴誠篤》，第10頁。

除此之外，袁采對孝道的提倡並不是單方面的，也不是強硬冷酷的。他雖然承認「慈父固多敗子」，但仍強調「父子貴慈孝」，認爲只要有良好的教育和溝通辦法，就會「父慈而子愈孝，子孝而父益慈」，形成良性的循環。〔註74〕在日常生活中，也不必要求子之觀點與父親完全相同，因爲人之性情各異，不可強合。而解決之道在於「爲父兄者，通情於子弟，而不責子弟之同於己；爲子弟者，仰承於父兄，而不望父兄惟己之聽」，這樣才會實現家庭的「和協」。〔註75〕

可見，袁采主張盡孝，但其所主張的孝乃是一種不拘於繁文縟節的開明的孝。

3、葉夢得《石林家訓》

葉夢得非常注重家法家教，「無家教之族切不可與爲婚姻」，而這家教之中當以「孝悌」爲最重，故「爲子孫娶妻嫁女必擇孝悌、世世有行仁義者」。〔註76〕而自己之子孫亦當要「保孝」。因此葉夢得在《石林家訓》中也將勸子孫爲孝作爲勸誡的主要內容，其《戒諸子侄以保孝行》說：

> 夫孝者，天之經也，地之義也，故孝必貴于忠。忠敬不存，所率皆非其道，是以忠不及而失其守，非惟危身，而辱必及其親也。故君子行其孝，必先以忠，竭其忠，則祿至矣，故得盡愛敬之心以養其親，施及於人。詩云「孝子不匱，永錫爾類」，汝等讀書獨不觀聖人之言，渾是教人一個孝悌忠信，且只是一個孝字無處不到，故曰：求忠臣必於孝子之門。汝等能孝於親，然後能忠於君，忠孝不失，庶克盡臣子之職矣。〔註77〕

他引《孝經》孝爲「天之經也，地之義也」的觀點，指出「孝必貴于忠」。然而，他又強調，忠是子孫能盡孝的重要保障，因爲，如果不忠，則可能會危及自身、辱及父母親人，而如果能盡忠則「祿至」，才有孝敬親人的物質基礎，所謂「孝子不匱，永錫爾類」說的就是這個意思。因此，要求子弟「孝於親」、「忠於君」，「忠孝不失」。

〔註74〕 （宋）袁采著，賀恒禎，楊柳注釋：《袁氏世範》卷之上《睦親·父子貴慈孝》，第10頁。
〔註75〕 （宋）袁采著，賀恒禎，楊柳注釋：《袁氏世範》卷之上《睦親·性不可以強合》，第10頁。
〔註76〕 （宋）葉夢得：《石林治生要略》。
〔註77〕 （宋）葉夢得：《石林家訓》「戒諸子侄以保孝行」。

在具體的孝行上，他強調「不欺」，即對父母要坦誠而不隱瞞，孝要發自內心而不是限於做表面文章。他說：「吾見世人未嘗能免於欺。受教訓面從而不行，欺也；己有過失隱蔽使不聞，欺也；有懷於中避就不敢盡言，欺也；佯爲美觀之事未必出於情，欺也。」因此，他要求子弟「能聞教訓，一一遵行不敢失墜。有過失，改悔不敢復爲；不求不聞，凡有所懷必盡告之，秋毫不敢隱；爲人子所當爲，不爲人子所不當爲」。對父母要悉心照顧，但不應拘於繁文末節，他舉例說：「父母年高夜率三起，扣請門問安至增損衣衾以時候其寒溫，親反厭煩不能得安，而人以爲賢，若是者以爲情可乎？」如果像古人那樣以「立身揚名爲孝」，那麼即使不參與父母「口體之奉」，亦可爲孝子，爲忠臣。〔註78〕

可見葉氏強調孝與忠的相通。孝爲忠之根本，忠爲孝之橋梁；爲孝子方可爲忠臣，能盡忠方可盡孝。其所主張的孝是具有現實主義色彩的孝，因此，作爲孝之橋梁的盡忠乃是出於最現實的「至祿」的考量；只要心誠不欺，不拘於日常小節者也可爲孝子。

4、其它

范質《戒從子詩》強調孝悌爲子弟首先需要具備的品德，「戒爾學五身，莫若先孝弟」，對親長應「怡怡奉親長，不敢生驕易。戰戰復兢兢，造次必如是」。〔註79〕賈昌朝亦以「居家孝」爲《戒子孫》的開篇。〔註80〕宋祁則以孔子「要舉一孝，百行罔不該焉」的觀點，戒子弟爲孝，認爲「凡孝於親，則悌於長、友於少、慈於幼，出於事君則爲忠，於朋友則爲信，於事爲無不敬，無不敬則庶乎成人矣」。〔註81〕孝乃爲其它一切善行的根源。趙鼎的《家訓筆錄》第一項即說「閨門之內，以孝友爲先務。平日教子孫讀書爲學，正爲此事」，因此，讓家人抄錄司馬光《家範》作爲教育孝友的藍本。〔註82〕陸九韶在《居家正本制用篇》中主張人如果愛惜自己的子孫就「當教以孝悌忠信」，子孫能「修身爲孝悌之人」則科舉入仕亦非難事，而「一家之事，貴於安寧和睦悠久，其道在於孝悌謙遜」。在陸氏看來孝悌無論對居家還是對出仕而言

〔註78〕（宋）葉夢得：《石林家訓》「又家訓後四條」。
〔註79〕包東坡選注：《中國歷代名人家訓精粹》，第112頁。
〔註80〕包東坡選注：《中國歷代名人家訓精粹》，第116頁。
〔註81〕包東坡選注：《中國歷代名人家訓精粹》，第119頁。
〔註82〕（宋）趙鼎：《家訓筆錄》，第1頁。

都當爲根本。〔註83〕可見，雖然宋代的眾多家訓或重治生制用、或重爲官修學，側重各不相同，但大部分的家訓均將勸孝作爲開篇或首要的訓誡內容，論述和實踐著「百善孝爲先」的思想。

（三）家法的社會影響

家法、家訓本來是作爲家庭教育之用的，且有時借助對祖輩事跡的記載、對他人之家事的評價和議論來勸諭子弟，因此，通常在家內或族內傳承。這一點葉夢得在其《石林家訓》序言中有明確說明：

> 此既有勸有戒，間及他人家事，姑欲汝曹知畏耳。吾平生不欲言人過失，家庭之私故無所隱，不可以傳於外，諸院兄弟有知好者，則出示之，豈徒成吾宗亦以成吾族也。〔註84〕

但是，大部分的宋人家訓、家法往往會在士大夫家庭之間流傳，互爲借鑒。如趙鼎的《家訓筆錄》乃是趙在參取「京洛士大夫之家」的「規式」後制定〔註85〕。司馬光的《家範》流傳亦極廣，不僅爲趙鼎要求子弟「各錄一本，時時一覽」，亦爲朱熹推薦爲女教之書。〔註86〕而其《居家雜儀》則成爲普遍的居家禮儀規範，朱熹的《家禮》就直接抄錄了「雜儀」爲其卷一之部分，謂「使覽者知所先」。〔註87〕袁采的《袁氏世範》雖「本爲垂訓家塾而設」，但由於其「於立身處世之道，反覆詳盡，所以砥礪末俗者極爲篤執」，因此其書名亦由原來的「訓俗」改爲「世範」。〔註88〕又其所論「睦親」、「處己」、「治家」之道「靡不明白切要，使人易知易從」，因此可「達之四海，垂之後世」。〔註89〕袁采自己也認爲其書可以「厚人倫而美習俗」，因此「版行於茲邑」，〔註90〕即在其所在的樂清縣版印發行。其社會影響當可想見。

〔註83〕 包東坡選注：《中國歷代名人家訓精粹》，第183頁。

〔註84〕 （宋）葉夢得：《石林家訓》序言。

〔註85〕 轉引自王善軍：《宋代宗族和宗族制度研究》，第74頁。

〔註86〕 （宋）黎靖德編：《朱子語類》卷第七《學一·小學》：「問：『女子亦當有教。自孝經之外，如論語，只取其面前明白者教之，何如？』曰：『亦可。如曹大家女戒、溫公家範，亦好。』」第127頁。

〔註87〕 （宋）朱熹：《家禮》卷第一《通禮·司馬氏居家雜儀》，《朱子全書》，第880頁。

〔註88〕 （宋）袁采：《袁氏世範》，欽定四庫全書提要。

〔註89〕 （宋）袁采：《袁氏世範》，重刻袁氏世範序。

〔註90〕 （宋）袁采：《袁氏世範》，袁氏世範序。

　　總結來說，由於眾多的宋人家訓在寫作方法上主要以「敘事、故事或淺近民間話語將經典的儒家倫理教化、禮制文化推行於基層社會」，在寫作目的上「雖然標明是『家』訓或『家』範，但其爲基層社會『立法』，端正基層社會風俗的認識卻是十分明確」，加之宋代印刷技術的發展，「許多家訓家範都被鏤刻雕版，面向基層社會刊行」，〔註91〕因此，宋代的家法、家訓已經超出了家（族）內影響到了社會，其對孝的回應因此也成爲宋代勸孝實踐的重要一環。

第二節　懲治不孝之法律與實踐

　　「五刑之屬三千，而罪莫大於不孝」。〔註92〕法律對不孝行爲的禁止和懲罰是孝影響法律的最集中、最直接的體現。歷代法律均將不孝行爲視爲大惡。《尚書·康誥》稱「不孝不友」爲「元惡大憝」，應「刑茲無赦」。《周禮》將「不孝之刑」列爲「鄉八刑」之首，以糾萬民之不從教者。〔註93〕秦簡中則有明確的關於不孝罪的規定。〔註94〕及至漢代，在「以孝治天下」的國策之下，漢律中對不孝之禁止更爲明確，〔註95〕不僅對不孝者處以重刑，對教人不孝者處刑亦重。〔註96〕晉及南朝之時對不孝之罪亦有棄市之刑。〔註97〕北

〔註91〕 楊宏建：《宋代禮制與基層社會控制研究》，第 87、88、89 頁。
〔註92〕 《孝經注疏》卷第六《五刑章》，第 40 頁。
〔註93〕 《周禮注疏》卷第十《地官·大司徒》：「以鄉八刑糾萬民：一曰不孝之刑，二曰不睦之刑，三曰不姻之刑，四曰不弟之刑，五曰不任之刑，六曰不恤之刑，七曰造言之刑，八曰亂民之刑。」第 268 頁。
〔註94〕 睡虎地秦墓竹簡整理小組：《睡虎地秦墓竹簡·法律答問》：「免老告人以爲不孝，謁殺，當三環之不？不當環，亟執勿失。」第 117 頁。
〔註95〕 綜合史料，漢代法律所禁止的不孝行爲主要包括「謀反令父坐死罪」、「告父」、「與大母爭尊」、「以母爲妻」、「不供養行喪服」、「匿不發喪」、「居喪生子」、「居父喪私聘小妾」等。參見侯欣一：《孝與漢代法制》，《法學研究》1998 年第 4 期；徐世虹：《秦漢簡牘中的不孝罪訴訟》，《華東政法大學學報》2006 年第 3 期；徐世虹：《「三環之」、「刑復城旦舂」、「繫城旦舂某歲」解——讀〈二年律令〉札記》，載中國文物研究所編：《出土法律文獻研究》（第六輯），上海古籍出版社 2004 年版，第 79～89 頁。
〔註96〕 漢律對不孝行爲的處罰爲「棄市」極刑，教人不孝者則處「黥爲城旦舂」。《張家山漢墓竹簡·二年律令·賊律》：「子牧殺父母，毆詈泰父母、父母、叚大母、主母、後母，及父母告子不孝，皆棄市……教人不孝，黥爲城旦舂。」第 13 頁。《張家山漢墓竹簡·奏讞書》：「教人不孝，次不孝之律。不孝者棄市。棄市之次，黥爲城旦舂。」第 108 頁。

魏之時，因不孝之罪處刑偏輕而有更定之議。〔註98〕至北齊創「重罪十條」之法，不孝居其一。〔註99〕隋《開皇律》改北齊「重罪十條」為「十惡重罪」，不孝為第七。「一準乎禮」之唐律亦有「十惡」的規定，對「不孝」之惡行予以了明確規定：

> 七曰不孝。謂告言、詛詈祖父母父母，及祖父母父母在，別籍、異財，若供養有闕；居父母喪，身自嫁娶，若作樂，釋服從吉；聞祖父母父母喪，匿不舉哀，詐稱祖父母父母死。〔註100〕

結合賊盜、鬥訟、戶婚諸篇具體律文來看，唐律之不孝行為及其相應的處罰可以列表如下〔註101〕：

惡名	所包含的的罪名	刑罰	本條	處罰特例
不孝	告言祖父母父母	絞	《鬥訟律》告祖父母父母	不准議請減；不准上請侍親；會赦猶除名。
	為求愛媚厭呪祖父母父母	流二千里	《賊盜律》憎惡造厭魅	
	詈祖父母、父母	絞	《鬥訟律》毆詈祖父母、父母	
	別籍異財	徒三年	《戶婚律》子孫別籍異財	
	供養有闕	徒二年	《鬥訟律》子孫違犯教令	
	居父母喪身自嫁娶	徒三年	《戶婚律》居父母喪嫁娶	
	居父母喪作樂及釋服從吉	徒三年	《職制律》匿父母夫喪	
	聞祖父母、父母喪匿不舉哀	流二千里	同上	
	詐稱祖父母、父母死	徒三年	《詐偽律》父母死詐言餘喪	

〔註97〕 （唐）房玄齡等：《晉書》卷六十四《簡文三子傳》：「道子酗縱不孝，當棄市。」第1740頁。（南朝·梁）沈約：《宋書》卷八十一《顧愷之傳》：「律傷死人，四歲刑；妻傷夫，五歲刑；子不孝父母，棄市，並非科例。」第2080頁。

〔註98〕 （北齊）魏收：《魏書》卷一百一十一《刑罰志》：「三千之罪，莫大於不孝，而律不遜父母，罪止髡刑。於理未衷。可更詳改。」第2878頁。

〔註99〕 （唐）魏徵等：《隋書》卷二十五《刑法志》：「列重罪十條：一曰反逆，二曰大逆，三曰叛，四曰降，五曰惡逆，六曰不道，七曰不敬，八曰不孝，九曰不義，十曰內亂。其犯此十者，不在八議論贖之限。」第706頁。

〔註100〕 （唐）長孫無忌等撰，劉俊文點校：《唐律疏議》卷第一《名例律·十惡》，第12頁。

〔註101〕 本表轉自劉俊文：《唐律疏議箋解》，第101頁。

由此可以看出，唐律的不孝之罪包括的具體行為有九類之多，其處刑從徒二年到死刑絞，均屬較重的刑罰，加之不准適用議、請、減等變通減刑制度，不孝之罪堪為「十惡」重罪。唐以後之宋及明清諸代均無一例外地將不孝列為重罪予以嚴懲。當然罪名意義上的不孝行為以法定為範圍，在生活語境中被稱為「不孝」、「大不孝」的毆打、殺傷祖父母、父母的行為顯然是一種更為嚴重的違背孝道的行為，法律上屬於十惡之四的「惡逆」，處刑更重，犯者皆斬，遇赦亦不得原。除此之外，有些侵犯父祖權威的犯罪行為雖沒有列入「十惡」之「不孝」罪名中，但其行為本身亦是違背孝道的，如「子孫違犯教令」的行為，「不省父母疾病」的行為等。本節討論的不孝並不限定為罪名意義上的「不孝」，而是泛指諸類有違孝道的生活語境中的「不孝」。由於對宋代的不孝犯罪學界已經進行了較為細緻的研究，〔註102〕本節主要就「親在而別籍異財」問題、「親疾而救療弗力」問題展開討論。首先這類問題日常生活中較為常見，也與老年人的生活保障密切相關；其次對於前者，學者討論較多，但部分研究結論仍值得商榷，對於後者則少有法史學者關注，但卻是關注老年人權益不可迴避的問題。此外，在不孝行為被訴諸司法的過程中，法官的斷案取向與斷案方法，父母在這一過程中的作用和影響亦有助於我們對宋代禁止不孝之法律與實踐有一個更立體和全面的認識。

一、禁止別籍與規範異財

商鞅變法，定「異子之科」，「民有二男以上不分異者，倍其賦」，〔註103〕則是此時的國家法律是強制父子分異的。漢承秦制，初期亦有「分戶」之令，〔註104〕其後因倡「孝治」，開始鼓勵同居共財，〔註105〕所察舉之「孝廉」也

〔註102〕關於宋代父母子女之間的法律糾紛的研究以柳立言先生成果最豐，其論文《從法律糾紛看宋代的父權家長制——父母舅姑與子女媳婿相爭》，載氏著：《宋代的家庭和法律》，第247～324頁，以及《子可否告母——傳統「不因人而異其法」的觀念在宋代的局部實現》，載《臺大法學論叢》第三十卷第六期，均可參考。

〔註103〕（漢）司馬遷：《史記》卷六十八《商君列傳》，第2230頁。

〔註104〕參見《二年律令・戶律》，張家山二四七號墓竹簡整理小組編：《張家山漢墓竹簡（釋文修訂本）》〔二四七號墓〕，第54～55頁。

〔註105〕（漢）班固：《漢書》卷二《惠帝紀》：「今吏六百石以上父母妻子與同居，及故吏嘗佩將軍都尉印將兵及佩二千石官印者，家唯給軍賦，他無有所與。」第85～86頁。

應當是與父「同居」者，貴族、官吏如果與父母別居則可能會受到削爵、彈劾。〔註106〕至曹魏，文帝改律，正式廢除了與儒家理想相悖的「異子之科」，〔註107〕經歷了南北朝顯著的法律儒家化過程後，「一準乎禮」的唐律系統規定了「別籍異財」之禁，其文爲《宋刑統》所繼承。《宋刑統・戶婚律》「父母在及居喪別籍異財」條規定：

> 諸祖父母、父母在，而子孫別籍、異財者，徒三年。別籍、異財不相須，下條准此。若祖父母、父母令別籍，……徒二年，子孫不坐。……或籍別而財同，或戶同財異者，各徒三年，故云「不相須」。……若祖父母、父母處分，令子孫別籍，……得徒二年，子孫不坐。但云「別籍」，不云「令其異財」，令異財者，明其無罪。

按此條規定，若子孫主動與祖父母、父母別籍、或異財均屬有罪，其刑罰爲徒三年；若祖父母、父母令子孫別籍，則需承擔徒二年的刑罰，但令子孫異財者無罪。可見「別籍」與「異財」受到法律的規制是不同的。別籍者，無論是子孫爲之還是父祖爲之，皆爲有罪；異財者如果是父祖爲之則無罪，如果是子孫爲之則有罪。在以後的法律發展中，對別籍與異財的規制也不盡相同。

首先，就別籍來說，在祖父母、父母在世的場合，因其不僅涉及到對父祖的孝養問題，也涉及到國家賦役的徵收問題，因此在以後的法律發展中從未被許可。〔註108〕部分學者們認爲宋代法律發展到南宋時已經允許「別籍」了，其依據主要來自以下三條史料：其一，孝宗朝吏部侍郎李椿的奏言；其二，朱熹與其門人關於「淳熙條法事類」的對話；其三，《清明集》中出現的

〔註106〕 （南朝・宋）范曄：《後漢書》卷一八《臧宮傳》：「與母別居，國除。」第696～697頁。

〔註107〕 （唐）房玄齡等：《晉書》卷三十《刑法志》：「除異子之科，使父子無異財也。」第925頁。

〔註108〕 學者們通常把別籍和異財放在一起來進行討論，籠統地說「別籍異財」，對宋代相關法律的解讀亦往往未對二者予以謹慎區分，因此部分學者得出結論認爲宋代的法律是允許別籍、異財的。參見包偉民、尹成波：《宋代別籍異財法的演變及其原因闡析》，載《浙江大學學報》（人文社會科學版）2009年5月；張本順：《變革與轉型：宋代「別籍異財」法的時代特色、成因及意義論析》，載《法制與社會發展》2012年第2期。柳立言先生在其論文《宋代同居制度下的所謂共財》一文中則表達了不同的看法，認爲宋代政府當是「嚴格執行別籍異財之禁」的，這一點與筆者觀點相同，但柳先生在文中對此觀點未有深入討論。載柳立言：《宋代的家庭和法律》，第332～334頁。

關於「紹熙三年戶部看詳」的零星記載。然而，細讀此三條史料，筆者發現，從中並不能得出允許「別籍」的結論。且看李椿的奏言：

> 臣伏睹，在法，祖父母、父母在及身亡服未闋別籍異財者，合坐之罪非輕，……從來人畏法禁，守之以常，風俗淳厚。伏自國家南渡以來，時有建議立法者，或父母在日許令標撥產業，既分便不同爨，或致互相兼併。有父母見在，一貧一富者，有棄父母而別居者，又有母受一子之分者，以致身後詞訟，紛紛皆是。……皆因輕議改法以從私欲，遂至風俗薄惡，不復有中原承平渾厚之風。……臣愚願聖慈詳酌，下有司檢討前後改法之因，應別籍異財……悉循舊法以絕爭端，以正風俗，天下幸甚。〔註109〕

其中談到當時有大臣建議立法允許父母生前「標撥」產業與子孫，分產之後「便不同爨」。然而，「標撥產業」只是針對財產的分割，並不必然意味著「別籍」；「不同爨」的分別煮食行為也不等於「異籍」，「同財而異爨」的行為在朱熹看來也屬正常行為：

> 古者宗法有南宮、北宮，便是不分財，也須異爨。今若同爨，固好；只是少間人多了，又卻不齊整，又不如異爨。〔註110〕

「同居而異爨」，戶同而爨不同的現象即使在累世同居共財的大家庭中亦是存在的。因此，標撥與異爨並不能作為「異籍」的證據。況且此乃一個立法建議，李椿的上奏正是希望申明舊法，禁止「別籍異財」。在此之前的高宗紹興年間對民間的祖父母、父母在而「別籍」的行為是明確禁止的：

> 紹興二十六年（1157）十一月六日權尚書禮部侍郎辛次膺……言：「欲望特詔有司，如有官戶多立戶名、編民冒作官戶及祖父母、父母在而私立別戶者，令州縣覺察，或併或改，仍與立日限陳首，如人告論，當科違制之罪，沒入其產。」戶部言：「欲下諸路轉運司檢坐條法，曉諭民戶，限一月經官自陳，改並歸戶，與免罪，仍免追應輸之物。如限滿不首，許人陳告，將犯人依法斷罪追償，并合輸之物入官，仍仰州縣常切覺察，尚有違戾，按劾以施行。」從之。〔註111〕

〔註109〕（明）黃淮、楊士奇編：《歷代名臣奏議》卷一一七，臺灣學生書局1985年影印本，頁1564b～c。

〔註110〕（宋）黎靖德編：《朱子語類》卷九十《禮七・祭》，第2308頁。

〔註111〕（清）徐松：《宋會要輯稿》食貨一四之三三，頁5054c。

這裏可以很清楚地看到，在南宋高宗朝，法律對於祖父母、父母在而「私立別戶」的別籍行爲是禁止的，別籍者必須在限定期限內自首合戶，如果限期內不主動自首合戶，則允許他人告發。

而上述李椿奏言中提到的立「標撥法」的建議，要到紹熙年間朝廷才有所回應，而這也被有些學者用作「允許別籍」的證據：

> 至若分産一節，雖曰在法，祖父母、父母在，子孫不許別籍異財，然紹熙三年三月九日戶部看詳，凡祖父母、父母願爲標撥而有照據者，合與行使，無出入其說，以起爭端。應祥兄弟一戶財產，既是母親願爲標撥，於此項申明指揮亦自無礙。〔註112〕

胡石壁在處理這一兄弟訴訟案件中所引用的「戶部看詳」即承認了父祖的標撥產業之權，只要具備相應的「照據」，一旦有糾紛發生就應當以標撥照據爲準，免起爭端。然而此一標撥之法也僅僅只是涉及到財產的分割，而不涉及戶籍。這一案件中的兄弟也正是財異而戶同的，因此法官說該案的財產是「應祥兄弟一戶財產」，母親標撥財產與兄弟二人，但戶籍仍同，法官認爲這一事實「與此項申明指揮亦自無礙」。可見「標撥」財產並不意味著別立戶籍，相反，財產已經分析，但戶籍仍保持同一是合乎法意的。對此，《清明集》中另有案例爲證。吳氏有三子，抱養子陳厚、親生二子陳謙、陳寅，糾紛發生時家財已經分割，且兄弟三人各自立戶，但由於吳氏私愛親生子，家庭財產中還有詭名寄產，法官判令將詭戶物業歸併一戶，付吳氏掌管，兄弟同居共爨，待吳氏死後，均分該產。而對於陳謙、陳寅已經分立之戶，法官說到「若以法意言之，謙、寅二戶亦合歸併」，也即按照當時的法律規定，陳謙、陳寅有母在堂而別籍的行爲是不合法意的，應當糾正，但由於陳厚已經將己分產業賣盡，如果再行合戶恐「遂陳厚重疊分業之科」，因此法官「屈公法而徇人情」，維持了陳謙、陳寅別立戶籍的現狀。〔註113〕這一「公法」就是祖父母、父母在不得別籍之法。在另一個關於差役輪替糾紛的案例中，法官判詞提到：「張茂兄弟三人，有母在堂，產錢共計五十一貫，未應均分，合作一戶，不可謂未應充保正。」法官之意是說，由於張茂兄弟三人還有在世的母親，因此不應當分割財產、別立戶籍，而應當作爲一戶來計算戶等。可見，父母在堂不

〔註112〕《名公書判清明集》卷之十《人倫門・兄弟・兄弟之訟》，第372頁。
〔註113〕《名公書判清明集》卷之八《戶婚門・分析・母在不應以親生子與抱養子析產》，第278～279頁。

可別籍才是法意。〔註114〕

另外一個經常被作爲宋代法律允許「別籍」依據的史料來自《朱子語類》中朱熹與門人的兩段對話：

> 又曰：「法初立時，有多少好意思。後來節次臣僚胡亂申請，皆變壞了。如父母在堂，不許異財，法意最好。今爲人父母在不異財，卻背地去典賣，後來卻昏賴人。以一時之弊，變萬世之良法，只是因某人私意申請。法盡有好處，今非獨下之人不畏法，把法做文具事，上自朝廷，也只把做文具行了，皆不期於必行。

> 敬之問：「淳熙事類，本朝累聖刪定刑書，不知尚有未是處否？」曰：「正緣是刪改太多，遂失當初立法之意。如父母在堂，不許分異，此法意極好。到後來因有人親在，私自分析，用盡了，到親亡，卻據法負賴，遂著令許私分。」〔註115〕

但是，仔細閱讀此兩段文字，我們可以看到朱熹與門人所討論的是父母在子孫「異財」的行爲，並沒有說到「異籍」，所謂「著令許私分」僅僅只是承認「異財」行爲的合法性。「分析」並不意味著各自立戶，也並不是「只有自己立戶，才可有獨立的財產登記，這樣不肖子弟便無法規求其它兄弟的財產」。〔註116〕事實上分析財產後各自持有析產關書亦可作爲財產分割的憑證，《清明集》中以析產關書爲糾紛發生時的權利憑證的案件有很多。因此，認爲該法是爲杜絕兄弟之間的財產糾紛而出臺，所以其必包含「異籍」內容的推測是值得懷疑的。對此「淳熙事類」中的「著令許私分」的內容，或可從紹熙三年（1192）三月林大中的奏言中窺得一斑：

> 律有別籍異財之禁，祖父母、父母令別籍者，減一等。而令異財者，無罪。淳熙敕令所看詳亦然。今州縣不明法意，父祖令異財者亦罪之，知美風教之虛名，而不知壞風教之實禍。欲申嚴律文、疏議及淳熙指揮，若止令其異財，初不析開戶籍，自不應坐父祖之罪，其非理蕩破所異田宅者，理爲己分，則不肖者不萌昏賴之心，

〔註114〕《名公書判清明集》卷之三《賦役門・差役・倍役之法》，第75頁。

〔註115〕（宋）黎靖德編：《朱子語類》卷一〇六《朱子三・外任・漳州》，第2649～2650頁。

〔註116〕尹成波：《從異子之科到禁止別籍異財》，浙江大學2009年博士學位論文，第72頁。

而其餘子孫皆可自安，實美化移風之大要也。〔註117〕

林大中的奏文中首先闡明刑統律文對父祖「令別籍」與「令異財」的不同規定，令別籍者有罪，異財則無。隨後又說「淳熙敕令所看詳亦然」，「亦然」者即是與律文之「令異籍者，減一等，令異財者，無罪」之規定相同，也就是說，淳熙敕令所看詳中仍是禁止子孫別籍的，即使是別籍行為由父祖主動做出亦為有罪。其後林大中又說「欲申嚴律文、疏議及淳熙指揮，若止令其異財，初不析開戶籍，自不應坐父祖之罪」，由此可見，無論是律文及其疏議，還是淳熙指揮都僅僅只是對父祖「令異財」的許可，而不包括「令異籍」的行為。這一法意正可與上述《清明集》中所引紹熙三年（1192）指揮相印證。

所以，學者所提出的上述材料並不足以證明宋代法律已經允許父祖在而「別籍」，相反，根據其它史料我們似乎更應認定在宋代法律上祖父母、父母在是不可別籍的。宋代的差役是按照戶等來確定的，而戶等又主要是按照每戶的財產多寡來認定，戶等高者差役重，戶等低者差役輕。而宋代的役法繁苛，應役者往往破家，因此，百姓想方設法以求免役，「土地不敢多耕而避戶役，骨肉不敢義聚而憚人丁」，〔註118〕「至有孀母改嫁，親族分居，或棄田與人以避上等，或非命求死以就單丁，規圖百端，苟脫溝壑之患」，〔註119〕而江南地區亦「有嫁其祖母及與母析居以避役者」。〔註120〕熙寧時保甲法的實施也逐漸成為民戶的重負，為避保丁之役，「又有逐養子、出婿，再嫁其母而兄弟析居以求免者」。〔註121〕對此亂象，哲宗元祐八年（1093）戶部建言對嫁祖母、母而求別籍異財之人進行處罰：

> 戶部言：「輒誘母或祖母改嫁而規欲分異、減免等第者，依子孫別籍異財法加二等，為首者配本州島，許人告，給賞。」從之。〔註122〕

〔註117〕（宋）樓鑰：《攻媿集》卷九八《簽書樞密院事致仕贈資政殿學士正惠林公神道碑》，第1365～1366頁。
〔註118〕（元）脫脫：《宋史》卷一七七《食貨上五·役法上》，第4299頁。
〔註119〕（宋）脫脫：《宋史》卷一七七《食貨上五·役法上》，第4297頁。
〔註120〕（清）徐松：《宋會要輯稿》食貨六六之三二，頁6223d。
〔註121〕（宋）李燾：《續資治通鑒長編》卷三百六十一，神宗元豐八年丙午，第8642頁。
〔註122〕（宋）李燾：《續資治通鑒長編》卷四百八十一，哲宗元祐八年二月己酉，第11436頁。

宋室南渡之後，此風亦然，對熙寧以來募役之法的弊端百姓想到的規避之法同樣包括嫁其母：

> （紹興二年）（1132）九月十七日，中書舍人孫近言：「州縣役法經始於熙寧，續成於紹聖，歷歲滋久遠，今不勝其弊。……母子不相保而必至於出嫁，兄弟不相容而必至於析生，則以募役之法雜取人丁多寡而不專用物力高下之弊也。〔註123〕

紹興五年（1135），又有大臣上言民間嫁母以規避差役的現象：

> 役法行之歲久，積至大弊，鄉村保正長，最爲重役，……被役一次，輒至破產，愚民無知，巧爲規避，遂有父亡母改嫁，兄弟析生，求免役次，非惟重困民力以虛邦本，亦將有傷名教以壞風俗。〔註124〕

林季仲亦有類似論述。〔註125〕可見，百姓爲了避免承擔差役，想方設法降低戶等，減少戶中丁口，而其中從北宋到南宋均存在的一種規避方法就是遣嫁寡居的祖母或母親。如果說宋代的法律在發展的過程放棄了律文「禁止別籍」的規定，父祖在而別籍爲法律所允許，且「著爲令」，那麼這些爲規避差役的百姓爲何要如此大費周章爲此類不倫之行爲呢？直接分割財產並別籍登記不就可以實現戶等的降低了嗎？究其原因，我們似乎可以肯定宋初律文中禁止祖父母、父母在別籍的規定仍然是有效的，宋法在以後的發展過程中並沒有允許這種別籍行爲，因此「嫁母」這種「人理所不忍聞」的方法才成爲規避差役的「良圖」。〔註126〕因爲寡居的祖母或母親出嫁之後，家中就沒有「父母在堂」，如此則可名正言順地「別籍」，只有兄弟別籍之後，才可將原來登記於一戶之下的財產分割登記於不同的戶下，如此各自的戶等都會比原來的戶

〔註123〕（清）徐松：《宋會要輯稿》食貨一四之二一，頁5048c～d。

〔註124〕（宋）李心傳：《建炎以來繫年要錄》卷八十八，紹興五年四月己未，第1471頁。

〔註125〕（宋）李心傳：《建炎以來繫年要錄》卷八十八，紹興五年四月己未。林季仲奏曰：「役法……以身則鞭棰而無全膚，以家則破蕩而無餘產，思所以脫此者而不可得，時則老母在堂抑令出嫁者，兄弟服闋不敢同居者，指已生之子爲他人之子者，寄本戶之產爲他戶之產者，或盡室逃移，或全戶典賣，或強逼子弟出爲僧道，或毀傷支體規爲廢疾，習俗至此，何止可爲慟哭而已哉！」第1472頁。

〔註126〕（宋）李覯：《李覯集》卷35《哀老婦》：「徭役及下戶，財盡無所輸。異籍幸可免，嫁母乃良圖。」第381～382頁。

等爲低，而在考慮人丁的場合，兄弟別籍之後，每戶之內的丁口之數亦減少，如此一來就可達到減輕或免除差役的目的。

其次，對於異財，按刑統律文的規定，「異財」行爲包括兩種方式，一爲非法，即祖父母、父母在子孫擅自異財的行爲，爲者徒三年；一爲合法，即祖父母、父母令子孫異財的行爲，爲者無罪。這種區分體現了祖父母、父母對家庭財產的控制之權，子孫不可自專。然而，對祖父母、父母在子孫非法異財的行爲，雖有法禁，但違法之人不少，他們表面上不異財，但背地裏卻瞞昧父祖私自分析，並將田產典賣用盡，等到父祖亡故了，卻以法律禁止異財，自己無權處分該產來昏賴。〔註127〕基於此，上述淳熙七年（1180）的《淳熙條法事類》以令的形式肯定了「私分」行爲的合法性，明確財產所屬，以杜絕可能發生的財產糾紛。不過，這裏的「私分」含意卻值得探討，它肯定的是子孫擅自分析家產的權利嗎？還是對律文所規定的父祖令異財而無罪之行爲的具體規範呢？從理論上來說，法律不可能對子孫瞞昧尊長擅自分析家產的行爲予以認可，因爲這等於是剝奪了父祖對家庭財產的控制之權，與「同居共財」的理論相悖，也與宋廷孝治理念相去甚遠。而從其它史料中我們似乎更應認定該「私分令」當指父祖的令異財行爲。且看淳熙十三年（1186）韓元吉爲鉛山周氏所作的義居記中的記述，其文曰：

> 東南之俗，土狹而賦儉，民嗇於財，故父祖在，多俾子孫自營
> 其業，或未老而標析其產，近歲因之立法……〔註128〕

韓元吉所說的「近歲因之立法」之法指的應當就是淳熙「私分令」，而按其敘述，其所因乃是「未老而標析其產」的行爲，明顯是指父祖的主動分產行爲，而不是子孫的擅自私分行爲。而上文所引紹熙三年（1192）林大中的奏言中稱一些州縣官員不明律文疏議以及淳熙指揮之含義，對於父祖令子孫異財的本當無罪之行爲亦予定罪。如果說淳熙「私分令」認可了子孫擅自異財行爲的合法性，那麼這些州縣官員們不可能愚蠢到將明顯較子孫擅自異財行爲更合乎情理的父祖令異財行爲作爲犯罪來對待了。因此，把淳熙「私分令」理解爲對律文所規定的父祖令異財而無罪之行爲的具體規範之文或更可靠。那麼

〔註127〕 （宋）黎靖德編：《朱子語類》卷一〇六《朱子三·外任·漳州》，2649～2650頁。

〔註128〕 （宋）韓元吉：《南澗甲乙稿（附拾遺）》卷一六《鉛山周氏義居記》，第310頁。

具體的規範之文到底涉及到那些內容呢？因史料缺乏不得而知。但是其後的法令亦有關於規範父祖異財行爲的內容，包括程序的規範以及主體方面的限制等。上引《清明集》中記述的紹熙三年（1192）戶部指揮對父母生前「標撥」產業的行爲進行了程序上的限制，即要求「有照據」。口說無憑，父母對家產的標撥分割應當有文字憑證，即在《清明集》中反覆出現的「分析關書」，這種憑證需要官府的認可方爲有效。﹝註129﹞但是，這種規定有可能損害祖父母以及父母的養老利益，在財產分割之後互相推脫養親責任，「不恤兄弟之貧，養親必欲如一，寧棄親而不顧」，﹝註130﹞因此，寧宗嘉定十一年（1218）皇帝詔令對父祖標撥家產的行爲作出了主體上的限制：

> 詔：法有標撥，爲祖、父俱亡，而祖母與母有前、晚、嫡、庶
> 之分，設令後，應一母所出子孫，及祖與父年老抱疾者，並不得抑
> 令標撥，雖出祖父母與父母之命，亦不許用，州縣毋得給據。﹝註131﹞

也即在父祖亡故之後，祖母或母在堂，如果子孫爲一母所出則不可標撥異財，如果父祖年老並有疾病，也不可標撥家產。此一項規定保護老年父祖之權益的目的較爲明顯。

總結來說，作爲十惡之罪的「別籍異財」行爲在法律中的規制需要分別認識。對於祖父母、父母在而「別籍」的行爲，宋代法律始終是禁止的，對於子孫擅自進行的非法的「異財」行爲，法律亦從未允許，而對於父祖主動而爲的「異財」行爲法律則未予禁止。然而，父祖主動的異財行爲固然是其財產處分權的一種表現，但易使自己陷於「老無所養」的境地，宋代法律並沒有因爲追求「風教之虛名」而迴避這一問題，相反宋法以一種積極的姿態去認可這種行爲並對之進行規範，如規定分析家產需以關書爲憑並需官方確認，規定父祖年老疾病之時不得異財等等，此類規定與子孫處分財產時父祖需知情簽押的規定、養老田與父祖遺囑權的規定一起爲年老的祖父母、父母們在家產分割的情形之下提供了養老的制度保障。

﹝註129﹞ 在一例財產糾紛案件中，當事人一方取出分析關書以圖作爲財產已經分析的證明，但由於未經官印押因此並未爲法官所認可，並斥責其「用私家之故紙，而亂公朝之明法」的行爲。《名公書判清明集》卷之五《戶婚門・爭業下・僧歸俗承分》，第139頁。

﹝註130﹞ （宋）鄭至道撰，彭仲剛續，應俊編補、（元）左祥增：《琴堂諭俗編》卷上《友兄弟》。

﹝註131﹞ （宋）劉克莊：《後村先生大全集》卷之八十二《玉牒初草》。

二、不救親疾與巫醫之禁

前文有述，在宋代的孝治政策之下，刲股割肝以療親疾的毀身救親行爲屢見於宋史，雖爲開明的士大夫們指爲「愚孝」亦無法禁絕，反獲朝廷旌表賜賞，並成爲朝廷勸孝的重要方式。但是，與毀身救親之行爲相反，有些人卻是棄父母之疾於不顧，「甚至臥病在床，至親不視，極害義理」。〔註132〕對此《宋刑統》在規定子孫違犯教令以及別籍異財之禁後，對此類特殊的不孝父母之行爲亦作出了規定：

> 臣等參詳：諸道州、府民俗，間有患瘟疫之疾者，悉便骨肉相棄，絕人看待，以至死亡，亦不躬親葬殮。人倫之弊，莫甚於斯。應有上件邪俗未除之處，委州、縣長吏以下，常加防察，重行決斷。〔註133〕

而就在《宋刑統》製成前後，有大臣專就此事向太祖上書要求禁止，亦得到了皇帝的認可：

> 太祖建隆四年（963）七月九日，武勝軍節度使張永德上言：「當道百姓家有疾病者，雖父母親戚例皆捨去，不供飲食醫藥，疾患之人多以饑渴而死。習俗既久，爲患實深。已喻今後有疾者，不計尊幼，並須骨肉躬親看視，如更有違犯，並坐嚴科。」從之。〔註134〕

乾德四年（966）皇帝再次下詔申嚴禁令：

> 詔曰：「如聞西川諸色人移置內地者仍習舊俗，有父母骨肉疾病，多不省視醫藥。宜令逐處長吏常加覺察，仍下西川管內，並曉諭禁止。」〔註135〕

這類不省父母疾病的風俗以南方爲重，究其原因是與當地的巫醫信仰分不開的。〔註136〕廣南之地，「風土不佳，人多死於瘴癘。其俗又好巫尚鬼，疾

〔註132〕（宋）張栻：《諭俗文》，載曾棗莊、劉琳主編：《全宋文》第 255 冊，第 27 頁。

〔註133〕（宋）竇儀等撰，薛梅卿點校：《宋刑統》卷第二十四《鬥訟律‧告周親以下》，第 420～421 頁。

〔註134〕（清）徐松：《宋會要輯稿》刑法二之一，頁 6496a。又見（宋）李燾：《續資治通鑑長編》卷四，乾德元年七月戊午，第 98 頁。

〔註135〕（清）徐松：《宋會要輯稿》刑法二之一，頁 6496a。

〔註136〕關於宋代的巫醫信仰之風可參考劉黎明：《宋代民間巫術研究》，巴蜀書社 2004 年版；李小紅：《巫覡與宋代社會》，浙江大學 2004 年博士學位論文。

病不進藥餌，惟與巫祝從事，至死而後已」，〔註137〕福建地區，亦是「鬼而不醫」，〔註138〕巴蜀等地亦「尚淫祀，病不療治，聽於巫覡」，〔註139〕江西等地亦是「尚鬼信巫，每有疾病，未嘗親藥餌」〔註140〕，荊湖地區的民俗亦是「疾病不事醫藥，惟灼龜打瓦，或以雞子占卜，求祟所在，使俚巫治之」，〔註141〕在而經濟較爲發達的江南東路同樣是「循楚人好巫之習，閭巷之民一有疾病，屏去醫官，惟巫覡之信，親戚鄰里畏而不相往來，甚者，至於家人猶遠之而弗顧，食飲不時，坐以致斃」。〔註142〕有鑒於此，朝廷在地方官的請求之下屢頒禁令，禁絕和懲治巫醫。先是雍熙二年（985）太宗下詔對「邕、容、桂、廣諸州……殺人以祭鬼、病不求醫……等事，並委本郡長吏多方化導，漸以治之，無宜峻法，以至煩擾」。〔註143〕此時，太宗對病不求醫的行爲主張以教化爲主，不宜使用峻法。但民間的巫醫信仰並未消減，於是，淳化三年（992），太宗下詔將巫醫以造妖惑眾論罪：「兩浙諸州先有衣緋裙，中單，執刀吹角，稱治病巫者，並嚴加楚斷，吏謹捕之。犯者以造妖惑眾論，實於法。」〔註144〕其後眞宗又在咸平五年（1002）下詔對以巫術治病，傷人身體者以故意殺人論罪：「醫師療疾，當按方論，若輒用邪法，傷人體膚者，以故殺論。」〔註145〕仁宗天聖元年（1023）戶部侍郎夏竦知洪州，對當地的巫醫信仰之弊深有所感，他指出，對於各種煽動惑眾的民間巫術法有專條，但是對於巫醫行爲法律未有明確規定，因此上奏皇帝希望「嚴賜條約」予以禁絕：

> 臣聞左道亂俗，妖言惑眾，在昔之法，皆殺無赦。……國家宜有嚴制，以肅多方。竊以當州，東引七閩，南控百粵，編氓右鬼，舊俗尚巫。在漢欒巴，已嘗翦理；爰從近歲，傳習滋多，假託禨祥，愚弄黎庶，剿絕性命，規取財貨。……民之有病，則門施符籙，禁

〔註137〕（宋）曾敏行：《獨醒雜誌》卷三《廣南人多死於瘴癘》，第 27 頁。
〔註138〕（宋）蔡襄：《蔡襄集》卷三七《尚書屯田員外郎贈光祿卿劉公墓碣》，第 681 頁。
〔註139〕（元）脫脫：《宋史》卷二百六十七《李惟清傳》，第 9216 頁。
〔註140〕（宋）曾敏行：《獨醒雜誌》卷二《夏英公帥江西日禁巫》，第 13 頁。
〔註141〕（宋）范致明：《岳陽風土記》，第 31 頁。
〔註142〕（清）徐松：《宋會要輯稿》刑法二之六七，頁 6529b。
〔註143〕（清）徐松：《宋會要輯稿》刑法二之三，頁 6497b。
〔註144〕（清）徐松：《宋會要輯稿》刑法二之五，頁 6498a。
〔註145〕（宋）李燾：《續資治通鑒長編》卷五十二，咸平五年八月乙酉，第 1148 頁。

絕往還，斥遠至親，屏去便物。家人營藥，則曰神不許服；病者欲
飯，則云神未聽饗。率令疫人死於饑渴。洎至亡者服用，又言餘祟
所憑，人不敢留，規以自入。幸而獲免，家之所資，假神而言，無
求不可。其間有孤子單族、首面妻，或絕戶以圖財，或害夫而納婦。
浸淫既久，積習爲常，民被非辜，了不爲訝，奉之愈謹，信之益深，
從其言甚於典章，畏其威重於官吏。……在於典憲，具有章條。其
中法未勝奸，藥弗療疾，宜須峻典，以革弊風。……伏乞朝廷嚴賜
條約，所冀屏除巨害，保宥群生，杜漸防萌，少裨萬一。〔註146〕

對其所奏，仁宗皇帝下詔確定類比相關法令對巫醫及引誘和受引誘之人進行
處罰，並將之推廣於幾乎所有巫醫盛行之地區：

宜令江南東西、荊湖南北、廣南東西、兩浙、福建路轉運司，
遍行指揮轄下州、府、軍、監、縣、鎮，今後師巫以邪神爲名，屏
去病人衣食湯藥，斷絕親識看承，若情涉於陷害，及意望於病苦者，
並同謀之人，引用咒詛律條，比類斷遣。如別無憎疾者，從違制失
決放，因而致死者，奏取敕裁。如恣行邪法，不務悛改，及依前誘
引良家男女，傳教妖法，爲弟子者，特科違制定斷；其和同受誘之
人，減等科罪。余並檢會前後條法，詳酌斷遣，情理巨蠹，別無刑
名科斷者，即收禁具案奏裁。仰粉壁曉示，仍半年一度舉行約束，
仍賜敕書褒諭。〔註147〕

然而，朝廷的禁令似乎並未起到禁絕巫醫，移風易俗的效果，到徽宗時
江南地區信巫不信醫的現象仍然存在，因此，政和七年（1117）有官員上奏請
求通過立法加強鄰保的糾舉揭發之責，知而不告者坐罪：

前提點江南東路刑獄周邦式奏：「江南風俗循楚人好巫之習，閭
巷之民一有疾病，屏去醫官，惟巫覡之信，親戚鄰里畏而不相往來，
甚者，至於家人猶遠之而弗顧，食飲不時，坐以致斃。乞立法責鄰
保糾告，隱蔽而不言者坐之。」〔註148〕

皇帝因此詔令各地監司守令對此風予以禁止。但是，巫醫信仰之風至南宋之時
仍爲嚴重的社會問題，高宗紹興十六年（1146）即有臣僚就此上言，請求禁絕：

〔註146〕　（清）徐松：《宋會要輯稿》禮二〇之一〇～一二，頁 769d～770c。
〔註147〕　（清）徐松：《宋會要輯稿》禮二〇之一二，頁 770 c～d。
〔註148〕　（清）徐松：《宋會要輯稿》刑法二之六七，頁 6529b。

　　臣僚言：「近來淫祠稍行，江淛之間，此風尤熾，一有疾病，唯妖巫之言是聽，親族鄰里不相問勞，且曰此神所不喜。不求治於醫藥，而屠宰牲畜以禱邪魅，至於罄竭家貲，略無效驗，而終不悔。欲望申嚴條令，俾諸路監司、郡守重行禁止。」詔：「令禮、刑部坐條行下，如不係祀典，日下毀去。」〔註149〕

寧宗嘉泰二年（1202）權知萬州趙師作亦上言巫醫之弊，請求朝廷禁絕，獲得皇帝的支持：

　　峽路民居險遠，素習夷風，易惑以詐，易煽以惡，致使淫巫得肆簧。凡遇疾病，不事醫藥，聽命於巫，決卜求神，殺牲爲祭，虛費家財，無益病人。雖或抵死，猶謂事神之未至。故凡得疾，十死八九。又其俗以不道千富，祀諸昏淫之鬼，往往用人僥冀作福，流爲殘忍，不可備言。乞行下本路，先禁師巫，俾之改業，嚴結保伍，斷絕禁呪及祭鬼器用，庶幾拔本塞源，不致滋長。詔：仰本路提刑嚴切禁止，務要盡絕，如有違犯，重作施行。〔註150〕

　　不過，從上述朝廷治理巫醫的詔令來看，其重點治理的對象乃是巫醫本身，而對於因信巫醫而不治父母親人之疾病者並未有專門的條約，雖然刑統中有「重行決斷」之語，但是從此後的詔令內容來看，其主要手段仍爲教化和勸諭。當然，從父母疾患的角度來看，無論是禁絕巫醫本身還是教化勸諭子弟醫療親疾都是具有積極意義的，最終均可達到「有病得治」的目的。

三、以「養親」爲目的的不孝罪司法

　　雖然法律禁止各種有悖孝道之不孝行爲，但現實生活中悖逆父母的不孝之子有之，在其被訴諸司法的時候，所面臨的刑罰幾乎均爲徒以上，而編管刺配等附加刑的使用，可能使得該子將會遠離本該侍養的父母，這樣的結局既不符合孝之「養親」目的，也可能是爲父母者所不忍見的。因此，在宋代的不孝罪訴訟中，法官並不絕對地按照法律規定的刑罰來處罰不孝者，他們本著「勸孝」的責任與理想，以矜謹的態度來處理該類訴訟；而作爲不孝行爲侵害對象的父母在此類訴訟中擁有相當大的影響力，無論是在起訴階段還是在處刑階段。

〔註149〕（清）徐松：《宋會要輯稿》刑法二之一五二，頁6571c。
〔註150〕（清）徐松：《宋會要輯稿》刑法二之一三三，頁6562a。

（一）法官的矜謹

「矜謹」是鄭克在《折獄龜鑑》中對司法官的要求。「矜」者矜恤，「謹」者謹慎，也即法官在處理此類案件之時應懷著矜恤之心謹慎斷案。在不孝罪訴訟上，法官們正是通過斷案上的先教後刑、犯罪認定上的審慎以及刑罰上的減輕處罰來貫徹這一標準的。

1、曲加誨諭，先教後刑

孔子說「道之以政，齊之以刑，民免而無恥；道之以德，齊之以禮，有恥且格」，〔註151〕又說「不教而殺謂之虐」。〔註152〕荀子也說「不教而誅，則刑繁而邪不勝」。〔註153〕對犯罪的預防和糾正不能僅僅使用或首先使用刑罰手段，而應該以教化爲主、爲先。這種重視道德教化，主張先教後刑的思想亦爲宋代的士大夫進行地方治理的指導思想。宋人葉適的一段論述可爲說明：

> 古之長民者示之以意，其次爲條教，其次號令之，最下者撻罰脅之，意難從久矣。……夫委曲以就民而可以利之，雖非常道，斯謂之仁矣。〔註154〕

也即治民的最好方式乃是教化，其次是以規條約束之，再次是以命令強行之，最差的是以刑罰脅迫之，只要是有利於民，即使政策的實施委曲周折亦是值得稱道的。從息訟的角度來講，司法官們亦主張先教後刑，胡太初在《畫簾緒論》中說：

> 大凡斂訟，一是必有一非，勝者悅而負者必不樂矣。愚民懜無知識，一時爲人鼓誘，自謂有理，故來求訴。若令自據法理斷遣而不加曉諭，豈能服負者之心哉？故莫若呼理屈者來前，明加開說，使之自知虧理，宛轉求和，或求和不從，彼受曲亦無辭矣。〔註155〕

只有先曉之以理才可能令理屈者明白自己之過，或可達成和解，即使和解不成理屈者對不利於己之判決亦易於接受。具體到不孝等涉及倫理關係的訴訟，先教後刑更有利於恢復被破壞的倫理關係，使父母子女復歸慈孝而老人

〔註151〕《論語·爲政》。
〔註152〕《論語·堯曰》。
〔註153〕《荀子·國富》。
〔註154〕（宋）葉適：《葉適集·水心文集》卷9《績溪縣新開塘記》，第148頁。
〔註155〕（宋）胡太初：《畫簾緒論·聽訟篇》，載官箴書集成編纂委員會編：《官箴書集成》第一冊，第106頁。

得養。因此對此類訴訟，司法官主張「曲加諷喻，以啓其愧恥之心，以弭其乖爭之習。聽其和允，勿事研窮」，〔註156〕眞德秀亦主張對「爲不孝不悌之行」的「昧於禮法之人」，不可徑行用刑或訓誡，而是要求鄉里父老「曲加誨諭，令其悛改」。〔註157〕胡石壁也說：

> 區區此心，惟以厚人倫，美教化爲第一義。每遇聽訟，於父子之間，則勸以孝慈，於兄弟之間，則勸以愛友，於親戚、族黨、鄰里之間，則勸以睦婣任卹。委曲開譬，至再至三，不敢少有一毫忿疾于頑之意。〔註158〕

而勸孝本是地方官的責任，也是士大夫的理想，以教化的手段防止不孝的發生是地方官們地方治理的主要內容。因此，在治內出現了不孝罪訴訟的時候，地方官們往往會深感自責，認爲是自己教化未至的結果。眞西山守泉州，有《泉州勸孝文》發佈，然仍有不孝之訟，他深感自責，謂「當職忝爲郡守，不能以禮義訓人，致使民間有此悖逆，日夕慚懼，無地自容」。〔註159〕胡石壁亦對其「守郡半年」而教化未至，「不能使百姓興於行誼，入孝出弟，以追還淳古之風，而同室之鬬，鬩牆之爭，幾無寧日」的境況深感自責，以致「閉閣思過，朝夕不遑」。〔註160〕因此，在處理不孝案件時，司法官們往往主張以教化爲先，而在這一教化過程中法官對不孝之子的勸諭可謂「曲盡」。胡石壁爲一件因爭財而起的不孝案件所寫的判詞就充分直接地展示了司法官們在處理不孝類案件之時「曲加誨諭，先教後刑」的思想：

> 人生天地之間，所以異於禽獸者，謂其知有禮義也。所謂禮義者，無他，只是孝於父母，友於兄弟而已。若於父母則不孝，於兄弟則不友，是亦禽獸而已矣。李三爲人之弟而悖其兄，爲人之子而悖其母，撥之於法，其罪何可勝誅。但當職務以教化爲先，刑罰爲後，且原李三之心，亦特因財利之末，起紛爭之端。小人見利而不

〔註156〕 （宋）胡太初：《晝簾緒論·臨民篇》，載官箴書集成編纂委員會編：《官箴書集成》第一冊，第 103 頁。

〔註157〕 （宋）眞德秀：《諭俗文·潭州諭俗文》，第 1 頁。

〔註158〕 《名公書判清明集》卷之十《人倫門·母子·母訟其子而終有愛子之心不欲遽斷其罪》，第 363 頁。

〔註159〕 《名公書判清明集》卷之十《人倫門·孝·孝於親者當勸不孝於親者當懲》，第 383 頁。

〔註160〕 《名公書判清明集》卷之十《人倫門·兄弟·兄弟能相推遜特示褒賞》，第 368 頁。

見義，此亦其常態耳。恕其既往之愆，開其自新之路，他時心平氣
定，則天理未必不還，母子兄弟，未必不復如初也。特免斷一次。
本廂押李三歸家，拜謝外婆與母及李三十二夫婦，仍仰鄰里相與勸
和。若將來仍舊不悛者，卻當照條施行。〔註 161〕

胡石壁首先闡明人之所以別於禽獸者就在於人能孝友，孝父母、友兄弟是人
之所以爲人的基本品質，李三悖於母、兄的行爲罪不勝誅。但是法官主張應
先教而後刑，且原心論罪，認爲李三本心在於爭財而不在悖逆母兄，因此法
官給予了其自新之路，免斷其不孝之罪，並要求鄰里監督勸解，以期將來母
子兄弟和睦如初。最後法官又借助刑罰的威懾力量戒勵其勿再犯法，以輔助
其教化的實施。蔡久軒在處理一例兒子偷盜父親的耕牛並爲不孝行爲的案件
中，亦主張先教後刑，對於一審直接判定處以笞刑並編管的刑罰並不認可，
他說對於此一案件「本州當有以教化之，豈可便行編管」。因此，將不孝之子
枷項令其每日拜謝其父直至「父慈子孝」爲止。〔註 162〕

2、盡心體察，審慎定罪

在不孝等涉及到倫理關係的犯罪中，尊長與卑幼的法律地位是不平等
的，一旦罪名成立，卑幼往往面臨嚴厲的刑罰，而對卑幼處以嚴厲的刑罰之
後，並不一定能夠恢復已經破壞的倫理關係，反而可能使得被侵犯的尊長與
所恃以爲養的卑幼分離隔閡，最終成爲「老無所養」之人。對此，宋代的司
法官們有清醒的認識，因此，在處理此類訴訟時，他們並不會輕易以不孝之
罪加之於卑幼，而是會盡心體察，審慎定罪。

張詠知益州，一民婦不從公公役使，公公怒而剪其髮，並出言侮辱，其
子將父訴於官。此時有人提醒該子，公公剪斷兒媳的頭髮於法無罪，而子告
父則爲不孝，其罪非輕。於是在審訊的時候，公公否認剪斷兒媳的頭髮，並
指責是兒媳自斷髮而誣告，該子亦附和其父。對於這一案件，張詠察覺父子
二人有所欺騙，處理非常謹慎，其判曰：「雖然子爲父隱，其奈執辭不定。既
不可窮詰於尊長，又不可抑斷於卑幼。仰責新婦狀，今後再不侍養，別具狀
領過。並放。」法官以「子爲父隱」開脫了兒子之罪，又以「執辭不定」否
認了兒媳之罪，且因尊長之特權並未對之窮詰追問，亦不追究，結果只是責

〔註 161〕《名公書判清明集》卷之十《人倫門‧母子‧因爭財事而悖其母與兄姑從恕
如不悛即追斷》，第 362 頁。
〔註 162〕《名公書判清明集》卷之十《人倫門‧父子‧子未盡孝當教化之》，第 359 頁。

令兒媳立狀承諾今後盡心侍養。事後，張詠謂屬吏曰：「五服之內，卑幼條至重。親民之官，所宜盡心。」可謂道出了司法官在此類案件中的司法心態。〔註163〕王質知荊南，有一老婦在夫亡之後改嫁他人，後因貧窮又返回前夫之家，其子婦「奉事無不謹」，但仍爲老婦以「薄於養」訴於官。在這一案件中，王質瞭解到老婦人之「不良」，因此並沒有眞以「供養有闕」之罪加之於婦，而是勸解子婦考慮到其丈夫爲人之子的責任，盡心侍養其姑，並給與衣食資助。〔註164〕對此二案，鄭克評價說：「此翁姑理皆不直，然家人之義，當責卑幼，但不可遽繩以法耳。是故恕其罪而責之養也。」〔註165〕在涉及到不孝行爲的訴訟中，實現「養親」的目的當是司法的最終目標，因此，雖然以倫理道德以及法律規定而言，尊卑之間的糾紛無論尊長是否理屈，卑幼都不免受責，但出於「養親」這一目的，又不可輕易認定卑幼之罪。因此，最審愼的做法是寬恕卑幼之罪，而責令其盡心孝養。

一項罪名的成立必須具備法定的構成要件，子孫違犯教令之罪的成立需是祖父母、父母之令「可從而違」，供養有闕之罪的成立需是「堪供而闕」，「苟繩以法，子罪不輕，今律所謂『可從而違』，『堪供而闕』者是也」，〔註166〕因此，明智的司法官們在司法過程中會以「矜謹」之心，細緻考察罪之構成要件，審愼定罪。薛奎知益州，有一婦人向官府訴稱其子不孝，薛奎審問後瞭解到，因該子貧窮所以無以供養其母，於律不符合「堪供而闕」的要件，因此，薛奎並未認定該子「供養有闕」之罪，反而拿出自己的俸祿資助貧窮的兒子謀業營生以養其母。〔註167〕此外，行爲人行爲時的主觀心理狀態有時也成爲法官考量不孝犯罪是否成立的要件，這一做法與董仲舒的「原心論罪」之說是相通的。在一例母子兄弟之間的訴訟中，長子因有「謂其母不是我娘」的說法被訴以不孝之罪，法官以《詩經·小弁》來爲其開脫，按孟子的說法，小弁之怨字面上雖是埋怨父親，但實則表達了親親之情，該案中兒子之所以說出不孝之語，實際上也是其愛母的表現，因此，法官決定將這一事件「置之不問」。〔註168〕

〔註163〕楊奉琨校釋：《疑獄集·折獄龜鑒校釋》，第416頁。
〔註164〕楊奉琨校釋：《疑獄集·折獄龜鑒校釋》，第416頁。
〔註165〕楊奉琨校釋：《疑獄集·折獄龜鑒校釋》，第416～417頁。
〔註166〕楊奉琨校釋：《疑獄集·折獄龜鑒校釋》，第418頁。
〔註167〕楊奉琨校釋：《疑獄集·折獄龜鑒校釋》，第418頁。
〔註168〕《名公書判清明集》卷之十《人倫門·母子·母子兄弟之訟當平心處斷》，第

可見，在涉及不孝罪訴訟的時候，法官往往會出於「養親」的目的，考慮到「五服之內，卑幼條至重」的法律狀況，並不會輕易認定子孫的不孝之罪，而致使父母老人無以侍養。相反，他們會對案情盡心體察，從客觀方面以及主觀方面考察行爲人之行爲以確定是否犯罪，一旦不符合犯罪構成的要件，法官則不會對被訴之人定罪。

3、靈活處罰，寓教於刑

「明於五刑，以弼五教」，〔註169〕刑罰的目的在於弼教。在處理不孝類案件之時，刑罰是一種勸孝的手段，最終的目的是希望恢復已被破壞的倫理關係，因此，即使是在子孫的不孝罪行已被認定的場合，法官也傾向於從輕處罰，同時寓教於刑，希望通過責戒勵狀、家杖、讀孝經等特殊處罰來恢復父慈子孝的融怡局面。

吳拾同妻子阿林向官府訴稱其子吳良聰不孝，經法官再三審問，得知吳良聰悖逆不孝屬實，罪該極刑。作爲法官的眞德秀雖對該不孝之子尤爲不滿，但仍對其從輕處罰，決「杖脊二十，髡髮拘役一年」，並「仍就市引斷，使人知孝於其親者有司所深敬，不孝其親者，王法所必懲」。〔註170〕對於一個生不養祖母，死不葬祖母的不孝之孫，法官雖亦極其痛恨，但仍給予「從輕堪杖一百，編管鄰州」的處罰。〔註171〕在一起舅訴兒媳不孝，兒媳反訴舅對己有所侵犯的案件中，法官對曾經有過非禮行爲的兒媳處以了重罰，對於因愛其妻，而「棄父養，出外別居」的兒子，雖認定其爲不孝，但對其之處罰僅爲杖六十，決畢之後押歸本家侍養其父，並告誡不許再有違犯，否則將落實其不孝之罪。〔註172〕可見，使年老的父母得有所養是法官在斷罪定刑時的一個重要考量因素，爲使該父老有所養，從輕處罰了兒子。另外一件事涉曖昧的案件中，兒子以亂倫之訴告發其父，所犯爲十惡之不孝，法官認爲這樣的行爲即使「決脊黥配，要不爲過」，但法官最終以其「愚蠢無知」爲由，「從輕決杖一百，編管鄰州」。〔註173〕

---

361 頁。
〔註169〕《尚書・大禹謨》。
〔註170〕（宋）眞德秀：《諭俗文・泉州勸孝文》，第 7 頁。
〔註171〕《名公書判清明集》卷之十《人倫門・不孝・祖母生不養死不葬反誣訴族人》，第 386～387 頁。
〔註172〕《名公書判清明集》卷之十《人倫門・亂倫・婦以惡名加其舅以圖免罪》，第 387～388 頁。
〔註173〕《名公書判清明集》卷之十《人倫門・亂倫・子妄以奸事誣父》，第 388 頁。

除此之外，在以下的案例中，法官則以一些特殊的處罰來實現其「寓教於刑」的目的。如在一例子不孝於父的案件中，法官對不孝之子的處罰是枷項，並令其每日拜父，父子之間重回慈孝之日才是此種處罰執行完畢之時。〔註174〕胡大爲因不能承順母意，被母親所訴，法官亦未以不孝之刑處罰之，而是「就本家決十五」，同時要求拜謝其母，並令四鄰勸和。〔註175〕在一例因立繼和財產糾紛而發生的母子之訟中，子不能承順母意，屬於違犯教令之行爲，然法官並未對其處以刑罰，而是令「責戒勵狀」盡其爲子之道，以期恢復母子天倫。〔註176〕鍾千乙家貧無以養母，妄自花費母親賣掉床榻所換來的聊生之資，致使其母以不供養之罪訴於官，法官鑒於其母「羸病之餘，喘息不保，或有緩急，誰爲之倚」，並未對鍾千乙處以刑罰，而是「責戒勵」之後放歸，要求其革心悔過，侍養其母，同時官府給予其母五斗之資以爲接濟之須。〔註177〕在另一個案例中，母親對兒子一直以來的不肖劣跡忍無可忍，因此以不孝之罪訴之於官，其後該母又因愛子而拿出亡夫充滿對子哀矜惻怛之情的遺囑，向法官求情，法官因此並未治其不孝之罪，只是押歸本家，通過親戚鄰里勸和以拜謝其母，此外，還要求該不孝之子歸家後時時誦讀其亡父遺囑，「使之知乃父愛之如此其至，則天理或者油然而生爾」。〔註178〕蔡久軒也曾以類似的方式來處理母子之間的訴訟，其對不孝者的處罰是讀《孝經》一月。〔註179〕此類要求不孝子讀亡父遺囑，讀《孝經》的處理方式明顯體現了法官在司法過程中教化大於懲罰的司法傾向。

（二）父母的影響

在不孝罪訴訟中，父母起著極爲重要的作用，他們影響著案件的進程和結局。

首先，是否將子孫的不孝行爲告之於官取決於父母的意願。依據法律的規定，生活中較常發生的違犯教令及供養有關等不孝之罪需「親告乃坐」，《宋

〔註174〕《名公書判清明集》卷之十《人倫門‧父子‧子未盡孝當教化之》，第359頁。

〔註175〕《名公書判清明集》卷之十《人倫門‧不孝‧母訟其子量加責罰如再不改照條斷》，第386頁。

〔註176〕《名公書判清明集》卷之十《人倫門‧母子‧互訴立繼家財》，第360頁。

〔註177〕《名公書判清明集》卷之十《人倫門‧母子‧母訟子不供養》，第364頁。

〔註178〕《名公書判清明集》卷之十《人倫門‧母子‧母訟其子而終有愛子之心不欲遽斷其罪》，第363～364頁。

〔註179〕《名公書判清明集》卷之十《人倫門‧母子‧讀孝經》，第360頁。

刑統・鬥訟律》「子孫違犯教令供養有闕」條：

> 諸子孫違犯教令及供養有闕者，徒二年。謂可從而違，堪供而
> 闕者。須祖父母、父母告，乃坐。

如果因不孝而爲父母所告，被定罪判刑之人往往不能因赦而得減免。如仁宗
天聖九年（1031）二月皇帝下詔對已決編配罪犯量移近地，但是對不受尊長
教訓，而爲父母陳首之人，不得移配，也不可以老疾病患爲名放停。〔註180〕
景祐元年（1034）中書門下亦有類似請求。〔註181〕

然而，實踐中亦有不經父母控告而對子孫違犯教令及供養有闕之罪進行
追究的案例。如司馬光《涑水記聞》記載：

> 眞宗時，京師民家子有與人鬥者，其母追而呼之，不從，母顚
> 躓而死。會疏決，法官處其罪當笞。上曰：「母言不從，違犯教令，
> 當徒二年，何謂笞也？」群臣無不驚服。〔註182〕

此案中，子不聽母之教令的行爲本應由其母告發，官府才得以受理治罪，而
其母已死，並無告論，但皇帝仍對違犯教令之行爲作出了徒二年的處罰。另
外一例是前文曾引到的「祖母生不養死不葬反誣訴族人」的案例，本案中的
孫子在孤老的祖母在世之時，棄家於不顧，是爲「供養有闕」，但祖母並未
因此向官府告孫不孝之罪，然而，法官仍然以此不孝之罪對該孫處以了刑
罰。〔註183〕鑒於此，有學者認爲對此類案件在「必要時官司會主動起訴」，
〔註184〕但是，對何爲「必要時」沒有做出解釋。從有限史料來看，官府主
動介入此類案件多發生在當事之父母或祖父母已亡故，且該案爲其它案件的
「案中案」導致案發之時。如上述眞宗時的案例，當事的母親已死，官府審

〔註180〕（清）徐松：《宋會要輯稿》刑法四之一七：（天聖）九年二月二十二日，詔
曰：「……元奉（宜）〔宣〕敕永不放停，及情理巨蠹，累行惡跡，攪擾州縣，
豪強欺壓良善，恐嚇錢物，並藉詞論訴不忓己事，僞造符印，或持杖驚劫，
傷殺人命，及不受尊長教訓、父母陳首人等，不得移配，亦不得以老患爲名
放停。」頁6630b。

〔註181〕（清）徐松：《宋會要輯稿》刑法四之一九：（景祐元年）四月二十九日，中
書門下言：「諸路州軍明道二年三月赦前配軍人，除十惡、殺人放火、父母陳
首及元是軍人作過配到者依舊外，自餘雜犯配軍人並放逐便。」頁6631a。

〔註182〕（宋）司馬光：《涑水記聞》卷六《眞宗決獄》，第112頁。

〔註183〕《名公書判清明集》卷之十《人倫門・不孝・祖母生不養死不葬反誣訴族人》，
第386～387頁。

〔註184〕柳立言：《從法律糾紛看宋代的父權家長制——父母舅姑與子女媳婿相爭》，
載氏著：《宋代的家庭和法律》，第251頁。

理的是死亡案件，只是死亡事件是因子不聽母之教令而起，第二個案例中，當事人的祖母已死，官府審理的乃是遷葬糾紛，孫「生不養，死不葬」的行為是在審理該案的過程中發現的。因此，祖父母、父母對此類案件的告訴之權並未被分割。

而對於那些沒有法定「親告乃坐」限制的不孝行為因多發生於家內，如果沒有父母的告發，官府也很難發現和制裁。如子孫私自異財的行為、子孫罵詈祖父母、父母的行為等，雖為法律所禁止，但是如果父母不告發，或在案發時包庇，則子孫亦可逃脫法律的制裁。實際上，在現實生活中，父母往往出於慈愛之心，不願告發子孫的不孝行為，有時又礙於情面不願家醜外揚，或考慮到老來依賴子孫反哺而對子孫的不孝隱忍不告，使得不孝之子孫多能免於刑責。對此宋人已有闡述：

> 夫五刑之屬三千，罪莫大於不孝。然世固有不孝之人而未嘗受不孝之刑者，何也？渝川歐陽氏嘗論之曰：「父母之心，本於慈愛，子孫悖慢，不欲聞官。」謂其富貴者恐貽羞門戶，貧賤者亦望其反哺，一切含容隱忍，故不孝者獲免於刑。然父母吞聲飲恨之際，不覺怨氣有感，是以世之不孝者或斃於雷或死於疫，後嗣衰微，此皆受天刑也。嗚呼！王法可幸免，天誅不可逃。為人子者可不孝乎？〔註185〕

因此，人們只能把對不孝之子的懲罰寄託於神判天譴，宋人洪邁的《夷堅志》可為印證。

其次，對於訴諸司法的不孝子孫處以何種刑罰也深受父母的影響。如果父母願意原諒不孝子孫並為之求情，通常會得到法官的同意。任布知越州，有孫醉酒之後罵詈其祖父，祖父憤而告之於官，之後又後悔，每日到官衙哭訴說自己年老無子，仰賴該孫奉養活命，希望法官寬宥其罪，任布依老人所願寬免了該孫。任布雖上書自劾寬縱之罪，但朝廷並未因此處罰任布。〔註186〕上述母以亡夫遺囑為子求情一案亦是如此，該母先是因其子「父母與之以田，則鬻之，勉其營生，則悖之，戒其賭博，則違之」的不肖行為以不孝之罪將

〔註185〕（宋）鄭至道撰，彭仲剛續，應俊編補、（元）左祥增：《琴堂諭俗編》卷上《孝父母》。

〔註186〕楊奉琨校釋：《疑獄集・折獄龜鑒校釋》，第419頁。又見（元）脫脫：《宋史》卷二八八《任布傳》。

之訴於官府，但在法官欲從其所請將不孝之子「刑之於市」時，該母又「惻然動念」，執出亡夫充滿愛子之情的遺囑爲子求情，因此，法官並未坐該子不孝之罪，亦未有刑罰處罰。〔註187〕

　　因此，在司法實踐當中，司法官們出於孝之「養親」的目的，不欲將父母賴以爲養的子孫處刑決配，造成親子異居隔閡，而是主張對不孝罪訴訟先教後刑，只有在窮盡勸諭之詞之後才考慮以刑罰的方式解決。同時法官主張盡心體察被訴之不孝行爲的主客觀方面，審慎定罪。即使是子孫的不孝行爲被認定而要處以刑罰之時，法官也儘量「哀矜而體察之，照法所行，與殺一等」，〔註188〕從輕處罰，或者以非刑罰的方式對不孝之子責戒約束，以寓教於刑，最終使得「父慈子孝」、「融融怡怡」，亦使得父母能夠不闕子孫之養。而父母對不孝罪訴訟的進程及結局有著重要影響，對不孝之子孫告與不告取決於父母的意願，對不孝之子孫處以何種刑罰亦受父母態度之左右。雖然由於大部分的父母出於慈愛並不告發子孫的不孝行爲，或在法官定罪量刑之時求情轉圜，往往造成不孝之子逃脫刑律的制裁，但對於這種有關倫理關係的父母子孫之間的矛盾，以勸和調解或輕判責和的方式結案未必不是一種更有利於天倫恢復、父母得養的糾紛解決方式。

本章小結

　　自從尊老尚齒的社會風俗與家族血緣聯繫在一起後，在家族內部，「孝」成爲老人獲得尊敬的基本途徑。當「孝」由一種家族倫理演變爲政治倫理之後，勸孝與禁止不孝成爲法律的主要內容。生活在宋代血緣家族中的老人，正是依靠法律對孝的宣揚、對不孝的禁止來實現其利益保護的。

　　在勸孝之法上，由於宋代「乘五代之疵國，化百年之污俗，以爲非孝悌不足以敦本」，〔註189〕所以宋代對勸孝亦可謂不遺餘力。在國家層面，朝廷不僅通過不定期的察舉孝悌之令來鼓勵民間興孝，而且通過對各種毀身救親的

〔註187〕《名公書判清明集》卷之十《人倫門・母子・母訟其子而終有愛子之心不欲遽斷其罪》，第363～364頁。

〔註188〕（宋）胡太初：《畫簾緒論・臨民篇》，載官箴書集成編纂委員會編：《官箴書集成》第一冊，第103頁。

〔註189〕（宋）王禹偁：《小畜集》卷一九《諸朝賢寄題洪州義門胡氏華林書齋序》，轉引自王善軍：《宋代宗族和宗族制度研究》，河北教育出版社2000年版，第28頁。

極端孝行予以旌表賜賞並著之爲法來突顯朝廷對孝道的推崇，而掌握最高司法權的皇帝對復仇殺人這種因孝而爲之犯罪行爲的幾乎無一例外的寬減裁決，以及對「代親受刑」這一與「罰當其罪」原則相悖之行爲的同情和曲宥，則集中體現了在孝法衝突之時皇帝「屈法申孝」的情感傾向。諸如此類，都在全國範圍內營造了一種孝悌之至，必有善報的氛圍。在地方層面，地方官們除了履行「旌別孝悌」、「上報孝悌」之責外，還積極主動地通過撰寫廣爲張布的勸諭榜、文，以旌表鼓勵和法律威懾兩種手段推行勸孝，如此，在其所治之下，便形成了一種行爲導向，其孝道主張得以彰顯。在家庭、家族層面，勸孝是大部分家訓、家法的首重內容，「百善孝爲先」的觀點在各類家訓中被反覆論證，而宋人的實用主義傾向又使得這些家法、家訓中所倡導的孝更開明，從而更具有可行性，這些可行性強的勸孝內容，基於其載體的廣泛傳播，其影響突破了家庭而播於基層社會。如此一來，宋代的勸孝便形成了一個由國家到地方再到家庭的一致聲音，在這一致的勸孝聲音之下，老年人獲得了尊重和保護。

在禁止不孝之法上，宋法繼承了前代關於不孝之罪的規定而在實踐中又以敕令等形式對部分內容進行了明確和調整，同時，針對特殊的不孝之風，宋法相對前代亦有新的發展。別籍異財之禁，乃是宋法繼承前代而來，包括「別籍」和「異財」兩個方面，其在宋法中的發展變化當分別來看。對於祖父母、父母在而子孫別籍的行爲，無論是否出於父祖之命，均爲法律所禁止，這一禁令從宋初的刑統開始，雖受到賦役等制度的挑戰，但直至南宋未有更改。在「異財」方面，由於法律承認父祖對家庭共有財產的處分之權，因此，宋代法律並不禁止父祖主動而爲的異財行爲，但是由於這種「生分」行爲容易造成產權的混亂而帶來各種財產糾紛，因此，宋法制定了「標撥」法對父祖的「生分」行爲進行程序上的規範，同時考慮到財產分割之後，年老的父祖可能陷於貧困而無以爲養，法律又禁止了父祖老病場合的「生分」行爲。而對於未經父祖許可，子孫私自異財的行爲，法律則從未認可其合法性。〔註190〕這些法律的規定與變化無不體現了宋法對父母、老者權威和利益的維護。由於「信巫不信醫」之風的盛行，部分子孫棄父母之疾而不治，宋初的立法者因此作出了回應，嚴令禁止子孫的此類行

〔註190〕只是，在司法實踐中，法官出於息訟的目的，有時會對子孫私自異財的結果予以默認。

為。此後，為杜絕此種人倫悲劇，法律將重心放在了懲治巫醫上，通過對巫醫的打擊和治理，使得生病的父祖得以獲得真正的治療。

在司法實踐中，關於不孝罪的司法活動始終圍繞著孝之「養親」這一目的而展開。明智的法官們大多懷著「矜謹」之心主張對不孝行為「先教後刑」，因此極盡勸諭之詞；鑒於「五服之內，卑幼條至重」的考慮，法官們往往盡心體察不孝行為的主客觀方面，並不輕易作出不孝之罪的認定；在罪行已經認定，必須予以處罰的場合，法官們或從輕量刑，或以極具勸孝特點的責罰來代替刑罰。同時，父母的意願在這一過程中亦具有重要影響，大部分的不孝行為是否會受到司法論罪取決於父母是否訴之於官，而對訴之於官的不孝之罪處以何種刑罰亦與父母的態度密切相關。司法實踐中法官的謹慎以及對父母態度的認可都指向「養親」這一共同的目的，簡單地將不孝之子繩之以法並不利於恢復破壞的倫理關係，相反尊重父母意願，矜謹地定罪量刑，為天倫的恢復提供轉圜的可能，才是維護父母反哺需求的根本之道。

第二章　養老之法

　　所謂養老，即是奉養老人，主要是指使老年人的生活得到照料。《周禮》所倡導的保息萬民之六法中，首重「慈幼」，「養老」居其次。〔註1〕《禮記‧王制》則敘述了各種養老禮儀和具體養老措施。而《管子》所主張的「九惠之教」中，「老老」亦首當其衝。〔註2〕可見自古以來，養老就被認爲是國家治理的重要方面，作爲治國之具的法律因此對養老問題多有規定。廣義上與養老有關的法律，除了上一章中關於勸孝與禁止不孝的內容之外，還包括保證老人居家而有所養的其它法律以及對貧而無依之老人的救助之法。後者將在本文第四章中專門討論。本章主要討論有關孝道的法律之外保證老人居家而有所養的相關法律規定及其實施情況。俗語有謂「養兒防老」，古人的生活中，家庭養老的關鍵在於「子」，但生兒或育女並不能爲人力所控制，有的家庭有子，有的家庭可能面臨無子的境遇，在這有子與無子的不同場合，法律分別通過相應的規定來保證家庭養老的實現。除此之外，無論有子還是無子，老年人均可通過法律所賦予的經濟權利保障其養老利益的實現。

〔註1〕《周禮注疏》卷第十《地官‧大司徒》：「以保息六，養萬民。一曰慈幼，二曰養老，三曰振窮，四曰恤貧，五曰寬疾，六曰安富。」第261頁。

〔註2〕黎翔鳳撰，梁運華整理：《管子校注》卷第十八《入國》：「入國四旬，五行九惠之教。一曰老老，二曰慈幼，三曰恤孤，四曰養疾，五曰合獨，六曰問疾，七曰通窮，八曰振困，九曰接絕。所謂老老者，凡國都皆有掌老。年七十已上，一子無征，三月有饋肉。八十已上，二子無征，月有饋肉。九十已上，盡家無征，日有酒肉。死，上共棺椁。勸子弟，精膳食，問所欲，求所嗜，此之謂老老。」，第1033頁。

第一節　老疾給侍：有子場合的侍養保證

「父之所以生子者，爲其生能養己，死能葬己也。」〔註3〕古人重男性子嗣，就在於在宗法制度之下，兒子是其生養死葬的依靠。但在國家賦役制度之下，子可能「外迫公事」，因承擔各種徭役而無法侍養父母，又或在國家刑罰制度之下，子因犯罪受刑而無法侍養父母，又在爲官任職迴避本籍制度之下，子可能因爲任官外地而無法侍養父母。因此，爲了使父母老人能得子之侍養，法律除了規定爲人之子的各種孝養義務之外，還規定了「老疾給侍」制度以保證子能居家侍養父母。老疾給侍制度，有廣義和狹義之分，狹義上是指在家有高齡老人或篤疾病患的情況下，給予一人居家侍養而免除其徭役的制度。廣義上的老疾給侍制度還包括侍丁〔註4〕犯罪時給予緩刑、換刑等優待，以及禁止爲官之人「委親之官」等制度。

一、侍丁免役之制

侍丁免役之制在先秦思想家的制度設計中已有出現。《管子・入國》所載「九惠之教」的「老老」包括：「年七十已上，一子無征，三月有饋肉。八十已上，二子無征，月有饋肉。九十已上，盡家無征，日有酒肉。」所謂「無征」意即「不預國之征役」。〔註5〕《荀子・大略篇》則曰：「八十者，一子不事，九十者，舉家不事。」「事」謂「力役」。〔註6〕《禮記・王制》亦有：「八十者，一子不從政；九十者，其家不從政。」「不從政」，鄭玄注爲「復除」，即蠲免之意。〔註7〕這些所謂「無征」、「不事」以及「不從政」均在於通過免除侍丁之役來保證年老之人能夠得到兒子的居家侍養。這種思想在漢代被付諸實踐。文帝即位，「禮高年，九十者一子不事，八十者二算不事」。〔註8〕「一子不事」即蠲免一子之賦役，「二算不事」即免除二子之

〔註3〕《名公書判清明集》卷之八《戶婚門・歸宗・出繼不肖官勒歸宗》，第276頁。

〔註4〕「丁」指成年男子，「老疾給侍」制度中的侍者多數場合是指成丁，但也有以「中男」或婦女爲侍的情況，爲了敘述的方便，本文仍用「侍丁」來指稱「老疾給侍」之制中的侍者。

〔註5〕黎翔鳳撰，梁運華整理：《管子校注》，第1033頁。

〔註6〕（清）王先謙撰，沈嘯寰、王星賢點校：《荀子集解》，新編諸子集成，中華書局2004年版，第500頁。

〔註7〕《禮記正義》卷第十三《王制》，第426頁。

〔註8〕（漢）班固：《漢書》卷五十一《賈山傳》，第2335頁。

算賦。武帝建元元年（前 140）又兩次下詔給予家有老者的家庭以賦役優待，其一是建元元年二月，「赦天下。賜民爵一級。年八十復二算，九十復甲卒」。四月又詔：

> 古之立孝，鄉里以齒，朝廷以爵，扶世導民，莫善於德。然則於鄉里先者艾，奉高年，古之道也。今天下孝子順孫願自竭盡以承其親，外迫公事，內乏資財，是以孝心闕焉。朕甚哀之。民年九十以上，已有受鬻法，爲復子若孫，令得身帥妻妾遂其供養之事。〔註9〕

明確了復除家有高年父祖之子孫賦役的養老目的。而在此之前，漢代的法律已有類似規定。《二年律令·傜律》：「諸當行粟，獨與若父母居老如皖老，若其父母罷癃者，皆勿行。」〔註10〕對於父母達到免老、皖老年齡的，免除其子運糧之役。北魏和平二年（461）亦有「年八十以上，一子不從役」之詔令，〔註11〕太和元年（477），孝文帝又下詔「七十已上一子不從役」。〔註12〕北周之時，設有司役之職，「掌力役之政令。……其人有年八十者，一子不從役，百年者，家不從役。廢疾非人不養者，一人不從役」。〔註13〕

　　侍丁免役之制至唐代趨於完備。〔註14〕《唐律疏議》中有多處提到老疾給侍之令。其《名例律》「免所居官」條疏議曰：「老謂八十以上，疾謂篤疾，並依令合侍。」〔註15〕「犯死罪應侍家無期親成丁」條亦謂：「祖父母、父母，通曾、高祖以來，年八十以上及篤疾，據令應侍。」〔註16〕這些表明在《唐

〔註9〕　（漢）班固：《漢書》卷六《武帝紀》，第 156 頁。

〔註10〕　張家山二四七號墓竹簡整理小組編：《張家山漢墓竹簡（釋文修訂本）〔二四七號墓〕》《二年律令·傜律》，第 64 頁。「居老」指免老，《二年律令》中的免老、皖老年齡以爵位來確定，見同書《二年律令·傅律》：「大夫以上年五十八，不更六十二，簪裹六十三，上造六十四，公士六十五，公卒以下六十六，皆爲免老。不更年五十八，簪裹五十九，上造六十，公士六十一，公卒、士伍六十二，皆爲皖老。」第 57 頁。

〔註11〕　（北齊）魏收：《魏書》卷五《高宗紀》，第 119 頁。

〔註12〕　（唐）李延壽：《北史》卷三《魏本紀三》，第 93 頁。

〔註13〕　（唐）魏徵等：《隋書》卷二十四《食貨志》，第 679 頁。

〔註14〕　關於唐代的給侍制度可以參見陳明光：《唐朝的侍老制度》，載《文史知識》1991 年 11 期，第 57～60 頁。李錦繡：《唐代制度史略論稿》，第 357～376 頁。王春花：《唐代老年人口研究》，第 106～112 頁。

〔註15〕　（唐）長孫無忌等撰，劉俊文點校：《唐律疏議》卷三《名例律·免所居官》，第 56 頁。

〔註16〕　（唐）長孫無忌等撰，劉俊文點校：《唐律疏議》卷三《名例律·犯死罪應侍家無期親成丁》，第 69 頁。

律疏議》成書之時的唐初已有老疾給侍之令。《唐六典》即有對該令的記載，其卷三「戶部郎中員外郎」條：

> 凡庶人年八十及篤疾，給侍丁一人；九十，給二人；百歲，三人。（皆先盡子孫，次取近親，次取輕色丁。）〔註17〕

至開元二十五年（737）的《戶令》規定：

> 諸年八十及篤疾，給侍丁一人，九十二人，百歲三人。皆先盡子孫，次取近親，皆先輕色。無近親外取白丁者，人取家內中男者並聽。〔註18〕

其後，唐代的「給侍」之制通過皇帝的敕令不斷發展完善，出現了「親侍」和「外侍」之分。所謂「親侍」即侍丁與侍老之間存在親屬關係的一種侍養，「外侍」則是侍丁與侍老之間沒有親屬關係的一種侍養。而從吐魯番出土戶帳文書記載來看，「外侍」之制非常普遍。此外，唐代對於給侍也規定了嚴格的手續，包括「團貌」「請侍」「里正款識」「縣司下符」等幾個程序。在實踐中給侍之制也得到了普遍實施，不僅侍丁數目眾多，而且給侍之制還普及於一般百姓家庭，甚至地位低下的樂戶音聲人家庭。〔註19〕對於侍丁的免役，在唐令中有明確規定。《唐律疏議》卷三「犯死罪應侍家無期親成丁」條提到：「侍丁，依令『免役，唯輸調及租。」天寶元年（742）則專有敕文「其侍丁孝假，免差科」。〔註20〕不過現實中常有違背法令差科侍丁之事發生，皇帝因此多次下詔督促侍丁免役法的實施：

> 侍丁者令其養老，孝假者矜其在喪。此王政優容，俾申情禮，而官吏不依令式，多雜役使。自今已後，不得更然。〔註21〕

天寶四年（745）又有重申之敕。〔註22〕侍丁免役是爲了便於居家侍養老人，一旦侍養對象不存在，侍者就需依法承擔事役：

> 諸戶口中男以上及給疾老侍人死者，限十日內，里正與死家注

〔註17〕（唐）李林甫等：《唐六典》卷三《戶部郎中員外郎》，第 79 頁。
〔註18〕（唐）杜佑：《通典》卷七《食貨七·丁中》，第 155 頁。
〔註19〕以上根據前揭李錦繡《唐代制度史略論稿》概括。
〔註20〕（宋）王溥：《唐會要》卷八十三《租稅上》，第 1534 頁。
〔註21〕（宋）宋敏求編：《唐大詔令集》卷四《改元天寶赦》，第 21 頁。
〔註22〕（宋）王溥：《唐會要》卷八十二《休假》：「頃以鄉閭侍丁。優給孝假。官吏等仍科雜役。天寶初。已遣優矜。如聞比來乃差征鎮。豈有捨其輕而不恤其重。放其役而更苦其身。眷言及此。良用惻然。自今後。將侍丁孝假。不須差行。」第 1519 頁。

死時日月，連署，經縣申記，應附除課役者，即依常式。〔註 23〕

　　侍丁免役之制是與國家的賦稅制度緊密相連的，社會安定，賦稅充足則侍丁或可眞正免於役事，社會動蕩，賦稅流失則侍丁免役之制難於實施。中唐以後，侍丁亦不免於差科，因此杜甫感歎道：「耆老合侍者，兩川侍丁，得異乎常丁乎？不殊常丁賦斂，是老男老女死日短促也。」〔註 24〕

　　《宋刑統》沿襲唐律，其中間接提到的老疾給侍之令以及侍丁免役之法亦爲《宋刑統》所反映。宋代父母老疾法給侍丁的規定又見於南宋《慶元條法事類》中，其《刑獄門·侍丁·令·戶令》有云：「諸祖父母、父母年八十以上及篤疾者，每人各給一丁侍。」〔註 25〕此一規定相較於唐代戶令的規定來看已十分簡略。而關於侍丁免役的規定《宋刑統·名例律·犯流徒罪條》則全文抄錄了《唐律疏議》之「侍丁，依令：『免役，唯輸調及租』」的規定，然而，宋初之賦役已大不同於唐初，租庸調制已爲兩稅法所取代，此一「免役，唯輸調及租」的規定顯然不適用於宋代社會。因此，宋初侍丁獲得免役的優待往往依賴於皇帝的敕令。天禧元年（1017），眞宗有詔：「父老年八十者，賜茶帛，除其課役。」〔註 26〕蠲除家有八十老父者的課役。仁宗天聖年間損益唐令制定了《天聖令》，然其《賦役令》卻棄唐令中關於侍老亡故後侍丁當附課役的規定於不用，〔註 27〕似可透露出宋初並無老疾給侍及侍丁免役的制度性規定，因爲沒有侍丁免役的優待因此也就無所謂附課役。直到明道二年（1033）「父母年八十者，與免一丁」的優待才被「著爲式」。〔註 28〕此當是宋代侍丁免役之法的開始。嘉祐四年（1059）皇帝又以敕令的形式重申了此法：「男子百歲以上者特推恩命；民父母年八十以上復其一丁。」〔註 29〕

〔註 23〕　天一閣博物館、中國社會科學院歷史研究所天聖令整理課題組校正：《天一閣藏明抄本天聖令校正附唐令復原研究》，第 270 頁。
〔註 24〕　（清）董誥等：《全唐文》卷三六〇《杜甫·說旱》，第 3657 頁。
〔註 25〕　《慶元條法事類》卷七十五《刑獄門五·侍丁·令·戶令》，楊一凡、田濤主編，戴建國點校：《中國珍稀法律典籍續編》第一冊《慶元條法事類》，第 790 頁。
〔註 26〕　（元）脫脫：《宋史》卷八《眞宗本紀三》，第 162 頁。
〔註 27〕　天一閣博物館、中國社會科學院歷史研究所天聖令整理課題組校正：《天一閣藏明抄本天聖令校正附唐令復原研究》，第 270 頁。
〔註 28〕　（宋）李燾：《續資治通鑒長編》卷一一二，仁宗明道二年二月丁未，第 2605 頁。
〔註 29〕　（宋）李燾：《續資治通鑒長編》卷一百九十，仁宗嘉祐四年十月癸酉，第 4595 頁。

到南宋紹興三年（1133）戶部議定丁役蠲免之法，免除侍丁之役亦被寫入條法之中：

> 權發遣嚴州顏爲言：「乞許曾得文解及該免文解人，並免身丁。」詔令戶部立法。今修立下條：「諸未入官人、校尉、京府諸州助教免二丁，二人以上免一丁，一名者不免。得解及應免解人，助教廣南攝官、流外品官、三省守當官、守闕守當官私名以上（私名謂已未入額編排定人數）、樞密院貼房、守闕貼房、散祗候以上、職醫助教攝參軍之類，並侍丁本身，並免丁役。」〔註30〕

不過，宋法規定：「品官之家或女戶、單丁、老幼、疾病及歸明人子孫，各免身丁。」〔註31〕此法與侍丁免役之法結合起來就會出現一種特殊的問題，即如果侍丁之家有二丁，其中一丁因爲侍丁而得免役，另一丁口是否可以依照單丁之法而免役呢？這一問題引起了朝臣的注意，並提出了解決之法：

> （紹興）八年（1138）五月二十六日，江南轉運司言：「相度物力高有老病合給侍丁，比類寡婦有男爲僧道成丁，募人充免。」戶部看詳：單丁、女戶合免丁役。已降指揮，許差物力高單丁，寡婦有男爲僧道成丁，並許募人充役。今來侍丁之家，即此單丁、寡婦，委係丁行數多，合行比附，令募人充役，不得追正身。下諸路常平司照會施行。〔註32〕

也就是說在有父祖老疾有侍丁的家庭，如果丁口數多，侍丁雖可免役，但在計算丁口以明確差役負擔時，侍丁仍應計入丁口數中，因此不可主張以單丁來免役。但此類有侍丁而丁口多的家庭畢竟不同於普通的丁多之家，因此這樣的家庭其丁役不必追正身，而可募請他人充替。

雖然如此，但與唐代侍丁免役之法常見於史料不同，除上述零星記載之外，宋代的政書之中鮮見侍丁免役的內容。這一現象的出現，或因當局者對此侍丁免役之法並不重視，或由於侍丁免役之法在多數時候只是具文，並未有眞正實施。

不過，在課稅上，有高齡老人的家庭可享受一定的優待。在宋代有一種與身丁緊密相連的稅種，稱爲「身丁錢」，是一種以丁口來計徵的人頭稅，普遍

〔註30〕 （清）徐松：《宋會要輯稿》食貨一二之八，頁5011b。
〔註31〕 （清）徐松：《宋會要輯稿》食貨一四之二七，頁5051c。
〔註32〕 （清）徐松：《宋會要輯稿》食貨一四之二七，頁5051d。

存在於南方地區，爲民眾沉重負擔，以致於民戶或逃逸避稅、或殺子以求免納。〔註33〕因此，免納身丁錢對於一個家庭來講顯然是一種優待。淳熙二年（1175）十二月孝宗敕曰：「應人戶有祖父母、父母年八十以上，與免戶下一名身丁錢物。」淳熙十三年（1186）和紹熙五年（1194）又有相同敕令。〔註34〕這些亦可視爲一種對侍丁的優待。

二、侍丁的緩刑與換刑之制

對侍丁犯罪給予緩刑、換刑之制可追溯至北魏。太和十二年（488）孝文帝曾下詔：「犯死罪，若父母、祖父母年老，更無成人子孫，又無期親者，仰案後列奏以待報，著之令格。」〔註35〕這一詔令後爲《北魏律・法例律》的一條：「諸犯死罪，若祖父母、父母年七十已上，無成人子孫，旁無期親者，具狀上請。流者鞭笞，留養其親，終則從流。不在原赦之例。」〔註36〕由此確立了「存留養親」之制，爲後世所繼承。唐代有關侍丁的緩刑與換刑之制已相當完備，主要體現在《唐律疏議・名例律》「犯死罪應侍家無期親成丁」條以及「犯徒應役家無兼丁」條中：

> 諸犯死罪非十惡，而祖父母、父母老疾應侍，家無期親成丁者，上請。
>
> ……
>
> 犯流罪者，權留養親，……不在赦例，……課調依舊。……若家有進丁及親終期年者，則從流。計程會赦者，依常例。……即至配所應侍，合居作者，亦聽親終期年，然後居作。〔註37〕
>
> 諸犯徒應役而家無兼丁者，……徒一年，加杖一百二十，不居作；一等加二十。（流至配所應役者亦如之。）……若徒年限內無兼丁者，總計應役日及應加杖數，準折決放。……盜及傷人者，不用

〔註33〕　參見高樹林：《試論宋朝身丁錢》，載《史學月刊》1990年第3期。

〔註34〕　（清）徐松：《宋會要輯稿》食貨六六之一五，六六之一八，頁6215a，頁6216c〜d。

〔註35〕　（北齊）魏收：《魏書》卷一百一十一《刑罰志》，第2878頁。

〔註36〕　（北齊）魏收：《魏書》卷一百一十一《刑罰志》，第2885頁。

〔註37〕　（唐）長孫無忌等撰，劉俊文點校：《唐律疏議》卷三《名例律・犯死罪應侍家無期親成丁》，第69〜70頁。

此律。（親老疾合侍者，仍從加杖之法。）〔註38〕

據此，家中沒有其它期親成丁的侍丁犯非十惡之死罪時，可以上請皇帝敕裁減死，以留養老疾之祖父母、父母。犯流罪之時，則可直接依法留養，待家中有成年丁男或者所侍養之親亡故後再執行刑罰；流罪犯已經配流應當居作，而發生祖父母、父母老疾應侍的情況，則可侍養送終後再行居作。犯徒罪之時，可以折杖的方式執行刑罰，免除居作以居家養親。

相較於侍丁免役之法的極少涉及，宋代史料中關於侍丁的刑罰優待卻不少見。《宋刑統》完全繼承了《唐律疏議》關於侍丁緩刑、換刑的規定，也就是在犯非十惡死罪之時，可上請敕裁；在犯流罪之時，可緩流養親；在犯徒刑之時，可折杖換刑。此侍丁犯死罪上請之制，慶曆五年（1045）曾下詔重申：「詔罪殊死者，若祖父母、父母年八十及篤疾無期親者，列所犯以聞。」〔註39〕至南宋，《慶元條法事類》沿續《宋刑統》之規定，又有所變化：

> 諸犯死罪非十惡及持杖強盜、謀殺、故殺人已死，而祖父母、
> 父母老疾應侍，家無期親成丁者，奏裁。〔註40〕

該條敕令除了明確用侍丁死罪上請之制需以「非十惡」犯罪為前提外，還特別強調了所犯死罪須不在「持杖強盜」、「謀殺」、「故殺」等罪之列，使侍丁死罪上請之制適用範圍受到更多的限制。〔註41〕

實踐中，司法官也會據此量刑裁判。劉克莊所斷發冢一案中，劉熙將祖父之冢發掘挖開，將棺中物品、墓磚連帶墓山一一賣盡，此種行為按律當處以加役流的刑罰，但法官在量刑之前，特別要求劉熙所在之縣「驗視其人有無疾患，並要見本人母別有無兒女供贍」之後申報，其所考慮者正是負有侍養老人之責的侍丁所擁有的刑罰優待。〔註42〕此案中劉熙之行為雖「可謂之

〔註38〕（唐）長孫無忌等撰，劉俊文點校：《唐律疏議》卷三《名例律・犯徒應役家無兼丁》，第72～73頁。

〔註39〕（元）脫脫：《宋史》卷一百九十九《刑法志一》，第4977頁。

〔註40〕《慶元條法事類》卷七十五《刑獄門五・侍丁・敕・名例敕》，楊一凡、田濤主編，戴建國點校：《中國珍稀法律典籍續編》第一冊《慶元條法事類》，第790頁。

〔註41〕此一變化當是受宋代重懲盜賊之法的影響，雖然宋代「盜賊重法」的實際實施時間在仁宗朝至哲宗朝，但直至南宋此法的影響仍在。對於在重法之地犯盜賊之罪者，其刑罰的使用「便同反逆」。參見王曉勇：《略論北宋的盜賊重法》，載《中州學刊》2002年第6期。

〔註42〕《名公書判清明集》附錄三《後村先生大全集・上饒縣申劉熙為舉掘祖墳事》，第619頁。

悖逆」，但按律並非十惡之屬，因此得享優待，如果所犯之罪爲十惡重罪，則不可享有此類優待。北宋天聖七年（1029）有這樣一個案例：

> 京兆府民魏太嬌妻趙處死，特給母張錢二十千、米五石，並廩諸縣日食米二勝，終張身，奏裁。趙毆太嬌至死，當處極刑。據太嬌母張狀，稱趙有男四人，皆幼小，張年八十六，無的親，恐趙歸法之後，難以自活。府爲具奏，特有是旨。[註43]

依據宋法規定婦女亦可具備「侍丁」之資格，在犯罪之時也有相應的優待：

> 婦人於本條應編管而夫之祖父母、父母或祖父母、父母（謂未嫁者。即雖已嫁而召贅婿者同。）老疾應侍，家無期親成丁者，並免。若已編管而應免者，亦放。[註44]

即已婚之婦女犯罪應編管或已經編管而夫之祖父母、父母老疾應侍，而家中無期親成丁的，免於編管；未婚之婦女及招贅婿的已婚婦女在祖父母、父母老疾而家無期親成丁之時亦享有上述優待。此法雖見於南宋法典之中，但其精神當在北宋之時已經出現，所以本案中的老婦張氏才有上請之行爲。然而，本案中，趙氏所毆殺之人不是別人，而是自己的丈夫，也正是年已八十六歲需要侍丁侍養的張氏之子，於法，趙氏之行爲已屬「十惡」之罪，不在老疾給侍上請奏裁之列，因此，皇帝並沒有赦免趙氏之死罪。而對確實需要侍養的已經八十六歲高齡的張氏，皇帝下旨給予其一次性的經濟資助和長期性的日常生活資給，實際上是由政府來承擔了本該由侍丁承擔的養老之責。

此外，爲了簡化侍丁死罪上請程序，慶曆五年（1045）有詔令要求地方上報死罪案件時在卷宗中將犯者有無應侍的情況一併說明，以免重複往返造成案件裁判的淹延：

> 諸州自今有犯死罪公案，仰於卷內分明開說有無祖父母、父母年八十以上及篤疾、家無期親成丁，一處聞奏，免往復淹延。[註45]

乾道元年（1165），有地方上言，依據法律對移居遷徙之人犯罪受刑需到本貫所在地考察有無祖父母、父母年老應侍的情況，由於路途遙遠，此一考察耗時費力，因此請求對居住當地七年以上者，以居住地爲本貫，便於官司堪問

〔註43〕（清）徐松：《宋會要輯稿》刑法六之一一～一二，頁6699b～c。

〔註44〕《慶元條法事類》卷七十五《刑獄門五・侍丁・敕・名例敕》，楊一凡、田濤主編，戴建國點校：《中國珍稀法律典籍續編》第一冊《慶元條法事類》，第790頁。

〔註45〕（清）徐松：《宋會要輯稿》刑法三之六三，頁6609b。

結案。此一申請獲得刑部的部分許可。〔註46〕

對於徒流之罪，由於宋代的刑罰體系相較於唐代已經發生了較大變化，折杖法的實施使得「流罪得免遠徙，徒罪得免役年」，〔註47〕普通的流罪犯者得以脊杖和就地配役免於眞流，徒罪犯者亦可脊杖之後直接放歸，因此，在犯徒流之罪時，對於家有老者應侍養的侍丁來說與普通人相比併無太多優待。不過，爲避免因折杖法的實施造成的「死刑重，生刑輕」因而不足以禁奸止惡的弊端，宋在五刑主刑體系之外又增設了配隸、編管、羈管、移鄉等附加刑。〔註48〕宋代侍丁相較於普通犯罪之人可以在附加刑的適用上獲得一定的刑罰優待。對於配隸之人，政和年間有敕規定：

> 祖父母、父母老疾應侍養，家無期親成丁者，犯配沙門島、遠惡州及廣南並配千【里】，五百里以上，配鄰州。〔註49〕

也即對於犯罪須配隸遠地之侍丁，可以就近配鄰州。宣和五年（1123）又有臣僚請求將這一敕令適用於犯罪應移鄉之侍丁，獲得了皇帝的許可：

> 大理少卿轟宇奏：「伏睹政和敕：『祖父母、父母老疾應侍養，家無期親成丁者，犯配沙門島、遠惡州及廣南並配千【里】，五百里以上，配鄰州。』而雜犯移鄉者，初未有損減之法，乞將殺人會赦應移鄉者，如合給丁侍親，許依法犯量移鄰州，庶使配移之人，均不失其養親之心。」從之。〔註50〕

此一法令當爲南宋所繼承，《慶元條法事類‧刑獄門五‧移鄉》所錄之敕中即有「諸祖父母、父母老疾應侍，家無期親成丁，應移鄉者，移鄰州」之規定。〔註51〕此外，亦有更詳細的規定：

〔註46〕 （清）徐松：《宋會要輯稿》刑法三之八四：刑部言：「據舒州申，本州諸縣犴獄淹延，動涉歲月。蓋由淮南之人多自浙江遷徙，在法合於本貫會問三代有無官蔭，及祖父母、父母有無年老應留侍丁，及非犯罪事發見行追捕之人。若數人共犯，則自東祖西，皆合會問，道途往返，少亦不下數千里。竊謂住及七年以上者，自可以見住州縣爲本貫，庶幾官司易勘爲結。本部今契勘，如犯死罪及徒以上並合用蔭人，根勘官司自合依條逐處會問，所有其餘罪犯，欲從本州申請施行。」從之。頁6619d。

〔註47〕 （元）馬端臨：《文獻通考》卷一百六十八《刑法七》。

〔註48〕 關於宋代的附加刑的研究可以參見戴建國：《宋代刑法史研究》；魏殿金：《宋代刑罰制度研究》。

〔註49〕 （清）徐松：《宋會要輯稿》刑法四之四〇，頁6641c。

〔註50〕 （清）徐松：《宋會要輯稿》刑法四之四〇，頁6641c。

〔註51〕 《慶元條法事類》卷七十五《刑獄門五‧移鄉‧敕‧名例敕》，楊一凡、田濤

> 諸犯死罪非十惡及持杖強盜、謀殺、故殺人已死，而祖父母、
> 父母老疾應侍，家無期親成丁者，奏裁。犯配沙門島、遠惡州及廣
> 南，並配千里；五百里以上，配鄰州；鄰州，配本州。應移鄉者，
> 移鄰州。犯流應居作（情理兇惡故毆人至廢疾者非。）及編管者，
> 並免。〔註52〕

也即對於祖父母、父母老疾應侍，而家中無期親成丁的犯罪人，根據其所犯
編配之罪的輕重逐級減少所配距離，對於犯普通之流罪應居作及編管者，可
以免居作及編管。

對於裁決時宣告永不放還的配隸、編管、羈管之人，在刑罰執行過程中，
如遇祖父母、父母年及八十的，得據赦令量移〔註53〕。宣和七年（1125）十
一月十九日南郊制：

> 其配軍、編管、羈管人係永不移放者，年五十五以上至今及十
> 二年，年六十以上及七十（「七十」似當作「七年」。），其餘緣坐編
> 管、羈管人至今及七十，並具元犯聞奏，當議量輕重移改，或放逐
> 便。若篤疾並年七十以上，編配及五年，驗寔特與放逐便。雖年限
> 未足而祖父母、父母年及八十以上，無兼侍，或篤疾者，具元犯因
> 依奏裁，當議看詳情理罪犯，特與量移。〔註54〕

建炎二年（1128）十一月二十二日赦：

> 應刺面、不刺面配軍、編管、羈管人等，除謀叛已上緣坐人、
> 強盜已殺人外，並特與減三年，三歲理為揀放年限。其係永不移放
> 而祖父母、父母年及八十以上或篤疾者，具元犯因依奏裁。以上情

主編，戴建國點校：《中國珍稀法律典籍續編》第一冊《慶元條法事類》，第
777頁。

〔註52〕《慶元條法事類》卷七十五《刑獄門五·侍丁·敕·名例敕》，楊一凡、田濤
主編，戴建國點校：《中國珍稀法律典籍續編》第一冊《慶元條法事類》，第
790頁。

〔註53〕量移之制，唐代已有，白居易有「一旦失恩先左降，三年隨例未量移」的詩
句，顧炎武《日知錄》卷三十二將其解釋為：「唐朝人得罪貶竄遠方，遇赦改
近地，謂之量移。」但宋代的量移之制較唐代已更成熟系統，是指「犯人於
刑罰執行後，朝廷給予的一種恩赦。是根據犯罪人罪行輕重、編配地遠近，
結合法律規定所必須經歷的大赦次數，分成若干里程段，使犯人向原居住地
方向逐程移居，並最終放還的制度」。其在一般原則、執行的程序、執行的方
式等方面均有規定。參見戴建國《宋代刑法史研究》，第357～372頁。

〔註54〕（清）徐松：《宋會要輯稿》刑法四之四○，頁6641d。

理巨蠹及蕃部溪洞人，具元犯因依及自到後有無過犯開析奏裁，當
議看詳情犯時量移。〔註55〕

其後，紹興年間有多次赦令重申此制。〔註56〕乾道元年（1165）及淳熙三年
（1176）亦有類似赦令。〔註57〕可見，對於家有祖父母、父母年及八十的永
不移放的編配之人，可因家無兼侍而上請皇帝敕裁，酌情量移。

三、職官歸侍之制

「委親之官」之禁是從前述《禮記·王制》所載「八十者，一子不從政；
九十者，其家不從政」之文發衍而來。從晉代開始，《禮記》中所謂「不從政」
的規定被理解為「不服官」，法律中也有「仕宦者親老歸養」之規定。〔註58〕
《晉書·庾純傳》記載了庾純因其父年滿八十而不謝官歸養為朝臣彈劾的事
件：

> 又以純父老不求供養，使據禮典正其臧否。太傅何曾、太尉荀
> 顗、驃騎將軍齊王攸議曰：「凡斷正臧否，宜先稽之禮、律。八十者，
> 一子不從政；九十者，其家不從政。新令亦如之。按純父年八十一，
> 兄弟六人，三人在家，不廢侍養。純不求供養，其於禮、律未有違
> 也。〔註59〕

此案說明，在當時禮、律以及令中均有關於「不從政」的規定，庾純的父親
年及八十而未滿九十，因家中有其它的兒子侍養，庾純為官在外而不歸養的
行為與禮法並無違背。此類法律亦為南北朝所繼承。《宋書·何子平傳》載，

〔註55〕（清）徐松：《宋會要輯稿》刑法四之四一～四二，頁 6642b～c。

〔註56〕包括紹興元年九月十八日明堂赦、四年九月十五日明堂赦、七年九月二十二
日明堂赦、十年九月十日明堂赦、十三年十二月八日南郊赦、十六年十一月
十日南郊赦、十九年十一月十四日南郊赦、二十二年十一月十一日南郊赦、
二十三年十一月十九日南郊赦、二十八年十一月二十三日南郊赦、三十一年
九月二日明堂赦恩。（清）徐松：《宋會要輯稿》刑法四之四一～四二，頁 6642b
～c。

〔註57〕（清）徐松：《宋會要輯稿》刑法四之五一：「乾道元年（1165）八月十二日，
冊皇太子赦：『應配軍、編管、羈管人永不移放者，祖父母、父母年及八十歲
以上，無兼侍，或篤疾者，具元犯因依奏裁。』頁 6647a。刑法四之五四：「其
永不移放人，祖父母、父母年八十以上或篤疾者，保明以聞。」頁 6648c。

〔註58〕（清）趙翼：《陔餘叢考》卷三《八十者一子不從政後世引為終養之誤》，第
57 頁。

〔註59〕（唐）房玄齡等：《晉書》卷五十《庾純傳》，第 1398～1399。

何子平母親因戶籍登記簿上年齡登記錯誤，導致「年未及養，而籍年已滿」，何因此提早去官歸養其母。〔註60〕南齊張岱則因爲母親實齡已八十，而去官歸養，但因「籍注未滿」而受朝臣「違制」之劾。〔註61〕這些事例表明，在南朝之時，父母年老子需去官歸養已有定法。在北朝，亦當有此制度，辛雄因此專爲《祿養論》以駁斥對「不從政」的誤讀，並請求「宜聽祿養，不約其年」，爲孝明帝所採納。〔註62〕此前宣武帝亦曾有詔：「諸有父母八十以上者，皆聽居官祿養。」〔註63〕不過，從居官祿養需要仰賴皇帝的詔令特別說明這一點，可見當時父母年老需去官歸養的制度是確實存在的。唐律中則有明確的「委親之官」之禁，《唐律疏議》卷三《名例律・免所居官》所載幾類免所居官的行爲就包括了「祖父母、父母老疾無侍，委親之官」的行爲。只有所謂「才業灼然，要藉驅使者」可以不拘此律，帶官侍親。

　　《宋刑統》繼承唐律之規定，對祖父母、父母老疾無人侍養而委親之官的行爲處以「免所居官」並徒一年的刑罰。但是，正如唐律中對於「才業卓然」者予以例外規定一樣，宋法亦然。爲了解決爲國效力之忠與歸家養親之孝之間的矛盾，宋法中規定了職官的歸侍制度與注近官就養制度。

　　天禧四年（1018）九月，給事中、知河陽縣孫奭曾以父親年已九十，依據禮文以及令文請求解官侍養，其書曰：「按禮文九十者其家不從政，據令父母八十者許解官侍養。」〔註64〕可見天禧年間已經有職官父母年老解官歸侍之法令。如果官員家有祖父母、父母老疾而不請求解官歸侍，可能會被彈劾受罰。仁宗時，一位官員將父親留在家鄉而自己任職四川益州，不與父親聯絡探問，結果父親死了三年竟然還不知曉，因此被處以「坐廢田裏」之罰。〔註65〕元豐三年（1080）太常博士王伯虎因「委親閩南已八九年，獨與妻孥遊宦京師」爲御史彈劾，請求對其處以「永棄田裏」之罰。〔註66〕政和三年（1113）太常少卿王安節因「親老居鄉，侍養有闕」爲臣僚彈劾而罷官。〔註67〕南宋紹興三十

〔註60〕　（南朝梁）沈約：《宋書》卷九十一《何子平傳》，第2257頁。
〔註61〕　（南朝梁）蕭子顯：《南齊書》卷三十二《張岱傳》，第580頁。
〔註62〕　（北齊）魏收：《魏書》卷七十七《辛雄傳》，第1693頁。
〔註63〕　（北齊）魏收：《魏書》卷九《肅宗紀》，第242頁。
〔註64〕　（宋）李燾：《續資治通鑑長編》卷九十六，眞宗天禧四年九月甲戌，第2218頁。
〔註65〕　楊奉琨校釋：《疑獄集・折獄龜鑑校釋》，第221頁。
〔註66〕　（清）徐松：《宋會要輯稿》職官七七之二五，頁4145b。
〔註67〕　（清）徐松：《宋會要輯稿》職官六八之二九，頁4145b。

二年（1162）高宗因此以詔令申明了父祖年高而不解官歸侍之禁：「應百官有親年已高而不迎侍及歸養者，令在外監司按劾，在內令臺諫糾彈。」〔註68〕要求言官對於父母老疾而不解官侍養者彈劾，加強對職官歸侍之制的監督。因此，宋代史料中頻繁見到職官以親老疾爲由請求解官之例。

爲了使在職的官員們安心解官歸養父母，宋法規定對於請求解官歸侍的官員，在親老亡故之後可依法重新參選任官。如仁宗慶曆元年（1046）曾下詔：「選人乞侍養者，須及三年方聽於所在給文憑，赴流內銓注官。」京朝官則一年後即可朝參。神宗時期選人以及京朝官的朝參入選年限均爲兩年。〔註69〕南宋《慶元條法事類・職制門・尋醫侍養》則詳細規定了職官離任侍養的程序與參選時間：

> 諸命官及翰林院醫人，乞尋醫、侍養、隨侍、隨行指教者，通判、路分都監以上及緣邊主兵之官具奏聽旨。餘，所屬堪會無規避，即放離任訖，保明申在京所屬。（隨侍、隨行指教及不因父母疾病乞侍養者，差官交訖，放離任。非在任人，所在州施行。）滿一年許朝參赴選。（不持服人所侍養親身亡後滿百日，聽朝參。即用恩澤得侍養、隨侍、隨行指教者，各不限年。）〔註70〕

宋代因襲前制，命官任職須迴避本籍，爲使命官們「既不礙於臨下，又可便於養親」，〔註71〕宋法中則有就近注官以便就養之制。咸平四年（1001）四月，眞宗下詔允許「親老無兼侍者特與近任」，〔註72〕天聖元年（1023）仁宗下詔：「舊制幕職、州縣父母年七十以上無兼侍者，權注近官。自今初赴銓集人當遠官者，父母年及七十，許用前例注近任。」〔註73〕天聖九年（1031），仁宗又下詔要求負責職官任命的機構流內銓對父母年八十以上的選人，予注近官。〔註74〕景祐三年（1036）流內銓請求對此「權注近官」之制進行了整理規範：

> 景祐三年六月七日，流內銓言：「選人資考合注西川遠官者，或

〔註68〕（清）徐松：《宋會要輯稿》職官七七之二七，頁4146a。

〔註69〕（清）徐松：《宋會要輯稿》職官七七之二五，頁4145a。

〔註70〕《慶元條法事類》卷第十一《職制門五・尋醫侍養・令・職制令》，楊一凡、田濤主編，戴建國點校：《中國珍稀法律典籍續編》第一冊《慶元條法事類》，第209頁。

〔註71〕（清）趙翼：《陔餘叢考》卷二七《仕宦避本籍》，第560頁。

〔註72〕（元）脫脫：《宋史》卷六《眞宗本紀一》，第115頁。

〔註73〕（宋）李燾：《續資治通鑑長編》卷一百，仁宗天聖元年六月乙卯，第2324頁。

〔註74〕（元）脫脫：《宋史》卷九《仁宗本紀一》，第190頁。

稱親屬在彼，乞免遠官，權移近地，候親屬得替，卻注合入遠官。

又父母未及七十，便稱年老無人侍養，乞折資注近官，法亦聽許。

自今應合入川遠處選人與注近官者，親屬得替，便行移注。乞折資

注近官者，須是父母實年七十已上方得。」〔註75〕

即對於父母年老七十以上而無人侍養者，可折資注近官，對於需赴川蜀遠地任官者，如果家無侍親之人，則可緩注遠官，權移近地，待有可替換侍養之親屬時方移注遠官。歐陽修在至和年間則上書請求將此注近官之制擴展到「孝行著聞，累被薦舉者」，並使所注之近地可在本州：

臣伏見朝廷之議，常患方今士人名節不立、民俗禮義不修，所

以取士多濫而浮偽難明，愚民無知而冒犯者眾。蓋由設教不篤而獎

善無方也。伏見徐州進士、同三禮出身、見守選人張立之，能事父

母，有至孝之行，著聞鄉里。本州百姓、僧道列狀稱薦，前後長吏

累次保明，安撫、臣寮亦曾論奏，至今未蒙朝廷甄擢。其人母年八

十，無祿以養。銓司近制，於選人祇許入邊遠官。立之家居，則患

祿不逮親；欲就遠官，則難於扶侍。有至孝之行而進退失所，有累

薦之美而褒勸不及，於立之養親之志所希至少，於朝廷獎善之道所

施至多。伏望聖慈特下銓司，採閱本人行止及前後論薦迹狀，與一

本州合入官。所貴旌一士之行，勸一鄉之人。伏以古今致理，先於

孝子勸賞最勤。今孝悌之科，久廢不舉，旌表之禮，久闕不行。欲

乞今後應有孝行著聞、累被薦舉者，與一本州官，令自化其鄉里。

仍乞著為永式。其張立之，如允臣所奏，乞送銓司施行。〔註76〕

南宋《慶元條法事類》對此注近官之制亦有規定：

諸寄祿官朝議大夫以下及使臣，因祖父母、父母老疾若婚葬願

折資監當者，召保官二員，所在官司驗實無縮繫，保明申尚書吏部，

許不拘本貫指射。（在任人願先解罷者聽。）即應入遠地監當，因祖

父母、父母老疾，願不理任而入近地者，准此。

諸祖父母、父母年七十或篤疾，各無男丁兼侍，若年八十，並

前一年內召保官三員，申尚書吏部，應授差遣者，聽指射家便。（已

〔註75〕（清）徐松：《宋會要輯稿》選舉二四之一一～一二，頁 4624d～4625a。

〔註76〕（宋）歐陽修：《歐陽修全集》卷一○九《奏議十三·薦張立之狀》，第 1654
　　　　～1655 頁。

曾召保者，至八十免。再召未免試者，聽射殘零闕。）在外於所在
州投狀，詣闕召保繳申。（己所資監當而祖父母、父母老疾者，准此。）
即應關升者，申尚書吏部，其願不理考任折資連並就前任處差遣者，
聽，仍許在任自陳。

諸命官應入遠，雖已授敕告、宣箚，有賞該免，或因祖父母、
父母老疾及婚葬願折資監當者，限六十日自陳，（過滿見闕，限三十
日。）其監當人願不理任而入近地者，准此。〔註77〕

通過上述法令，父母老疾的官員可以請求近地爲官，甚至可不避本籍，以方
便侍養。現實中亦有很多爲侍養父母而或就近甚至本籍爲官之例：

縣尉鄢陵許永，年七十五，自言父年九十九，兩兄皆八十餘，
乞一官以便養，乃授永鄢陵令。彭乘，益州人，求便養，得知普州，
蜀人得守鄉郡自乘始。陳希亮，眉州人，初蜀人官蜀，不得通判州
事，希亮以母老，願折資爲縣，乃令知臨津縣。朱昂家江陵，致仕
時，詔以其子正辭知公安縣，以便侍養，許歸江陵。張詠，濮州人，
初仕時，乞掌濮州市稅以便養，許之。蔡襄，仙遊人，以母老知福
州，後又知泉州。楊繪，綿竹人，以母老請知眉州。劉湜，彭城人，
知廣州，以母老求內徙，遂知徐州。……洪皓自金歸，以母董氏年
八十餘，乞補外，乃以徽猷閣學士出守饒州鄉郡。文文山，吉安人，
初除湘南提刑，辭免，乞便郡養親，乃差知贛州。〔註78〕

可見，在任官須避本籍制度之下，爲了使官員能夠侍養老疾父母，宋代
法律在禁止「委親之官」的法律之外，通過解官侍養制度，以及就近授官制
度給予職官以養親便利，使得年老的職官父母可得子之侍養。

四、應舉、從軍、入釋之制及其它

宋代的老疾給侍之制除了體現在上述三個方面之外，在家有高齡老人而
子孫應舉、從軍方面亦有法律上之優待。同時，爲保證子孫能眞正在家侍養
父祖，法律嚴格限制祖父母、父母年老需侍養的子弟剃度入釋。

〔註77〕《慶元條法事類》卷第六《職制門三·朝參赴選·令·職制令》，楊一凡、田
濤主編，戴建國點校：《中國珍稀法律典籍續編》第一冊《慶元條法事類》，
第104～105頁。
〔註78〕（清）趙翼：《陔餘叢考》卷二七《仕宦避本籍》，第558頁。

　　在應舉上，宋初的貢舉之法並未對應舉者的學歷有所要求，至仁宗慶曆四年（1044），范仲淹、宋祁等改革科舉，議定「貢舉條制」，對應舉者的在學時長作出了要求，但對於因家中親人年老而無其它兄弟可為侍養的應舉者因侍養親老導致在學時長不足的，可取保應舉：

　　　　應取解，逐處在學本貫人，並以入學聽習至秋賦投狀日前及
　　三百日以上，舊得解人百日以上，方許取應。（秋賦投狀日，並依
　　本州軍舊制。）內有親老，別無得力弟兄侍養，致在學日數不足
　　者，除依例合保外，別召命官一員或到省舉人三名委保詣實，亦
　　許取應。〔註79〕

雖然上述貢舉條制中對應舉之人的在學時長的要求因不利於貧窮士子為學之餘兼顧營生，因此在實施不到一年之後就被廢止，所有的應舉之人均沒有在學時長的要求，〔註80〕但此新政的制定和實施，說明了立法者對侍丁養老之責的重視。

　　在從軍方面，由於宋代以募兵製取代徵兵制，使得普通百姓得保骨肉相聚之樂，而所募之軍士家屬大都可以隨軍生活，亦可免於骨肉分離之苦。不過，也有少數軍士家屬並未跟隨前往服役之地，熙寧八年（1065）神宗因此下詔：「軍士祖父母、父母老疾，無男子兼侍而在他處應募者，聽移就祖父母所在一等軍分。」〔註81〕使得這些軍士能就近從軍以兼顧其養老之責。對於委親投軍者，熙寧年間已有禁止之文，元祐五年（1090）哲宗以詔令予以了修訂，不僅重申了禁止家中別無成丁之時子孫棄祖父母而應募從軍，違者杖一百的禁令，且將熙寧中父母自陳的兩月時限放寬為一年：

　　　　祖父母在，無子孫成丁，委親投軍者，杖一百，限一年許尊長
　　自陳，取廂者或鄰人委保放停。即品官有服親投軍者，雖未有子孫
　　成丁及非委親，如願放停，不以年限準此。〔註82〕

南宋時，有執法者行文兵馬司，要求在調遣軍隊之時考慮到軍士的養老之責，

〔註79〕　（清）徐松：《宋會要輯稿》選舉三之二四〜二五，頁4273d〜4274a。
〔註80〕　（宋）李燾：《續資治通鑑長編》卷一百五十三，仁宗慶曆四年十一月戊午朔，
　　　　第3715頁。
〔註81〕　（宋）李燾：《續資治通鑑長編》卷二百六十一，神宗熙寧八年三月戊申，第
　　　　6360頁。
〔註82〕　（宋）李燾：《續資治通鑑長編》卷四百三十九，哲宗元祐五年三月乙亥，第
　　　　10577頁。

建議：

> 今後如差軍兵往二千里外，約往來該四月以上，而其人有父母
> 年老衰病，別無以次可供侍者，並免指差。〔註83〕

此外，由於子孫出家入釋亦會產生祖父母、父母不得侍養的局面，甚至出現「民有出家爲僧者，父母皆羸老無依，丐食他所」的情況，對此天禧二年（1018）皇帝下詔禁止子孫在祖父母、父母在而無人侍養之時出家：

> 詔：祖父母、父母在別無子息侍養，及刑責奸細惡黨山林亡命
> 賊徒負罪潛竄，及曾在軍帶瑕痕嗜，並不得出家。寺觀容受者，本
> 人及師主、三綱知事僧尼、鄰房同住並科罪。有能陳告收捉者，以
> 本犯人衣缽充賞。其志願出家者，並取祖父母、父母處分；已孤者，
> 取問同居尊長處分，其師主須得聽許文字，方得容受。童行、長髮
> 候祠部方許剃髮爲沙彌，如私剃者，勒還俗，本師主徒二年，三綱
> 知事僧尼杖八十，並勒還俗。〔註84〕

此一詔令不僅禁止子孫本人捨棄無人侍養的祖父母、父母而出家的行爲，對於收容該子孫出家的寺觀相關負責人以及與該子孫相鄰居住的僧人亦予論罪，同時還以經濟獎勵鼓勵陳告揭發，其法禁可謂嚴密。此令在仁宗天聖八年（1030）又得重申。〔註85〕南宋《慶元條法事類》亦有類似禁令：

> 諸男年十九、女年十四以下，或曾經還俗，或身有文刺，或犯
> 笞刑，或避罪逃亡，或無祖父母、父母聽許文書，或男有祖父母、
> 父母而無子孫成丁，若主戶不滿三丁，並不得爲童行。〔註86〕

對已經出家爲僧，祖父母、父母老疾無人侍養的，有時亦可在父祖請求之下還俗並回覆出家之前的身份。紹興三年（1133）老婦人韓氏上書狀稱其孫在北宋末年獲南京敦宗院教授一職，還未赴任就捨家出家爲僧，現在自己年老，家中又無侍養之人，一貧如洗，流離他鄉，生活困難，因此請求令其孫還俗侍養，並給還教授一職。此一請求獲得了皇帝的許可。〔註87〕

〔註83〕《名公書判清明集》卷之十一《人品門·軍兵·兵士差出因奔母喪不告而歸其罪可恕》，第437頁。

〔註84〕（清）徐松：《宋會要輯稿》道釋一之二二，頁7879c。

〔註85〕（清）徐松：《宋會要輯稿》道釋一之二七，頁7882b。

〔註86〕《慶元條法事類》卷第五十《道釋門·違法剃度·令·道釋令》，楊一凡、田濤主編，戴建國點校：《中國珍稀法律典籍續編》第一冊《慶元條法事類》，第701頁。

〔註87〕（清）徐松：《宋會要輯稿》選舉三二之二〇，頁4752d。

除此之外，爲了使得老疾之祖父母、父母能夠得到更好地侍養，哲宗元祐五年（1090）曾有允許居喪婚娶之法頒佈：

> 元祐五年秋，頒條貫：諸民庶之家，祖父母、父母老疾無人供
> 侍，子孫居喪者，聽尊長自陳，驗實婚娶。

不過該法在三年之後爲蘇軾所批評，認爲：「男年至於可娶，雖無兼侍，亦足以養父母矣，今使之釋喪而婚會，是直使民以色廢禮耳，豈不過矣哉？」並要求廢除此法，爲哲宗認可。〔註88〕不過，細究起來，這一條貫的實施以及廢止都是圍繞著年老之人的養老需求而進行的，允許居喪婚娶旨在使人丁興旺而老有所養，禁止居喪婚娶其理由也是因爲子孫既已成年可婚娶，則自然有能力侍養祖父母、父母。

第二節　收養與入贅：無子場合的侍養變通

有子的場合，年老之父母可依靠子孫來養老，但是無子的情況也常常會發生，此時便有變通的侍養辦法，無子的家庭通常會借助於收養養子或招納贅婿來實現養老之目的。〔註89〕

一、收養之法對養老的保障

無子時收養養子以爲後，乃是儒家禮制的要求，其目的在於「承嗣」，即避免家族血脈的終斷。而在此之外，無子時收養養子也可能出於一種更現實的考慮，那便是「養老」。俗語有云「養兒防老」，沒有親生子時，通過收養子亦可實現養老的目的。而實際生活中「大抵無子立嗣，初非獲已，不是年老，便是病篤」，〔註90〕正是希望通過收養來獲得侍養。法律通過對收養關係

〔註88〕（宋）李燾：《續資治通鑑長編》卷四百八十四，哲宗元祐八年六月壬戌，第11513～11514頁。

〔註89〕通過收養和招贅來實現養老之目的，柳立言先生1999年在其論文《養兒防老：宋代的法律、家庭與社會》（收入氏著《宋代的家庭和法律》，第375～407頁）一文中已有論述，本文此一部分內容也是受柳先生之啓發而來，並對先生未盡之處作了補充。相關內容筆者曾在碩士學位論文《宋代弱勢群體法律地位探析──以寡婦、贅婿和養子爲例》（中國政法大學2005年碩士學位論文）一文中有所論述。

〔註90〕《名公書判清明集》卷之八《戶婚門‧立繼類‧已有親子不應命繼》，第250頁。

的成立、收養的效力以及養子的經濟權益等內容的規制來保證這一目的的實現。

不過，宋代的收養在法律語境中有不同的表達，一是「抱養」，通常是指丈夫生前的收養行為；一是「立繼」，指丈夫亡故後由寡妻進行的收養行為；一是「命繼」，指夫妻俱亡後由尊長進行的收養行為。通過此三種不同的收養行為而收養之養子均可稱為嗣子，但細分起來又有不同的稱謂，抱養者稱抱養子，立繼者稱立繼子，命繼者稱命繼子，三者權益不盡相同。在下文的敘述中，一般用養子或嗣子作為其通稱，但在涉及其不同權益時會用其特定稱謂。

（一）收養關係的成立

1、曲徇人情，許立異姓

從法律上講，收養關係的成立必須符合法定的要件。就對象條件來說，宋法繼承前代之法律規定，要求收養養子須取同宗昭穆相當者。〔註 91〕既曰同宗，則意味著原則上不可收養異姓為子，《宋刑統》：「養異姓男者，徒一年；與者，笞五十。」〔註 92〕然而，這樣的限制有可能造成無子的家庭找不到適格的養子。正如南宋一位法官所言：

> 如必曰養同宗，而不開立異姓之門，則同宗或無子孫少立，或
> 雖有而不堪承嗣，或堪承嗣而養子之家與所生父母不成，非彼不願，
> 則此不欲，雖強之，無恩義，則為之奈何？〔註 93〕

收養養子本為承嗣養老，如果雖有同宗之子可養，但彼此之間存在矛盾，強行收養則承嗣養老之目的恐不能實現，更何況同宗之中亦無可繼之人的情況並不少見，因此，法律又開異姓收養之門。上文所引《宋刑統》同條又云：「其遺棄小兒年三歲以下，雖異姓，聽收養，即從其姓。」即唯有三歲以下的遺棄小兒，即使異姓亦聽收養。不過此處的聽養三歲以下遺棄小兒的例外規定，主要是出於慈幼的考慮，正如該條疏議所說：「其小兒年三歲以下，本生父母

〔註91〕（宋）李燾：《續資治通鑑長編》卷三百三，神宗元豐三年三月乙丑：「據無子者聽養同宗之子昭穆合者。」第 7365 頁。《名公書判清明集》卷之八《戶婚門·立繼類·已立昭穆相當人而同宗妄訴》：「謹按令曰：『諸無子孫，聽養同宗昭穆相當者為子孫。』」第 247 頁。

〔註92〕（宋）竇儀等撰，薛梅卿點校：《宋刑統》卷第十二《戶婚律·養子》，第 217 頁。

〔註93〕《名公書判清明集》卷之七《戶婚門·立繼·雙立母命之子與同宗之子》，第 220 頁。

遺棄，若不聽收養，即性命將絕，故雖異姓，仍聽收養，即從其姓。」但此宋初的異姓收養之法在以後的發展過程逐漸放寬了「遺棄」和「三歲以下」的限制。

從南宋司法實踐中法官所引相關法條來看，異姓收養的「遺棄」限制已經隱去：

> 准法：異姓三歲以下，並聽收養，即從其姓，聽收養之家申官附籍，依親子孫法。雖不經除附，而官司勘驗得實者，依法。〔註94〕

> 緦麻以上親異姓者與人養，三歲以下即從其姓。

> 諸以子孫與人，若遺棄，雖異姓三歲以下收養，即從其姓，聽收養之家申官附籍，依親子孫法，亦法也。〔註95〕

而「三歲以下」的限制在實踐中也並未徹底貫徹，司法實踐中法官往往以「幼小」等模糊的概念來描述異姓之子被收養時的年齡，甚至對於明顯三歲之後才予收養的行為主張「亦姑勿論」。〔註96〕如此，為無子而不得立同宗之人為養子的家庭帶來了方便，其養老承嗣之訴求不會因為「異姓不養」的限制而落空。

不過，基於古人「鬼神不享非類之祀」的觀點，異姓則異類，所以，收養異姓為子其主要目的不在於使祖先得享血祀，而在於為生者養生送死。因此，養異姓為子的情況通常發生在夫妻或其中一方在世，別無子孫養老送葬之時，夫妻俱亡之後的立嗣，因養老之要求已不存在，異姓之子孫則不可立。有法官對此作出了說明：

> 國立異姓曰滅，家立異姓曰亡，春秋書莒人滅鄫，蓋謂其以異姓為後也。後世立法，雖有許立異姓三歲以下之條，蓋亦曲徇人情，使鰥夫寡婦有所恃而生耳。初未嘗令官司於其人已死，其嗣已絕，而自為命繼異姓者。〔註97〕

筆者將南宋《清明集》中所見異姓養子的實例列表如下，以資分析：

〔註94〕《名公書判清明集》卷之七《戶婚門·立繼·立繼有據不為戶絕》，第216頁。

〔註95〕《名公書判清明集》卷之七《戶婚門·立繼·雙立母命之子與同宗之子》，第218，219～220頁。

〔註96〕《名公書判清明集》卷之八《戶婚門·女承分·處分孤遺財產》，第287～288頁。

〔註97〕《名公書判清明集》卷之八《戶婚門·立繼類·叔教其嫂不願立嗣意在吞併》，第246頁。

養 子 （來源）	收養時年齡 （現齡）	收養人	對收養關係 的官方態度	出 處
周千二 （洪氏子）	不詳	不詳	不詳	卷之四《乘人之危奪其屋業》
趙喜孫 （不詳）	不詳	何烈（父）	認可	卷之五《僧歸俗承分》
賈宣 （游氏子）	不詳	賈性甫（父）	除附給據，認可	卷之五《侄假立叔契昏賴田業》
邢堅 （蔡氏之侄）	七歲 （十四歲）	蔡氏（祖母）、周氏（母）	不可動搖	卷之七《生前抱養外姓歿後難以動搖》
張達善 （隨母嫁）	不詳	鄭醫（父）	有縣案可證	卷之七《爭立者不可立》
陳亞六 （不詳）	乳哺中 （四十七歲）	戴盛（父）	認可	卷之七《婿爭立》
張同祖 （遺棄）	三歲 （七、八歲）	阿陳（祖母）	允當	卷之七《已有養子不當求立》
吳有龍 （不詳）	一歲 （已亡）	吳琛（父）	有縣據可證	卷之七《立繼有據不爲戶絕》
黃臻 （廖氏子）	三歲以下 （十八年）	阿毛（母）	認可	卷之七《雙立母命之子與同宗之子》
黃康功 （何存忠子）	生發未燥 （二十七年）	黃縣尉（父）	認可	卷之七《出繼子破一家不可歸宗》
不詳 （王安之子）	年未三歲	丁一之（父）	與親生同	卷之八《生前乞養》
元振 （不詳）	不詳	鄭文實（父）	認可	卷之八《父在立異姓父亡無遣還之條》
不詳 （貴奴之子）	方在襁褓	不詳	認可	卷之八《先立一子俟將來本宗有昭穆相當人雙立》
榮孫 （不詳）	七歲	不詳	以遺囑爲僞而不認可	卷之八《先立一子俟將來本宗有昭穆相當人雙立》
吳鎧 （妻家之裔）	不詳 （三十餘年）	吳坦（父）	認可	卷之八《治命不可動搖》

養　子 （來源）	收養時年齡 （現齡）	收養人	對收養關係 的官方態度	出　處
不詳	三歲以下	丁昌（父）	認可	卷之八《夫亡而有養子不得謂之戶絕》
伴哥 （不詳）	非三歲以下	解勤（兄）	其非法「亦姑勿論」	卷之八《處分孤遺田產》

由上表可見，實踐中的收養異姓爲子並不以遺棄爲要件，絕大多數的異姓養子均有明確的來源，即使是案情敘述中沒有異姓子來源的記載但從其有名有姓來看也不大可能是遺棄無人識認者。三歲以下的限制雖在多數場合被遵守，但三歲以上收養而爲法官認可者亦有，且多數的案例中異姓養男的年齡並不被關注。異姓收養絕大多數由父親爲之，間由寡母或無人侍養的祖母收養，目的在於養生送死。唯有《處分孤遺田產》一例中的異姓養男伴哥並無養生送死的對象，法官對其身份的認可乃是出於息訟的目的。由此可見，雖然異姓許收養之法在設立之初是爲慈幼之需要，但在法律的發展過程中，收養異姓爲子的「遺棄」和「年齡」條件逐漸放鬆，則是一種對無子家庭養老需求的一種順人情的考量，它保證了無子的家庭在無法選立同宗之人時仍得通過收養異姓子孫實現養老之期望。

2、間隙既生，不可強立

「養則致其樂」，如果所養之子孫與所養之父母之間已有間隙，強行立之爲子則恐無法達到收養的養老目的，因此，無論是收養異姓還是立同宗昭穆相當之人，法律在養子的選擇上充分尊重將來恃以養老者的意願。

在一個立嗣糾紛案件中，張達善以自己昭穆相當爲由要求繼爲張迎之後，但張迎之母劉氏「屢造訟庭，不願立張達善」，法官總結案情以三大理由認定張達善不可立，其中理由三曰：

> 張達善之狀，一則欲追陳氏，二則欲押出二叔，三則稱老癃叔祖婆阿劉出官，抵睚甚至，誣訴變寄財產，意在追擾，迫之命立，可謂無狀。其待尊長如此悖慢，若使繼紹，其後決不孝養重親，敬奉二叔，必至犯上陵下，爭財競產，使平日之和氣索然，一家之物業罄矣！豈有追叔祖母之子婦，謀叔母之產業，而可爲人子孫乎？

可見，張達善與欲繼之家之間矛盾已深，以張達善當前之言行可預見其一旦

爲人之後將來必不能孝養其親盡人子之責，因此，法官否定了其爭立請求，並議論說：

> 世俗浮薄，知禮者少，嗣繼重事，固有當繼而不屑就者，未聞以訟而可強繼。既相攻如仇敵，有何顏面可供子弟之職，豈不流爲惡逆之境，此等氣習不可不革。〔註98〕

爲人之婿的徐文舉訴於官，欲以自己之幼子爲妻叔父之嗣，並誣告妻舅有奸行、妻叔詭名寄產、妻弟對自己持刀趕殺，「視妻族如仇敵，待妻父如路人」，法官因此毫不猶豫地駁回了其立幼子之請求，並斷其堪杖六十。〔註99〕在另一個爭立養子的案件中，法官將同宗昭穆相當之子排除在應繼人之外，不僅因爲其「已承父分，已自婚娶」，更因爲其與被繼之家「素有仇隙，入其家，亂其妾」，所繼之母寧可立異姓之子也不願立其爲嗣，因此，法官只得同意先立異姓，待有同宗昭穆相當之其它子孫再與異姓子並立。〔註100〕

即使在親生子出繼之後想要歸宗的場合，如果其對生身之父母有不孝之行爲，亦可能不被允許。黃康功出繼於黃氏，破蕩家產，後因其生身之家無子而意圖歸宗，但因其詆毀寡居之生母楊氏有曖昧不節之事，使得母子之情已暌，法官認爲如果強立康功爲子，「則康功決不能承順顏色，楊氏決無憀賴」，因此不允許黃康功歸宗，而選擇另立同宗昭穆相當者爲何氏後。〔註101〕

可見，在確定收養關係能否成立之時，除了考慮被養者的身份是否符合同宗昭穆相當之要求之外，其與收養之家的關係亦是主要的考慮因素，如果二者之間間隙已生，將來需要恃養子以爲生的所繼之人並不願立之爲嗣，司法則不會強行立之爲嗣。親生之子意圖歸宗的場合亦然。而在法律上除了賦予丈夫抱養養子之權外，在夫亡妻在的場合，則有「夫亡妻在，從其妻」之規定，在夫妻俱亡的場合則有「其欲繼絕，而得絕家近親尊長命繼者，聽之」之文〔註102〕，諸如此類均旨在保證所養之子孫爲收養之人所愛，將來可依靠

〔註98〕《名公書判清明集》卷之七《戶婚門‧立繼‧爭立者不可立》，第 211～212 頁。

〔註99〕《名公書判清明集》卷之七《戶婚門‧立繼‧婿爭立》，第212～213頁。

〔註100〕《名公書判清明集》卷之八《戶婚門‧立繼類‧先立一子俟將來本宗有昭穆相當人雙立》，第268頁。

〔註101〕《名公書判清明集》卷之七《戶婚門‧歸宗‧出繼子破一家不可歸宗》，第225～226頁。

〔註102〕《名公書判清明集》卷之七《戶婚門‧立繼‧雙立母命之子與同宗之子》，第

該子實現養老期待。

3、克盡子責，方得為子

「除附」雖是法定的收養關係成立需要履行的手續，但是「村人安知除附爲何事」，往往養子而不除附，因此法律又有「雖不除附，官司勘驗得實，依除附法」〔註103〕之規定，因此，在無除附手續之時，法官判斷收養關係成立與否還需依賴於「勘驗」。所謂勘驗則是對事實上之收養關係是否已經成立的考察，通常包括了日常生活中親屬之間的稱呼所體現的名分關係、〔註104〕鄰里族人的證明，更重要的是該子是否履行了侍養之責。如果該子盡到了養生送死之義務，法官往往會認可收養關係已經成立，否則該子的養子身份不會獲得認可。

吳琛無子，收養吳有龍爲子，吳琛、吳有龍亡故之後吳氏姊妹爲爭財訴稱吳有龍非其父養子。法官除了通過對當事人提供的相關官方文書進行查證認定吳有龍爲養子之外，其斷定吳有龍是吳琛養子的重要證據乃是吳有龍對吳琛生養死葬義務的履行：

> 則吳琛之死，斬衰之制，二婿行之乎？有龍行之乎？得非有龍行之邪！得非以有龍非吳二十四娘等兄弟邪？則有龍之死，大功之制，姊妹行之乎？他人行之乎？況有龍既能生事死葬，克盡人子之責，而謂之非子，則不可也。〔註105〕

在另一個爭財案件中，張七四以自己爲張清之養子爲由，主張對張清身後財產的權利，法官除了以除附手續欠缺等理由判定張七四非爲張清之子外，首要理由是張七四並未對張清履行爲人之子應盡之義務：

> 張清未死，張七四自異居而各都，張清死，張七四始竄身而入室，此其非張清之子，一也。〔註106〕

養子一爲承嗣，一爲養老，爲人之養子卻別居而不養不符合收養之常理。張

---

220 頁。

〔註103〕《名公書判清明集》卷之八《戶婚門·戶絕·夫亡而有養子不得謂之戶絕》，第 273 頁。

〔註104〕《名公書判清明集》卷之八《戶婚門·立繼類·父在立異姓父亡無遺還之條》，第 245 頁。

〔註105〕《名公書判清明集》卷之七《戶婚門·立繼·立繼有據不爲戶絕》，第 216 頁。

〔註106〕《名公書判清明集》卷之六《戶婚門·爭田業·陸地歸之官以息爭競》，第 187～188 頁。

七四不與張清同居，未盡人子之責，因此不得謂爲人之養子。

總之，收養關係的成立需要符合法定的條件，同時亦需有助於養老目的的實現。養異姓之子原則上雖爲法律所禁，但因其滿足了無子家庭的養老需求因而被逐漸放開，而一個悖慢所養之人的人則因其無法滿足養老之期待而不可立爲養子，對未履行除附手續的收養關係是否存在的判定則主要依賴於對養子生養死葬義務履行狀況的考察。

（二）收養的效力

養兒爲防老，收養養子爲的就是老來得有所養，但是，養子畢竟不是親生子，擬制的親子關係具有不穩定性，所養之子或有可能回歸本生之家，如此則無子家庭的養老希望便會落空。有鑒於此，法律規定養子之本生父母不可任意取回已出繼之子，而養子本人亦不可任意捨棄所養父母而歸本生之家。但是，如果養子不孝，不能實現收養的養老目的，法律則賦予收養之人遣還之權。

1、本生父母不可任意領回

將自己的親生之子出繼爲他人之子，如果不是出於貪利他家之財的經濟利益上之考慮，大多是不情願的。尤其對於被收養的遺棄小兒，其父母或因爲貧窮而迫不得已，或因爲戰亂而失散其子，一旦境遇好轉可能會希望領回先前遺棄失散之子，因此，收養遺棄小兒爲子的家庭可能面臨失去所養之子的風險。這顯然不利於養老，進而造成「世人果能收養於遺棄之中者，鮮矣」，〔註107〕因此，亦不利於慈幼。政和七年（1117）葉夢得知許昌，就面臨著這樣的難題，其自述曰：

> 余在許昌，歲適大水災傷，西京猶甚，流殍自鄧唐入吾境，不可勝計。余盡發常平所儲，奏乞越常制賑之，幾十餘萬人稍能全活，惟遺棄小兒，無由皆得之。一旦，詢左右曰：「人之無子者，何不收以自畜乎？」曰：「人固願得之，但患既長，或來歲稔，父母來識認爾。」

葉因此檢閱法條，發現已有「凡因災傷遺棄小兒，父母不得復出」之法，並論說：「爲此法者亦仁人也。夫彼既棄而不育，父母之恩則已絕，若人不收之，

〔註107〕《名公書判清明集》卷之八《戶婚門・立繼類・立昭穆相當人復欲私意遣還》，第248頁。

其誰與活乎？」於是，「作空券數千，具載本法，印給內外廂界保伍，凡得兒者，使自言所從來，明書於券，付之，略爲籍記」。〔註108〕及至南宋，朝廷亦時有不許生父母識認領回之條：

> 乾道元年（1165）三月三日尚書司勳員外郎浙東檢察賑濟唐閲言，民間頗有遺棄小兒，足食之家願得收養，正緣於法，遺棄小兒止許收養三歲以下，緣此，三歲以上者人皆不敢乞，朝廷指揮權於今年許令自十歲以下聽人家收養，將來不許識認，從之。〔註109〕

淳熙八年（1181）十一月又有臣僚上請廣爲宣傳此法，以消除收養棄兒者之顧慮：

> 在法，諸因饑貧以同居緦麻以上親與人，若遺棄而爲人收養者，仍從其姓，各不在取認之限，聽養子之家申官附籍，依親子孫法。……若令災荒州縣坐上件法鏤板曉諭，使人人通知之，則人無復識認之慮而皆獲收養矣。……詔從之。〔註110〕

可見，無子之家收養遺棄小兒或因貧送養之子爲養子，可不必擔心將來被本生之家取認領回而造成養兒防老之目的落空了。

2、養子不可擅自歸宗

> 諸養子，所養父母無子而捨去者，徒二年。若自生子及本生無子，欲還者，聽之。【議曰】……若所養父母自生子及本生無子，欲還本生者，並聽。即兩家並皆無子，去往亦任其情。〔註111〕

此爲《宋刑統·戶婚律》「養子」條的規定。依據此法，養子一旦爲人所養，受所養父母撫育之恩，就不可擅自離去，否則將要受到徒二年的重懲。只有在所養父母又生下親生之子或本生父母無他子可侍養之時，養子可以選擇歸宗。顯然，此一例外乃是考慮到了兩家父母的養老需要而制定，所養之父母自生子則將來有親子可侍養，養子歸宗離去不影響其養老，本生之家無子則生身父母無人侍養，是以允許養子歸宗以養老。實踐中養子離開所養之家而歸宗之事多遵循著上述規則。

〔註108〕（宋）葉夢得：《避暑錄話》卷上，第13頁。
〔註109〕（清）徐松：《宋會要輯稿》食貨五九之四二，頁5859c。
〔註110〕（宋）佚名《增入名儒講義皇宋中興聖政》卷五九，第1845頁。
〔註111〕（宋）竇儀等撰，薛梅卿點校：《宋刑統》卷第十二《戶婚律·養子》，第217頁。

3、不孝則可遣還歸宗

收養關係一旦合法成立，養子在所養之家中的地位便具有穩定性，所養父母不可非理遣還。對此有明確之法律規定：「諸養同宗昭穆相當子孫，而養祖父母、父母不許非理遣逐。」〔註112〕然而，收養他人之子爲子本爲老有所養，如果該子不能盡孝，該收養行爲之目的就不能達到，因此，法律賦予了所養父母在此種情況之下的遣還之權，如上條法律補充所說：「若所養子孫破蕩家產，不能侍養，及有顯過，告官證驗，審近親尊長證驗得實，聽遣。」

石豈子爲何氏養子，不僅破蕩家產，且於其所養之父祖服制未除之日爲非禮之事，並棄所養之母而出外不歸，違抗母命、罵詈其母、甚至於持刃執杖，其行爲非但是不能養其母，甚至已經屬於刑法上之「不孝」乃至「惡逆」了，諸此種種皆不合「養兒防老」之目的，因此法官裁斷將石豈子堪杖一百並遣還本生之家。〔註113〕盧應申爲盧公達之養子，在公達生前則別居異爨，是爲生不能養，公達死後又不出錢營葬，則是死不能葬，生不養、死不葬，則是沒有盡爲人子之應盡義務，因此法官勒令盧應申歸宗。〔註114〕

敦煌所見宋初的養男契約表明，在爲收養行爲之時，收養人亦往往於收養契約中言明所養之子應盡之孝養義務，如有違逆，則予遣逐。其中一件宋乾德二年（964）史氾三養男契如下：

1 乾德二年甲子歲九月廿七日，弟史氾三前因不備，今無親生

2 之子，請屈叔侄親枝姊妹兄弟團座商量，□□欲議養兄史粉

3 塸（堆）親男願壽，便作氾三覆（腹）生親子。自今已後，其叔氾三切不得

4 二意三心，好須勾當，收新婦榮聘。所有【家】資地水活【業】什物等

5 便共氾三子息並及阿朵，准亭願壽，各取壹分，不令偏併。若或

〔註112〕《名公書判清明集》卷之七《戶婚門・歸宗・出繼子不肖勒令歸宗》，第224〜225頁。

〔註113〕《名公書判清明集》卷之七《戶婚門・歸宗・出繼子不肖勒令歸宗》，第224〜225頁。

〔註114〕《名公書判清明集》卷之八《戶婚門・歸宗・出繼不肖官勒歸宗》，第276頁。

6 氾三後有男女，並及阿朵長成人，欺屈願壽，依大猥情作私，別

7 榮小□□故非理打棒，押良爲賤者，見在地水活業□□壹分，

8 前件兄弟例。願壽所得麥粟債五十碩，便任叔氾三自折　　升合，

9 不得論算。其□□分，願壽自收，任便榮活。其男願壽後收□婦，

10 漸漸長大，或不孝順父孃，並及姊妹兄弟□，且娶妻親之言，不

11 肯作於活之計，猥情是他願壽親生阿耶並及兄弟姊妹招換（喚）

12 不□上下，貪酒看肉，結般盜賊他人更乃作□者，空身趁出。家

13 中針草，一無□數。其□債麥粟五拾碩，升合不得欠少，當便□

14 付。氾三將此文書呈告　　官中，倍加五逆之□。今對親枝眾座，

15 再三商議，世世代代子孫【男】女，同爲一活。押字押證見爲憑，
　　天轉

16 地迴，不（下缺）〔註115〕

根據該契，所養之子願壽如果不能盡子弟之責，不孝於父母、不睦於親族、懶惰破蕩則會被逐出所養之家。又一件百姓胡再昌養男契樣文則對收養養子的養老目的以及該目的不能實現時的遣逐之權表達得更爲直接清楚：

1 百姓吳再昌先世

2 不種，獲果不圓，今

3 生孤獨壹生，更無

4 子息，忽至老頭，無

5 人侍養。所以五

6 親商量，養甥甥

7 某專甲男，姓名爲

8 知。自後切須恭勤，

9 孝順父母，恭敬宗

10 諸，懇苦力作。侍奉

11 六親，成豎居本，莫

〔註115〕沙知輯校：《敦煌契約文書輯校》，第358～359頁。

12 信閑人构閃，左南

13 直北。若不孝順者，

14 仰至親情，當日赶

15 却，更莫再看。兩共

16 對面平章爲定，

17 更無改亦（易）。如若不

18 憑言約，互生翻

19 悔者，便招五逆之

20 罪。恐人無信，故勒

21 私契，用爲後憑。

22△年月日△專甲養男契〔註116〕

胡再昌正因爲無子年老，因此希望收養一子以得侍養，契約要求該收養之子必須孝順恭敬，勤懇力作，如有不孝所養之父當日即可遣逐。

（三）養老責任決定財產權利

如前所述，由於收養關係成立時間的不同，養子有不同的稱謂，丈夫生前收養者稱之爲「抱養子」，丈夫死後由寡妻收養者，稱之爲「立繼子」，夫妻俱亡之後由尊長收養者則稱爲「命繼子」。上述幾種「子」在所養之家中的法定財產權益各不相同，究其原因之一當與其養老責任的大小有關。〔註117〕

抱養子與立繼子由於需要承擔養父母生養死葬之責，其養老責任與親生之子幾乎相同，相應地在財產權利上也與親生子相同，得完整地享有所養之家的財產繼承權。而作爲夫妻俱亡之後由尊長所立之命繼子，其已不需要負擔對養父母的養老之責了，因此其對所養之家的財產繼承權遠小於抱養子或立繼子。甚至在紹興二年（1132）之前，命繼子對所養之家的財產幾乎是無權的：

（紹興二年）九月二十二日，江南東路提刑司言：「本司見有人戶陳訴戶絕立繼之子不合給所繼之家財產。本司看詳：戶絕之家，依法既許命繼，卻使所繼之人並不得所養之家財產，情實可矜。欲

〔註116〕沙知輯校：《敦煌契約文書輯校》，第362～363頁。

〔註117〕此一觀點來自柳立言：《養兒防老：宋代的法律、家庭與社會》，載氏著：《宋代的家庭和法律》，第388頁。

乞將已絕命繼之人於所繼之家財產視出嫁女等法，量許分給。」戶
部看詳：「欲依本司所申，如係已絕之家有依條合行立繼之人，其財
產依戶絕出嫁女法，三分給一，至三千貫止，餘依見行條法。」從
之。〔註118〕

在此之後，命繼子始獲得了與出嫁女相同份額的繼承之權，爲絕戶財產的三
分之一，然須以三千貫爲限。本條史料或是因爲抄錄之誤，立繼與命繼的運
用顯得混亂，依據文意，此處當是針對命繼子之權益而進行的討論。若非如
此，則是在當時立繼與命繼之間的差別還未被主管機關所注意。不過從《清
明集》所錄法令來看，立繼與命繼的區別很快就被明確下來，二者對所養之
家的財產繼承權亦有清楚的規定：

> 祖宗之法，立繼者謂夫亡而妻在，其絕則其立也當從其妻，命
> 繼者謂夫妻俱亡，則其命也當惟近親尊長。立繼者與子承父分法同，
> 當盡舉其產以與之。命繼者於諸無在室、歸宗諸女，止得家財三分
> 之一。又准戶令：諸已絕之家立繼絕子孫（謂近親尊長命繼者），於
> 絕家財產者，若止有在室諸女，即以全戶四分之一給之，若又有歸
> 宗諸女，給五分之一。止有歸宗諸女，依戶絕法給外，即以其餘減
> 半給之，餘沒官。止有出嫁諸女者，即以全戶三分爲率，以二分與
> 出嫁諸女均給，餘一分沒官。〔註119〕

立繼子可以得到全部的家產，而命繼子最多只能得到三分之一的家產，且此
三分之一的家產總計不得超過三千貫，只有在所繼之家的家產總額達到兩萬
貫時，命繼子所繼承之限額才可達到五千貫。〔註120〕結合前述養子不孝遣還
歸宗之法律來看，養子之身份以及伴隨身份之權利大小極大程度上決定於養
老責任的履行。生不養、死不葬，不得爲人之子，可遣還歸宗而得不到任何
財產，無生養之責，僅需依時祭祀，則所享之財產權利亦減少。

〔註118〕（清）徐松：《宋會要輯稿》食貨六一之六四，頁5905c。
〔註119〕《名公書判清明集》卷之八《戶婚門·立繼·命繼與立繼不同》，第266頁。
〔註120〕《名公書判清明集》卷之八《戶婚門·女承分·處分孤遺田產》：「諸已絕之
　　　　家而立繼絕子孫，謂近親尊長命繼者。……若無在室、歸宗、出嫁諸女，以
　　　　全戶三分給一，並至三千貫止，即及二萬貫，增給二千貫。」第288頁。《淳
　　　　熙戶令》有「戶絕之家，繼絕者，其家財物許給三千貫；如及二萬貫，奏裁」
　　　　的規定，淳熙六年孝宗在丞相趙雄的奏請之下刪除了奏裁的規定，曰：「國家
　　　　財賦，取於民有制。今若立法，於繼絕之家其財產及二萬貫者奏裁，則是有
　　　　心利其財物也。」（清）徐松：《宋會要輯稿》帝系一一之九，頁217d。

　　隨母改嫁之子在宋法中稱為「義子」，他不是嗣子，原則上不享有所養之家的財產權，但是，盡了孝養義務的義子卻可以酌情分得一部分財產。這一點在習俗、法律以及司法實踐中都有體現。袁采在其《袁氏世範》中主張「若義子有勞於家，亦宜早有所酬，義兄弟有勞有恩亦宜割財產與之，不可拘文而盡廢恩義也」。〔註121〕法律上，北宋元豐六年（1083）有令文曾規定義子孫、隨母子孫現為保甲者，在分居時，也可「比有分親屬給半」。〔註122〕如果說此法是為了「優立科條，使外人肯以它姓代充保甲焉耳」，〔註123〕那麼，仁宗天聖四年（1026）《戶絕條貫》的訂立則主要是考慮了義子對所養之人有同居侍養之功並對所養之家有經濟之貢獻：

> 今後戶絕之家如無在室女有出嫁女者，將資財莊宅物色，除殯葬營齋外三分與一分，如無出嫁女即給與出嫁親姑姊妹侄一分，餘二分若亡人在日，親屬及入舍婿、義男、隨母男等自來同居營業佃蒔至戶絕人身亡及三年已上者，二分店宅財物莊田並給為主，如無出嫁姑姊妹侄，並全與同居之人。若同居未及三年及戶絕人子然無同居者，並納官。莊田依今文均與近親，如無近親即均與從來佃蒔或分種之人承稅為主。若亡人遺囑證驗分明，依遺囑施行。〔註124〕

　　此後由於朝廷關於戶絕財產的律令格敕臣僚起請太過繁雜而有詳定之條，義子繼承所養之家的財產份額有所減少，但與戶絕人同居三年以上者仍得量給財產。〔註125〕哲宗元祐七年（1092）義子若要獲得所養之家的財產則須「共居滿十年」。〔註126〕可見法律上無論義子可獲得的所養之家的財產份額為多少，其與所養之人同居日久均是必須具備的條件。同居日久，則表明對所養之人有侍養之功，因此，本不享有繼承權的義子可以獲得一部分的財產

〔註121〕（宋）袁采著，賀恒禎，楊柳注釋：《袁氏世範》卷之上《睦親·收養義子當絕爭端》，夏家善主編《中國歷代家訓叢書之三》，第44頁。

〔註122〕（宋）李燾：《續資治通鑒長編》卷三三二，元豐六年春正月乙巳，第8009頁。

〔註123〕（宋）程大昌：《演繁露續編》卷一《制度》，叢書集成新編，臺灣新文豐出版公司1985年影印本，第622頁。轉引自李淑媛：《爭財競產——唐宋的家產與法律》，第174頁。

〔註124〕（清）徐松：《宋會要輯稿》食貨六一之五八，頁5902c。

〔註125〕（清）徐松：《宋會要輯稿》食貨六一之五八，頁5902d。

〔註126〕（清）徐松：《宋會要輯稿》食貨六一之六一，頁5904b。

作爲報償。司法實踐中，在非戶絕的場合，法官亦可能會因義子同居日久而給予其部分財產。李子欽隨母嫁與譚念華之家，同居三十年，因繼父死後圖謀佔據譚氏家業而引發訴訟，法官對於其行爲極其痛恨，但是仍以其與父「同居日久」，又爲其父「所鍾愛」，因此特給一份。〔註127〕同居日久則對父有贍養、照顧，爲父所愛則表明其日常生活中對父有「孝」，正因爲有孝、有養，所以才能得到就養之家相當於一子之分的財產。

二、入贅之法對養老的保障

　　無子的家庭除了可以通過收養養子來實現養老之目的外，招納贅婿亦是一種選擇。招贅者，古已有之。《史記》載淳于髡即爲齊之贅婿，〔註128〕秦俗則是「家富子壯則出分，家貧子壯則出贅」。〔註129〕至宋代，贅婚成爲一種特殊但常見的婚姻形態，川、峽、劍南等地招贅成俗。〔註130〕富者招贅爲養老，貧者出贅則是利其資。然而，贅婿要想獲得所贅之家的財產，必須對所贅之家有所貢獻，包括居於所贅之家侍養岳父母，爲此家庭勞作並應役。

　　元豐六年（1083）神宗詔曰：「義子孫、舍居婿、隨母子孫、接腳夫等，現爲保甲者，候分居日，比有分親屬給半。」〔註131〕贅婿能夠獲得相當於一子之分一半的財產繼承份額正是源於其爲所贅之家承擔了鄉兵之役。在戶絕無子的家庭，由於子的缺席，贅婿承擔了主要的養老責任，出於對其養老行爲的回報，法律賦予了贅婿此種情況之下的財產繼承權。仁宗天聖元年（1023）有法曰：

> 　　義男、接夫、入舍婿並戶絕親屬等，自景德元年已前曾與他人同居佃田，後來戶絕，至今供輸不闕者，許於官司陳首，勘會指實，除見女出嫁依元條外，餘並給與見佃人，改立戶名爲主，其已經檢估者，並依元敕施行。〔註132〕

〔註127〕《名公書判清明集》卷之四《戶婚門‧爭業上‧隨母嫁之子圖謀親子之業》，第 124〜126 頁。

〔註128〕（漢）司馬遷：《史記》卷一百二十六《滑稽列傳》，第 3197 頁。

〔註129〕（漢）班固：《漢書》卷四十八《賈誼傳》，第 2245 頁。

〔註130〕（清）徐松：《宋會要輯稿》刑法二之四，頁 6497c。（元）脫脫：《宋史》卷四百三十七《劉清之傳》，第 12954 頁。

〔註131〕（宋）李燾：《續資治通鑒長編》卷三三二，元豐六年春正月乙巳，第 8009 頁。

〔註132〕（清）徐松：《宋會要輯稿》食貨六一之五七〜五八，頁 5902b〜c。

贅婿因與絕戶之人（即岳父母）同居日久，對岳父母有侍養之功，對妻家有營運之力，因此可以獲得相應的財產權利。而前引仁宗天聖四年（1026）的《戶絕條貫》則將與岳父母同居三年以上的贅婿財產繼承份額規定爲有出嫁女或其它已出嫁女性時的三分之二，和無以上女性時的全部。沒有血緣關係但是與岳父母同居之贅婿獲得了雖有血緣關係但並不與父母同居的女兒更多的財產，其原因正是在於二者所承擔的養老責任不同。

不過無子的家庭在招納贅婿之後又可能收養養子，此時贅婿的養老責任得以減輕，相應地其財產繼承之權亦會受到影響。

> （紹興）三十一年（1161年）四月十九日，知涪州趙不倚言：「契堪人戶陳訴，戶絕繼養、遺囑所得財產，雖各有定制，而所在理斷，間或偏於一端，是致詞訟繁劇。且如甲之妻，有所出一女，別無兒男。甲妻既亡，甲再娶後妻，撫養甲之女長成，招進舍贅婿。後來甲患危爲無子，隧將應有財產遺囑與贅婿。甲既亡，甲妻卻取甲之侄爲養子，致甲之贅婿執甲遺囑與手疏，與所養子爭論甲之財產。其理斷官司，或有斷令所養子承全財產者，或有斷令贅婿依遺囑管係財產者。給事中黃祖舜等看祥，欲下有司審訂中明行下，庶幾州縣有似此公事，理斷歸一，亦少息詞訟之一端也。

> 詔：祖舜看祥，法所不載，均（今）【分】給施行。〔註133〕

依據此法，由於養子的出現，贅婿即使有岳父的遺囑亦只能與養子均分財產，而不能全獲或如《戶絕條貫》所定得到三分之二之多。其後贅婿與養子均分的財產分配方法更被限定在一千貫以內適用，一千貫以上的仍給五百貫，一千五百貫以上的給三分之一，至三千貫止，剩餘財產全部歸養子繼承。〔註134〕

需要注意者，以上均分之法的前提條件是贅婿持有亡人遺囑，但司法實踐中，法官更注重的是該贅婿實際上是否盡到了孝養之責任，如果已經盡責即使沒有遺囑仍可與養子均分。蔡氏兩房無子，楊夢登、李必勝、趙必悊分別爲這兩房贅婿，後因爲立嗣之事發生糾紛，祖母范氏不願爲兒子立嗣，只希望依靠所贅孫婿養老，其族人又有爭立者，因此，法官判決蔡氏以拈鬮的方式解決立嗣糾紛，隨後對其財產作出了如下分割：

> 合以一半與所立之子，以一半與所贅之婿，女乃其所親出，婿

〔註133〕（清）徐松：《宋會要輯稿》食貨六一之六五，頁5906b。
〔註134〕（清）徐松：《宋會要輯稿》食貨六一之六六，頁5906d。

又贅居年深，稽之條令，皆合均分。〔註135〕

贅婿「贅居年深」，又為尊長所喜愛，足見贅婿當盡到了侍養之責，因此，法官給予了贅婿一半的家產。

既然贅婿對所贅之家的財產繼承權是以同居侍養為要件的，那麼一旦他離開了所贅之家歸宗或者出外居住，他的這種基於同居而獲得的繼承權就會喪失。

> 劉傳卿有一男一女，女曰季五，男曰季六，季六取阿曹為婦，季五娘贅梁萬三為婿。傳卿死，季六死，季五娘又死，其家產業合聽阿曹主管，今阿曹不得為主，而梁萬三者乃欲奄而有之，天下豈有此理哉！使季五娘尚存，梁萬三贅居，猶不當典賣據有劉氏產業。季五娘已死，梁萬三久已出外居止，豈可典賣佔據其產業手？〔註136〕

這裏，贅婿梁萬三出外居住已久，他對家產非但沒有繼承的權利，典賣處分的權利也是沒有的，其家產應由寡婦阿曹來管理。法官的這種處理很明顯地體現了贅婿可以繼承妻家財產的根據，即他的同居勞動的事實和對侍養義務的履行。梁萬三出外久居就沒能夠盡到對所贅之家的義務，因此無權對財產提出要求。

第三節　養老的經濟基礎：遺囑權、養老份與賜賞

老有所養除了需要得其人之外，還需具備一定的經濟基礎，這一經濟基礎包括老人對家庭財產的支配之權以及家庭本身的經濟條件。理論上，老人對家庭財產的支配之權主要體現在作為家長之時對家庭財產進行支配、處分的權利，對此，眾多研究家產的論著中已有詳盡的論述，〔註137〕本文主要關注的是老人以遺囑的形式處分家產的權利在法律與實踐中的體現以及在生分的場合法律與習慣對養老份的態度。此外，基於一種對老人的優恤，宋代時

〔註135〕《名公書判清明集》卷之七《戶婚門・立繼・探闖立嗣》，第205～206頁。
〔註136〕《名公書判清明集》卷之七《戶婚門・孤寡・宗族欺孤占產》，第236～237頁。
〔註137〕此類論著之典型包括：〔日〕中田薰：《唐宋時代の家族共產制》，載氏著《法律史論集》第3卷，岩波書店1943年版，第1295～1360頁。〔日〕仁井田陞：《中國身份法史》，東京大學出版會1942年版。〔日〕滋賀秀三：《中國家族法原理》，中國政法大學出版社2002年版。柳立言：《宋代同居制度下的所謂「共財」》，載氏著：《宋代的家庭和法律》，第325～374頁。

有對高年老人的賜爵賞物活動，並在一定範圍內著爲常法，這些因賜賞所得之經濟利益，也成爲老者養老之資的一部分。

一、遺囑權

　　以遺囑的形式處分財産，〔註138〕至遲在漢代已經出現。廣爲流傳的西漢沛中富民將財産全部遺囑予女兒而僅予兒子一劍的故事，即是典型的遺囑處分財産之例。〔註139〕《二年律令》中亦有相關的以「先令」分配財産的法律條文，〔註140〕1987 年出土於江蘇漢墓的一份元始元年（5）的「先令券書」則是漢時存在以遺囑處分財産之制的實證。〔註141〕唐代的法令中則明確地出現了「遺囑」一詞，並對遺囑規則作出了規定。至宋代關於遺囑的規則變得豐富和複雜起來。在這豐富複雜的遺囑規則之下，作爲家長的老人得借助於法律和習慣上的遺囑權實現養老期待。

　　依據宋法，以遺囑的形式處分身後財産，有一個前提條件，那就是「戶絕」。宋準唐《喪葬令》規定：「諸身喪戶絕者……若亡人在日，自有遺囑處分，證驗分明者，不用此令。」〔註142〕此後天聖四年（1026）的《戶絕條貫》也規

〔註138〕關於中國古代有否遺囑繼承的問題學界存在兩種針鋒相對的觀點，一爲否定說，認爲中國古代沒有現代意義上的遺囑繼承制，代表爲魏明道：《中國古代遺囑繼承制度質疑》，載《歷史研究》2000 年第 6 期；曹旅寧：《〈二年律令〉與秦漢繼承法》，載《陝西師範大學學報（哲學社會科學版）》，2008 年第 1 期；俞江：《家產製視野下的遺囑》，載《法學》2010 年第 7 期。一爲肯定說，認爲中國古代存在遺囑繼承制，代表爲邢鐵：《宋代的財產遺囑繼承問題》，載《歷史研究》1992 年第 6 期；姜密：《中國古代「非戶絕」狀態下的遺囑繼承制度》，載《歷史研究》2002 年第 2 期；乜小紅：《秦漢至唐宋時期遺囑制度的演化》，載《歷史研究》2012 年第 5 期。筆者傾向於第二種觀點，中國古代法律中對遺囑行爲的諸種限制並不能否定家長遺囑權的存在，即使是所謂的「分家遺囑」也有家長個人意志的體現。不同的社會之下對遺囑的限制或多或少，絕對自由的遺囑即使是被「否定說」學者譽爲遺囑繼承制度之源的羅馬法也不例外，因此並不能以中國古代有對遺囑的限制規則而否認遺囑繼承制度的存在。

〔註139〕楊奉琨校釋：《疑獄集·折獄龜鑒校釋》，第 386 頁。

〔註140〕《二年律令·戶律》：「民欲先令相分田宅、奴婢、財物，鄉部嗇夫身聽其令，皆參辨券書之，輒上如戶籍。」張家山二四七號墓竹簡整理小組編：《張家山漢墓竹簡（釋文修訂本）〔二四七號墓〕，第 54 頁。

〔註141〕參見陳平、王勤金：《儀徵胥浦 101 號西漢墓〈先令券書〉初考》，載《文物》1987 年第 1 期。

〔註142〕（宋）竇儀等撰，薛梅卿點校：《宋刑統》卷第十二《戶婚律·戶絕資產》，第 223 頁。

定以遺囑的方式處分財產的一個前提條件是「戶絕」，南宋的戶令亦規定「諸財產無承分人，願遺囑與內外緦麻以上親者，聽自陳，官給公憑」，〔註143〕也即「有承分人不合遺囑」〔註144〕。戶絕即是無男性子嗣，此時遺囑人的養老依靠如前所述或是寄託於義子、或是仰賴於贅婿，出於對義子和贅婿同居養老之責的認同，法律對於此種情景之下的無遺囑繼承已有規定。但如果亡人有遺囑，義子、贅婿的法定繼承權則要讓位於遺囑所確立的遺囑繼承權人。雖然包括義子、贅婿在內的亡人「內外緦麻以上親」也有可能成爲遺囑所選定的繼承人，但人之常情告訴我們，要想成爲遺囑繼承人，應當是能夠孝養遺囑人、盡到了養老之責者，不能孝養，沒有盡到養老之責者恐怕是不會從亡人遺囑中獲得利益的。

　　依戶絕法，在有承分人的場合，亡人不可將財產遺囑給法定承分人之外的他人。然而在實踐中以遺囑來排除或減少法定承分人繼承之權的情況並不少見，習慣上這種遺囑的效力當是爲人們所認可的，司法上，法官在處理相關糾紛之時，並沒有簡單地通過否定遺囑效力來解決糾紛，而是在認可遺囑效力的前提下，作出符合情理的折中裁判。如著名的張詠「三分予婿七分予子」的案例中張詠沒有徑行否認遺囑的效力並依據「父死子繼」之法將財產盡給親子，而是從揣測遺囑人眞實意願出發作出了三七之分。〔註145〕李行簡爲彭州推官時所斷繼母詐爲父親遺囑之案，亦可說明有承分人時亡人所爲遺囑在人們心目中是有效力的，否則繼母在家產有親子承分的時候何必僞造遺囑，且會使親子累訴而不得直呢？〔註146〕郎簡所斷贅婿僞造遺囑一案亦是如此，如果此時亡人無權將財產遺囑予法定繼承人之外的他人，那麼法官根本不需要辨別遺囑之眞僞即可裁斷案件，何必費心辨僞呢？〔註147〕以上說明在生活中、在司法上基於對家長家產支配之權的尊重，即使是在非戶絕的情況下家長所立之將家產分予非承分人的遺囑亦多會得到尊重。如此一來，無論是本應承分之人，還是無權承分者，唯有對作爲家長的父祖盡心孝養才可能

〔註143〕《名公書判清明集》卷之九《戶婚門・違法交易・鼓誘寡婦盜賣夫家業》，第304頁。

〔註144〕《名公書判清明集》卷之五《戶婚門・爭業下・繼母將養老田遺囑與親生女》，第142頁。

〔註145〕楊奉琨校釋：《疑獄集・折獄龜鑒校釋》，第386頁。

〔註146〕楊奉琨校釋：《疑獄集・折獄龜鑒校釋》，第303頁。

〔註147〕楊奉琨校釋：《疑獄集・折獄龜鑒校釋》，第303頁。

在遺囑繼承之制下實現繼承財產的期待。實踐中法官也確實會以遺囑所選定的繼承人是否盡到了孝養之責來判定遺囑的效力。王萬孫不能孝養父母，致使父母老病不得侍養，只能依靠女婿李茂先養生送死，因此，王父將其田產遺囑予李茂先承佃，王萬孫父子因此論訴十餘年。法官的態度十分明確，斥責王氏父子「囂訟不已」的行為是「背父母之命」，並仍依據遺囑肯定了李茂先的佃權，將素煩官司的王有成決竹篦二十。〔註148〕可見，由於父母遺囑權的存在，即使是法定繼承人如果不孝養父母，其繼承之期待亦將落空，而本無繼承權的盡了孝養之責者則可因遺囑獲得一定的財產利益。正是借助於此經濟利益上之控制，父母老人可以期望得到同居之人的孝養。

宋初所準之唐《喪葬令》以及天聖年間的《戶絕條貫》均不見對遺囑人處分財產的份額進行限制的內容，至嘉祐遺囑法亦未有限制。臣僚認為對遺囑財產的份額不加限制的嘉祐遺囑法旨在「慰天下孤老者之心」、「勸天下養孤老者之意」。不過似乎至遲在元祐元年（1086）之前開始有份額之限制，因此有臣僚上言恢復嘉祐舊法，獲得了皇帝的同意：

> 哲宗元祐元年（1086）七月丁丑：左司諫王巖叟言：「臣伏以天下之可哀者，莫如老而無子孫之託，故王者仁於其所求，而厚於其所施。此遺囑舊法，所以財產無多少之限，皆聽其與也；或同宗之戚，或異姓之親，為其能篤情義於孤老，所以財產無多少之限，皆聽其受也。因而有取，所不忍焉。然其後獻利之臣，不原此意，而立為限法，人情莫不傷之。不滿三百貫文，始容全給，不滿一千貫，給三百貫，一千貫以上，給三分之一而已。國家以四海之大、九州之富，顧豈取乎此？徒立法者累朝廷之仁爾。伏望聖慈特令復嘉祐遺囑法，以慰天下孤老者之心，以勸天下養孤老者之意，而厚民風焉。如蒙開納，乞先次施行。」從之。〔註149〕

可見，在宋人心目中，不受份額限制的遺囑處分財產制度有助於養老。然至南宋，三分之一的規定又被恢復，亡人只能對三分之一的財產進行遺囑，〔註150〕老人的遺囑權受到了限制。不過與宋以後法律對遺囑處分戶絕財產之制的忽視

〔註148〕《名公書判清明集》卷之四《戶婚門・爭業上・子不能孝養父母而依棲婿家則財產當歸之婿》，第126頁。

〔註149〕（宋）李燾：《續資治通鑑長編》卷三百八十三，哲宗元祐元年七月丁丑，第9325頁。又見（清）徐松：《宋會要輯稿》食貨六一之六一，頁5904b。

〔註150〕（清）徐松：《宋會要輯稿》食貨六一之六六，頁5906d。

相比，〔註151〕宋代老人三分之一的遺囑權更有利於養老。

二、養老份

　　宋人周密的《癸辛雜識》記載了這樣一個故事，一位年老的官員將「家務盡付之子，身旁一文不蓄，雖三五文亦就宅庫支」，但其宅庫常常推託牽掣，不滿足其要求。後得一婢，對其照顧無微不至，年限已滿之後仍願意不加雇錢繼續服侍，且其雇錢多年不索取，累計達八百千，由於老者「身旁無分文」，因此打算以某莊租米折價作雇錢，但被身爲知府的兒子阻止，仍令到宅庫支錢，「而宅庫常言缺支用，拒而不從」，其後又欲以糶米之錢一千八百貫爲其酬勞，仍未得立即施行，爲防止日後爭訟，老人只得寫下證明文書。〔註152〕由這個故事可以看出，由於老年之人「怠於管幹」而將家計交由子孫處理，因此可能陷入經濟不自由的境地。生前分割家產亦會導致這種現象。〔註153〕

　　這種經濟的不自由顯然會影響到老人的晚年生活。除了寄希望於子孫盡孝而供養不闕之外，爲了避免這種被動不自由的局面，有些父母在分割家產之時，會留下一部分田產或浮財作爲養老之資，我們姑且稱之爲養老份。這種做法在某些地區已經成爲一種風俗，如福建地區「家產計其所有，父母生存，男女共議，私相分割爲主，與父母均之」，〔註154〕嶺南地區亦是「父子別業，兄弟異財」。〔註155〕這種在分割家產之時留出養老份的習俗符合老人的利益，有

〔註151〕元代法律規定：「身喪戶絕別無應繼之人，（謂子任弟兄之類。）其田宅浮財人口頭足盡數拘收入官。」《大元通制條格》卷第三《戶令・戶絕財產》，第28頁。明《戶令》規定：「凡戶絕財產，果無同宗應繼者，所生親女承分。無女者，入官。」《大明律》附錄《大明令・戶令》，法律出版社1999年版，第242頁。《大清律例》卷八《戶律・卑幼私擅用財》：「戶絕財產，果無同宗應繼者，所有親女承受。無女者，聽地方官詳明上司，酌撥充公。」法律出版社1998年版，第187頁。此中戶絕時亡人的遺囑均未被提及。

〔註152〕（宋）周密：《癸辛雜識》，「銀花」，第272～274頁。

〔註153〕《大元通制條格》卷第三《戶令・親在分居》：「伏見隨路居民有父母在堂，兄弟往往異居者，分居之際，置父母另處一室，其兄弟諸人分供日用，父母年高自行拾薪，取水執爨爲食。或一日所供不至，使之詣門求索。或分定日數，令父母巡門就食，日數才滿，父母自出，其男與婦亦不懇留。」第27頁。

〔註154〕（清）徐松：《宋會要輯稿》刑法二之四九，頁6520b。

〔註155〕（宋）樂史：《太平寰宇記》卷一六一《嶺南道五・高州》，第3088頁。

利於減少養老糾紛，因此逐漸地獲得了國家法律的認可，至南宋淳祐七年（1247）有關於養老田撥給的敕令所看詳之法「平江府陳師仁分法」。〔註156〕法官有時也以此法強制分割家產，留出養老份。方文亮有三子，長男次男爲亡妻所生，幼男爲妾李氏所生，次男死有子仲乙。方文亮死後，家業由長男主管，因生吞併之心，致使仲乙破蕩。法官因此根據前法撥田給李氏贍養，其餘家產作三份均分，各自立戶。並以此爲「下合人情，上合法意」。〔註157〕

不過，養老份所佔家產的額度並沒有固定的比例。如前述福建地區是與諸子均分，記錄於《吳中葉氏族譜》中的一份分家遺書中父母所保留的養老份則是家產的十分之三：

> 山頭巷住人葉廿八，同妻某氏，請到親族楊三十一秀、徐十八秀、葉廿四秀等，寫立遺囑。有身正室某氏，生長男葉椿、次男葉柏、三男葉桂、七男葉樞。側室某氏，生四男葉槐、五男葉榆、六男葉梅。七男俱已娶妻完聚。不幸葉梅早卒無後。有身仰賴祖宗遺蔭，頗成家業。今將現在房屋山地家私什物，均作十份。除葉柏出贅外，葉椿嫡長得二份，餘四子各得一份。葉桂早卒，遺孫葉堂孤苦，同葉梅妻某氏共又得一份。餘三份老身養贍送終，並應門戶，待老身天年之後，所遺三份照前均分。此係出於至公，並無私曲，亦無更分不盡之財。既分之後，榮枯得失聽由天命。所有家私明寫分書之上，永遠爲照。〔註158〕

另一案件中，徐氏在夫亡之後將家產一分爲五，一份給予養子，一份自己佔有作爲養老之資，餘下由其親生二子佔有，則此時的養老份額爲家產的五分之一。〔註159〕

養老份雖是作爲父母養老之用，然在性質上仍屬於家庭未分之業，將來父母死後仍作諸子均分，因此，在其處分上仍應遵循家產處分的一般規則。首先，父母有對該產的支配之權，未經父母同意子孫不得典賣。寡婦阿宋有

〔註156〕《名公書判清明集》卷之九《戶婚門·違法交易·業未分而私立契盜賣》，第303頁。

〔註157〕《名公書判清明集》卷之九《戶婚門·違法交易·業未分而私立契盜賣》，第303～304頁。

〔註158〕《吳中葉氏族譜》（清宣統辛亥年增修本）卷六十四雜誌丙故事，雍正舊譜，轉引自仁井田陞《唐宋法律文書の研究》，第603～604頁。

〔註159〕《名公書判清明集》卷之九《戶婚門·違法交易·已出嫁母賣其子物業》，第303頁。

三子，家產均分與三子之外，餘下兩池一地作爲養老之資。次子因故將母親養老份中的一份抽出典賣，此行爲獲得母親的同意，契書上亦有母親的簽押，因此其效力並未被法官質疑。買主又想吞併其餘二份，因此僞造賣契，被法官識破。其原因之一就在於該契上並沒有母親宋氏的簽押。〔註160〕

其次，正如寡居的母親對一般家產的處分權受到諸多限制一樣〔註161〕，其對養老田的處分亦受到制約，買賣、遺囑以及隨嫁均爲不可。前案中，無論是眞實的買一份養老田的契約還是買主後來僞造的意圖吞併其餘二份的契約中，除了要有母親阿宋的簽押，還需要該份田產的最終權利人——子的簽押。否則違法之人也不必僞造兒子的簽押了。寡母雖可遺囑處分養老之田，但仍須遵守遺囑財產之規則。蔣森之妻葉氏在夫亡之後將家產共258碩分割爲三，抱養之子得170碩，葉氏親生女31碩，剩餘57碩爲葉氏留作養老之資。後因養子破蕩家產，葉氏爲防止其所留養老田將來亦遭不肖之子賣盡，因此立下遺囑將此57碩田產留給自己親生之女。因此引發訴訟。法官的意見是，「葉氏此田，以爲養老之資則可，私自典賣固不可，隨嫁亦不可，遺囑予女亦不可」，其法律依據在於「諸財產無承分人，願遺囑予內外緦麻以上親者，聽自陳」。蔣家有承分之養子，因此法官認爲葉氏將養老田遺囑予親生女的行爲是違法的。〔註162〕雖然前文已經論述了在習慣上以及司法實踐中家長在有承分人時以遺囑將財產分配給非承分人的行爲往往會被認可，但是男性家長身份是一個不可忽視的因素，葉氏寡母的身份恐怕是其遺囑不獲認可的重要原因。最後，養老田雖專爲養老之用，但其仍爲家庭共同財產的一部分，持有養老田的寡母如果改嫁則無權處分養老田產。徐氏在諸子已經成年之後招到接腳夫，法官認爲招接腳夫的目的在於撫幼承門戶，因此徐氏的行爲是「嫁」而非「接腳」，既然已經嫁爲他人之妻，則不可處分前夫家業，其出賣自己養老田的行爲爲非法。〔註163〕

〔註160〕《名公書判清明集》卷之九《戶婚門·違法交易·買主僞契包並》，第305～306頁。

〔註161〕在戶絕狀態下，寡妻對保有的夫之財產只有使用之權而無處分之權；在寡母與成年之子同居的場合，母親擁有對家庭財產的監護之權，兒子的交易行爲需要母親的同意，而在寡母與幼子同居的場合，母親的交易行爲被嚴格禁止。參見石璠：《宋代弱勢群體法律地位探析——以寡婦、贅婿和養子爲例》，中國政法大學2004年碩士學位論文，第17～22頁。

〔註162〕《名公書判清明集》卷之五《戶婚門·爭業下·繼母將養老田遺囑予親生女》，第141～142頁。

〔註163〕《名公書判清明集》卷之九《戶婚門·違法交易·已出嫁母賣其子物業》，第303頁。

三、賜爵、封官與賞物

對高年老人給予物質賜賞和封賜官爵的做法由來已久。物質賞賜直接給予老人生活經濟上之幫助，賜爵高年雖在多數時候不直接涉及經濟利益，但「賜高年之爵，以助養老」〔註164〕之意當是可以肯定的。

漢代尤為注重養老，對高年老人賜爵賞物不僅僅是一種特恩性質的臨時措施，而是「著為令」的常法。〔註165〕此後兩晉南北朝時期亦多有對老人的賜賞措施。唐代對老人的賜爵賞物之制，多為特恩性質並無定制，但其面寬次頻，體現了唐代對老者的優容。〔註166〕宋代繼承前代之制，亦時有對高年老人賜爵賞物之舉措，雖「比唐不侔」，〔註167〕但其賜賞之制在一定範圍內曾著為定制，可算是一種超越。

筆者檢索史籍，將有宋一代對庶民老人普遍性的賜賞舉措概舉如下：

時　間	所賜	內　容	出　處
雍熙元年（984）十二月癸未	物	召京城耆耋百歲以上者凡百許人至長春殿，上親加撫慰。……各賜束帛遣之。	《續資治通鑑長編》卷二十五
端拱元年（988）正月乙亥	爵	大赦，改元。民年七十以上有德行為鄉里所宗者，賜爵一級。……賜諸道高年百二十九人爵為公士。	《續資治通鑑長編》卷二十九
端拱元年（988）五月乙未	爵	賜諸州高年爵公士。	《宋史》卷五《太宗本紀二》
淳化三年（992）三月庚申	物	賜高年白金器皿。	《宋史》卷五《太宗本紀二》

〔註164〕（宋）蘇軾：《蘇軾集》卷一百六《外制制敕·高密郡王宗晟建安郡王宗綽所生母孫氏封康國太夫人制》，見曾棗莊，劉琳主編：《全宋文》，第85冊，第177頁。

〔註165〕呂后二年即有高年給鬻之法（《二年律令·傅律》），文帝二年繼承受鬻之法的同時，又有對老者賜物之制，並著為令（《漢書·文帝紀》），受鬻法至武帝建元元年仍在實施（《漢書·武帝紀》），且行之兩漢。又《二年律令·傅律》又專有高年老人受杖之制，受杖老人享有賦稅、刑罰、禮儀等多方面的優待，此制亦行之兩漢（武威《王杖詔令冊》、《王杖十簡》）。另可參見郭浩：《漢代「養老令」考辨》，載《合肥師範學院學報》2010年7月。特恩性的賜賞亦屢見於史籍，參見王文濤：《秦漢社會保障研究》，第140～146頁。

〔註166〕參見王春花：《唐代老年人口研究》，第89～100頁。

〔註167〕（宋）洪邁：《容齋隨筆》卷之九《老人推恩》，第115～116頁。

時　間	所賜	內　容	出　處
淳化四年（993）二月壬戌	物	詔賜京城高年帛，百歲者一人加賜塗金帶。是日，雨雪，大寒，再遣中使賜孤老貧窮人千錢、米炭。	《宋史》卷五《太宗本紀二》
咸平二年（999）十一月辛丑	物	賜京城父老衣帛。	《宋史》卷六《眞宗本紀一》
咸平二年（999）十一月壬戌	物	賜澶州父老錦袍、茶帛。	《宋史》卷六《眞宗本紀一》
大中祥符二年（1009）閏二月戊辰	物、爵、官	赤縣父老，委本府犒設。年八十已上賜爵公士，九十已上者授攝助教。仍歲賜粟帛終其身。	《宋大詔令集》卷第二百一十五《恩宥上・宴開封府射堂降罪詔》
天禧元年（1017）六月壬申	物	西京諸城內耆老年八十已上者，厚加宴勞，仍賜茶帛，免本戶差役。	《宋大詔令集》卷第一百四十三《原廟・應天院奉安畢西京管內見禁減降德音》；《宋史》卷八《眞宗本紀三》；《續資治通鑑長編》卷九十
天聖元年三月（1023）丙子	物	西京……城內民八十以上，免其家徭役，賜茶人三斤，帛一疋。	《續資治通鑑長編》卷一百
明道二年（1033）二月丁未	物	民年八十以上，每遇長寧、乾元節，許赴州縣燕設。	《續資治通鑑長編》卷一百一十二
慶曆七年（1047）七月甲申	物	父老年八十以上者，並加勞酒食，仍各賜絹二匹，臘茶一斤。	《宋大詔令集》卷第一百四十三《原廟・奉安三聖御容於鴻慶宮曲赦南京德音》
皇祐元年（1049）十一月丙寅	物	詔河北被災州軍民年八十以上及篤疾貧不能自存者，即其家人賜米一石，酒一斗，毋得呼擾。	《續資治通鑑長編》卷一百六十七
嘉祐四年（1059）十月癸酉	爵（官）	男子百歲以上者特推恩命。	《續資治通鑑長編》卷一百九十
嘉祐五年（1060）十一月辛巳	官	補諸州父老百歲以上者十二人爲州助教。	《宋史》卷十二《仁宗本紀四》
熙寧二年（1069）五月甲午	官	台州民延贊等九人，年各百歲以上，並授本州島助教。	《宋史》卷十四《神宗本紀一》
元祐二年（1087）十月	物	西京……耆老年八十以上者，人給酒食、茶絹，常加存恤。	《續資治通鑑長編》卷四百六

時　　間	所賜	內　　容	出　　處
大觀元年（1107）	官	大赦天下，民百歲，男子官，婦人封；仕而父母年九十，官封如民百歲。	洪邁《容齋三筆》卷之九《老人該恩官封》
大觀三年（1109）三月二十五日	物	定州奏：「婦人王氏年百三歲，已封長壽縣君，無子孫侍養，良可矜恕。乞月給常平司錢三貫。應男子婦人百歲以上無人侍養者，著為例。」從之	《宋會要輯稿》儀制一〇之二八
紹興二十九（1159）年正月一日	官、物	士庶男子婦人年九十以上，與初品官，婦人與封號……士庶祖父母年九十以上，並特與官封……士庶男子婦人年八十以上給賜束帛……，臨安府迎駕起居，父老年格合得封賜外，與倍賜束帛……仍令州縣尊禮高年，常加存恤，以示優老之義，使為子者同樂以致其養，居鄉者尚齒而達於尊。	《宋會要輯稿》后妃二之一一～一二
淳熙二年（1175）十二月十七日	官	無問於已仕未仕之父母，第其年之如詔者而授之官。	周輝《清波雜志》卷一《慶壽推恩》，《宋會要輯稿》崇儒一之四一
慶元五年（1199）八月丙戌	官	庶人百歲並與官封。	《建炎以來朝野雜記》卷一《壽康宮進香》
開禧二年（1206）	官、物	應本州父老，令長吏致問，優給錢酒，年九十以上者，給賜束帛，百歲以上特與官封，婦人與封號。	岳珂《愧郯錄》卷一二《開禧復泗州赦》
	官	百歲老人授官致仕	虞儔：《尊白堂集》卷五《百歲老人授官致仕制》

除此之外，還有一些針對擁有官品的老人、品官或太學生之父祖老人以及對某個別老人的賜賞。從上表來看，兩宋之際，對高年老人進行物質賞賜和官爵賜封時有為之，所封之爵位通常為「士」，「公士」，所授之官除了「助教」之類的散官之外，多數概括地說「初品官」、「官封」、「攝官」等。依據宋制，「士」、「公士」之類的爵位為榮譽性的封賜，並無實際經濟利益，除屬於散官的「助教」得依據相應待遇半給俸祿之外，其它的不確定具體官名的

官封亦是沒有實際經濟利益的。而所賜之物主要以帛、粟、茶爲主，量也較小，且多數時候並非定制，因此只能在一定程度上改善高年老人的經濟生活條件。不過前表中大觀三年（1109）定州所奏對百歲而無人侍養的老人每月給以常平錢三貫作爲經濟幫助的做法「著爲例」之後便成爲了常行之法，可以算得上是一種對百歲老人的制度化經濟援助。此外，如上表，紹興二十九年（1159）正月的慶壽敕對士庶高年予以封官賜物，爲保證該敕令的實施，次月皇帝又專有詔令：

> 前降詔書，士庶子婦人年八十以上給賜束帛，令戶部行下諸路州軍，如有縣間有闕乏，未曾給賜處，仰于上供物帛內支給，不得減裂違戾。」續有旨：「如闕本色，可依市價折錢，于上供錢內支給。〔註168〕

以此來看，對老人的物質賜賞量雖少，但有具體的履行方法和途徑。原則上，對老人的物質賜賞是從地方財政中支給的，當地方錢用不足時則可因皇帝之詔令而從上供錢物中支給，因此可將這雖然小量但畢竟對老人之經濟生活有所幫助的物質賜賞落到實處。劉克莊在地方任內處理過一個地方因藉口財政不足而拒絕發給高年老人錢絹酒米的案件，其判詞曰：

> 高年之人，支給些小錢絹酒米，此朝廷曠蕩之澤也，奈何以郡計艱窘之故而廢格上恩乎？牒州，限一日取交領申。〔註169〕

可見在實際生活中給予老年之人物質賜賞雖然量小但確有實施。

也正是因爲這些賜賞確有實施並能夠帶來眞實的經濟利益，因此，有人不惜僞造年齡以圖騙取賜賞，而眞正貧窮的老人卻反而被遺漏。洪邁對此頗有感慨地說，如果宋代對老人的賜賞如唐代般頻繁面廣，將如何是好啊！〔註170〕而宋人周煇則指出爲防此弊須「嚴保任之制」：

> 國家慶壽典禮，千古未聞錫類施澤下逮士庶，婦人、高年亦加版授，誠不世之恩也。然增加年甲，僞冒寖出，向來臺臣固已論列，而嚴保任之制。近見一文士作《溫陽老人對》，切中此弊。其辭曰：「溫陽之山有老人，行年一百二十矣。淳熙登號之三年，朝廷舉行

〔註168〕（清）徐松：《宋會要輯稿》禮六二之六七，頁1728b。

〔註169〕《名公書判清明集》附錄三《後村先生大全集·坊市阿張狀述年九十以上乞支給錢絹事》，第622頁。

〔註170〕（宋）洪邁：《容齋隨筆》卷之九《老人推恩》，第116頁。

曠世之典，有采樵者進而問之曰：『今天子朝太上皇德壽宮，奉玉卮上千萬歲壽，肆大號，加恩區內，無問於已仕未仕之父母，第其年之如詔者而授之官。叟何爲而弗與？』老人對曰：『吾未及其年。』樵者曰：『叟年逾期頤，若爲而未及？』對曰：『天有二日，人有二年：有富貴之年，有貧賤之年。富貴之年舒以長，貧賤之年促以短。吾自幼至老，未嘗識富貴之事。身不具毛褐，不知冰綃霧縠之爲麗服也；口不厭藜藿，不知熊蹯豹胎之爲珍羞也；目不睹靡曼之色，而蓬頭齪唇之與居；耳不聽絲竹之音，而菱歌牧嘯之爲樂。今吾雖閱一百二十二年之寒暑，而不離貧賤，若以二當一，則吾之年始六十有一，與詔不相應，是以爲未及，又何敢冒其官！』曰：『今之世有年未及，益其數，求以應詔者，朝廷亦官之，何也？』對曰：『彼富貴者也，吾固言之矣，是所謂以一而當二者也。其學寧越之徒歟？吾儕小人，不敢求其比。』樵者笑而退。」輝既得其說，竊惟主上孝奉三宮，十年一講盛禮，鴻恩錫類，方興未艾。在位者其思有以革之！庶幾名器增重，不致冒濫，人得以爲榮。〔註171〕

　　當然，諸如賜爵、封官、賞物予老人之類的舉措，雖在一定程度上確實可以改善老人的經濟生活，成爲其養老的經濟保障之一，但這類舉措的勸諭意義要大於經濟意義。朝廷對老人的優待賜賞之制，有利於在民間推廣「尊老孝親」之風，老年之人因此可間接得到儘量好的生活照料。

本章小結

　　老年之人居家而得以養者，一在得其人，二在有其財。爲保證老年之人居家而得人侍養，法律對有子的家庭與無子的家庭均有照顧。對於有子的家庭，法律規定了老疾給侍之制，高年老人得配侍丁，侍丁依法可獲免役，在犯罪當受刑罰之時則有緩刑和換刑之法。不過由於宋代役法本身的複雜混亂，侍丁免役之制不如唐代完備，其實施亦或不及唐代，不過法律能在繁苛的役法之下承認侍丁免役的權利至少可以說明宋法對於侍丁養老之制的認可和對養老的重視。由於宋代重懲盜賊的刑罰政策以及折杖法的實施，侍丁的

〔註171〕（宋）周輝撰，劉永翔校注：《清波雜志校注》卷一《慶壽推恩》，第35～36頁。

緩刑和換刑制度在繼承前代的基礎之上又有自己的特色。侍丁死罪上請敕裁除須是非十惡死罪之外，還須不屬於持杖強盜、謀殺、故殺等嚴重暴力犯罪，其適用範圍縮小了，不過其奏報程序得以簡化；對於徒、流之刑，由於折杖法下已經無需居作或遠流，為保障侍丁能居家侍養的徒刑折杖以及流刑緩配之制已經無法體現對侍丁的特殊照顧，但為解決折杖法「刑輕不足以禁奸」的弊端而廣泛實施的編配等附加刑的適用中卻可因侍丁的養老之責而給予優待，主要表現在遠配之人可因祖父母、父母老疾無人侍養而移配近地，非嚴重暴力犯罪處普通流刑者可免於居作和編管，對被編配且永不移放的犯罪之人，可因祖父母、父母無人侍養而得因赦奏請量移近地。不過，「近地」畢竟不同「本州」，附加刑體系之下刑罰實際被加重的總體特徵對侍丁的緩刑和換刑之制亦帶來了不利的影響。

宋法的老疾給侍之制還體現在對傳統「委親之官」之制的發展上。對於家有祖父母、父母年老無人侍養的為官之人，法律規定須解官歸侍，否則一旦為言官彈劾可能意味著仕途的終止。不過，為使解官歸侍之人安心養親而無後顧之憂法律又規定其待養之責解除之後可予重新授官。另外，為使為官者既「盡忠」、又不「悖孝」，法律規定對於祖父母、父母老疾需要侍養的，可近地注官甚至可「不避本籍」為官。

除此之外，在以一定的在學時長為應舉要件的貢舉制度下，侍丁得免於離家入學，從軍之軍士不可委棄年老的祖父母、父母而投軍，為方便軍士照顧年老之祖父母、父母，法律為軍士移募近地提供方便。為保證父母得到子孫之侍養，宋法還對於棄父母而出家為僧的行為進行了限制，違法剃度者無論本人還是寺院相關人等均須承擔刑責。所有這些規定，都指向著同一個目的，那就是為有子家庭的老人獲得子的侍養提供保證。

無子的家庭可以通過收養養子或招納贅婿來實現其養老目的。法律保障無子之家能通過收養養子來實現養老的目的從收養關係的成立到其效力等方面均可體現。它曲徇人情，允許收養人養異姓為子，並一再放寬異姓收養之限制；在養子的選擇上尊重收養人的意願，與收養人關係不睦之人不可養以為子；在收養關係成立與否有爭議之時，養子孝養義務的履行與否則是法官裁判的重要依據。養子一旦為人所收養其身上就寄託著收養人的養老期待，因此其生身父母不可任意領回，養子本身也不可捨養父母而任意離去，但如果收養之子不孝悖逆使得收養的養老目的已不可能實現，法律允許養子之家

將所養之子遣逐歸宗。養子對所養之家的財產繼承權又因為其養老責任的不同而有差異，丈夫生前抱養之子和「夫亡妻在」的立繼之子與夫妻俱亡之後由尊長命繼之子相比需要承擔更多的養老責任，因此抱養子和立繼子的財產繼承權要明顯大於命繼子。同樣的，在依靠贅婿養老的家庭，贅婿對家庭財產的權利有無取決於其養老責任的履行與否，其權利的大小亦取決於其養老責任的大小，與岳父母同居年深者因對岳父母有養老之功可分得一部分財產，已經出外別居的贅婿則無權主張對妻家財產的權利，招贅後又有養子的場合，因贅婿的養老之責得以減輕，其財產權利亦相應減少。諸如此類皆是有養老需求的無子之家實現養老目的的法律保證。

老年之人要實現老有所養，還需有一定的經濟基礎，即要「有其財」，此「有其財」首先表現為作為家長的老人對家庭經濟的控制之權。作為家長的老人得以遺囑的形式處分身後財產，儘管宋代的遺囑條法以戶絕為遺囑的前提，但是非戶絕的情況之下以遺囑處分財產的行為多有發生，即使是「遺囑分產」行為之外的將財產遺囑予承分人之外的其它親屬的做法，只要是合理的，在司法實踐中多被遵守，而對這一遺囑行為合理與否的判斷，很大程度上取決於被遺囑人是否曾經盡到了養老之責。即使是法定繼承人如果不孝養父母，其繼承家庭財產之權可能被剝奪或縮減，而本無繼承權但盡了孝養之責者則可因亡人的遺囑獲得一定的財產利益。正是借助於此經濟利益上之控制，父母老人可以期望得到同居之人的孝養。其次，由於宋代生分現象的普遍，父母通常在生前就將家產分割予諸子，此時如果沒有留下養老之資的話，父母老人便可能限於經濟不自由的境地。為保證養老而有經濟基礎，有時父母生分之時會留出一部分財產作為養老份，此養老份在父母生前受父母支配，諸子不得侵佔盜賣。最後，高年老人可獲得政府不定期的賜爵、封官和賞物，這種賜賞甚至在一定範圍著為成法，成為常行之制，這有助於加強養老的經濟基礎並有助於在民間形成一種「尊老孝親」的社會風氣，從而使得老人能夠得到更好的照料。

第三章　優老之法

　　《禮記·曲禮》以十年爲一等對人生作了階段性劃分，由幼弱到壯強再到艾耆老耄，不同的人生階段生理、心理有不同的特徵。五十爲「艾」，身體已經開始衰老，得開始享受各種優待，「五十不從力政，六十不予服戎」，〔註1〕八十、九十「雖有罪，不加刑」。〔註2〕這種對老年之人予以賦役和刑罰優待的思想爲歷代法律所遵循和實踐。宋代的優老之法在繼承前代法律的基礎之上，又因特定的社會條件和制度變化而呈現出自身的特點。

第一節　刑罰及訴訟優待

　　出於對老年人的矜恤和老年人自身的身體狀況所決定的較小的社會危害性的事實，歷代統治者都主張對老年人犯罪在刑罰處罰上給予優待，包括刑事責任能力的限制、刑罰執行上的變通等，同時在訴訟程序上亦給予老年涉訟者以諸多優待。不過，對老人的獄訟優待有時會與國家司法秩序相衝突，出於維護法律的權威和有力的刑罰威懾的考量，老年人的訴訟權利又會受到諸多限制。

一、刑事責任的承擔

　　老年人犯罪依據犯罪主體的不同，可以區分爲老年人自犯罪和緣坐獲罪兩種情形。每一種情形之下對老年人是否應當承擔刑事責任以及承擔何種刑事責任都有相應的規定，總的原則是減免。

〔註1〕《禮記正義》卷第十三《王制》，第 423 頁。
〔註2〕《禮記正義》卷第一《曲禮上》，第 20 頁。

（一）老年人自犯罪

對老年人自犯罪，可分別情形予以減免刑罰。這一原則可以溯源於《周禮·秋官·司刺》所載「三赦」之法，所謂「一赦曰幼弱，再赦曰老旄，三赦曰蠢愚」。《禮記·曲禮》亦有「八十、九十曰耄，七年曰悼，悼與耄雖有罪不加刑焉」的記載。漢代將之付諸實踐，從惠帝到成帝，均有赦降老幼犯罪的詔旨出臺，且將之著令入律。〔註3〕首先是在惠帝即位之時恩赦天下，詔令「民年七十以上若不滿十歲，有罪當刑者，皆完之。」〔註4〕所謂完是保持身體完整之意，即七十歲以上的老人和不滿十歲的孩童犯罪當處肉刑之時，該肉刑不予執行。這一赦令後被寫入呂后二年的律文之中，其文曰：「公士、公士妻及□□行年七十以上，若年不盈十七歲，有罪當刑者，皆完之。」〔註5〕同時該律文亦規定對於老年犯罪之人又犯罪的也不適用肉刑，而以笞一百來代替。〔註6〕宣帝元康四年（公元前 60 年）又下詔規定八十歲以上的老人犯罪，如果不是誣告他人以及殺傷他人的，不追究刑事責任。〔註7〕其後有制詔御史認為八十以上之人所剩時日不多，因此又將這一對八十以上老人的優待施予七十歲以上之老年人，並著為令：

> 又制詔御史：七十以上，人所尊敬也，非首殺傷人，毋告劾，它毋所坐。年八十以上，生日久乎……明著令。〔註8〕

此外，漢代還有定期賜高年者「王杖」的制度，年七十以上者即可授以王杖，成帝建始二年（前 31 年）下詔：「年七十受王杖者，比六百石……犯罪耐以上，毋二尺告劾。」即對於受王杖的七十歲以上的老人，犯耐以上罪，

〔註3〕 參見（清）沈家本：《漢律摭遺》卷十《具律二》，載《歷代刑法考》，第 1565~1566 頁。劉俊文：《唐律疏議箋解》，第 306 頁。

〔註4〕 （漢）班固：《漢書》卷二《惠帝紀》，第 85 頁。

〔註5〕 張家山二四七號墓竹簡整理小組編：《張家山漢墓竹簡（釋文修訂本）》〔二四七號墓〕，《二年律令·具律》，第 20 頁。

〔註6〕 《二年律令·具律》：「……其有贖罪以下，及老小不當刑、刑盡者，皆笞百。」張家山二四七號墓竹簡整理小組編：《張家山漢墓竹簡（釋文修訂本）》〔二四七號墓〕，第 21 頁。

〔註7〕 孝宣元康四年又下詔說：「朕念夫耆老之人，髮齒墮落，血氣既衰，亦無逆亂之心，今或羅於文法，執於囹圄，不得終其年命，朕甚憐之。自今以來，諸年八十非誣告、殺傷人，它皆勿坐。」見（漢代）班固：《漢書》卷二十三《刑法志》，第 1106 頁。

〔註8〕 武威縣博物館：《武威新出王杖詔書令冊》，載甘肅省文物工作隊編：《漢簡研究文集》，第 35 頁。

普通司法機關無權直接審劾，而需比照六百石官犯罪時的「上請」規定處理。
〔註9〕到東漢時鄭司農注《周禮》「三赦」之法，引漢律云：「幼弱、老旄，若
今律令，年未滿八歲，八十以上，非手殺人，他皆不坐。」〔註10〕可見，綜
合來看，在漢代，老人犯罪分爲七十歲以上，八十歲以上二等：八十以上的
老人除犯殺人以及誣告罪須承擔刑事責任之外，其它犯罪皆不承擔刑事責
任；七十歲以上八十歲以下的老人犯罪需承擔刑事責任，但不受肉刑處罰，
七十歲以上受王杖者，犯耐以上罪須上請，且在一定時期與八十以上之老人
享同等之優待。

　　漢代法律的相關規定爲魏晉法律所繼承。茲列舉如下：

　　　　《晉書・刑法志》：若八十，非殺傷人，他皆勿論，即誣告謀反
　　者反坐。〔註11〕

　　　　《魏書・刑罰志》：年十四已下，降刑之半，八十及九歲，非殺
　　人不坐。……《法例律》：「八十已上，八歲已下，殺傷論坐者上請。」
　　〔註12〕

　　　　《魏書・高祖紀》：（太和十二年正月）乙未，詔曰：「鎮戍流徙
　　之人，年滿七十，孤單窮獨，雖有妻妾而無子孫，諸如此等，聽解
　　名還本。」（太和十八年八月）又詔諸北城人，年滿七十以上及廢疾
　　之徒，校其元犯，以準新律。事當從坐者，聽一身還鄉，又令一子
　　撫養，終命之後，乃遣歸邊；自餘之處，如此之犯，年八十以上，
　　皆聽還。〔註13〕

　　　　《隋書・刑法志》：梁……老小於律令當得鞭杖罰者，皆半之。
　　〔註14〕

　　唐律在繼承前代法律的基礎上對老年人犯罪的處罰規定更爲詳備，其律
曰：

　　　　諸年七十以上……犯流罪以下，收贖。（犯加役流、反逆緣坐流、
　　會赦猶流者，不用此律；至配所，免居作。）八十以上……犯反、

〔註9〕甘肅省博物館、中國科學院考古研究所編著：《武威漢簡》，140～143 頁。
〔註10〕《周禮注疏》卷第三十六《司刺》，第 947 頁。
〔註11〕（唐）房玄齡等：《晉書》卷三十《刑法志》，第 930 頁。
〔註12〕（北齊）魏收：《魏書》卷一百一十一《刑罰志》，第 2874，2885 頁。
〔註13〕（北齊）魏收：《魏書》卷七下《高祖紀下》，第 163 頁，第 174～175 頁。
〔註14〕（唐）魏徵等：《隋書》卷二十五《刑法志》，第 699 頁。

逆、殺人應死者，上請；盜及傷人者亦收贖。餘皆勿論。九十以上……
雖有死罪，不加刑；（緣坐應配沒者不用此律。）……若有贓應償，
受贓者償之。〔註15〕

也就是說，根據犯罪老年人年齡的不同分三等處罰，第一等爲七十歲以上不
滿八十的老人，若犯笞、杖、徒、流四等之罪，可以贖代刑；若犯加役流、
反逆緣坐流、會赦猶流的，不可以贖刑代替，而須眞流，但流至配所之後可
免除居作。第二等爲八十以上不滿九十的老人，若犯反、逆以及殺人死罪的，
上請皇帝裁決；犯盜罪以及傷人的，可以贖代刑；除此之外對其它犯罪行爲
不承擔刑事責任。第三等爲九十以上的老人，無論所犯何罪，均不承擔刑事
責任，又因八十以上的老人即使家人犯反逆重罪亦得免緣坐，因此注云「緣
坐應配沒者不用此律」的例外於八十、九十以上的老人並不適用。〔註16〕只
是在犯贓罪之時，即使是九十歲以上的老人，如果贓款入己亦須償還。

此外，法律還規定：「犯罪時雖未老、疾，而事發時老、疾者，依老、疾
論。」〔註17〕即如果犯罪時年齡在七十以下，事發時滿七十則可按照七十以
上犯罪贖免的規定處理，如果犯罪時屬於第一等應贖免之人，事發時年齡增
長爲第二等應贖免之人的，按照第二等贖免原則處理，以此類推。此外，對
於事發時未入應贖免之老年，而科斷之時入老的，亦應按照老年贖免的規定
處理。法律對老者的優待可謂曲盡。

以上原則在唐後期的實踐中有所變動：

①刑部式：諸準格、敕應決杖人，若年七十以上、十五以下及
廢疾，並斟量決罰。如不堪者，覆奏，不堪流、徒者，亦準此。八
十以上、十歲以下、篤疾，並放，不須覆奏。

②唐天寶元年十二月十八日敕節文：刑部奏准律「八十以上及
篤疾，犯反、逆、殺人應死者，上請。盜及傷人，收贖。餘皆勿論」。
臣等眾議：八十以上及篤疾人，有犯十惡死罪、造僞、劫盜、妖訛
等至死者，請矜其老疾，移隸僻遠小郡，仍給遷驢發遣。其犯反、

〔註15〕（唐）長孫無忌等撰，劉俊文點校：《唐律疏議》卷第四《名例律·老小及疾
有犯》，第80～84頁。

〔註16〕此注主要針對的是七歲以下的緣坐之人，按律，犯反逆者，十五以下子孫須
沒官。

〔註17〕（唐）長孫無忌等撰，劉俊文點校：《唐律疏議》卷第四《名例律·犯時未老
疾》，第84頁。

逆及殺人，奏聽處分。其九十以上十歲以下，請依常律。敕旨依奏。

〔註18〕

條①表明，對於依據律外之格、敕而犯杖、徒、流罪的七十歲以上的老人，不適用律文規定的「收贖」之制，而仍須承擔杖及配眞身的刑事責任，惟需考慮其承受能力進行酌量，如果身體不能承受的，需要上奏聽裁，八十以上身體不堪決罰的，法官得直接放免，無需上奏。條②則修正了律文關於八十歲以上老年人犯罪的處罰原則，對於犯本可「勿論」及「收贖」之「十惡死罪、造僞、劫盜、妖訛等至死者」不可再「勿論」或「收贖」，而須「移隸僻遠小郡」，實際上相當於處以流刑。但考慮到老者難行遠路，特「給遷驢發遣」。這兩條式、敕均是對律文中老年人犯罪減免刑罰的限制性規定，縮小了七十歲以上以及八十歲以上老年人得享受刑罰優待的範圍。「此類修正表明，有關老、小、疾人刑事責任之減免日趨加嚴。」〔註19〕

　　宋代關於老年人犯罪的刑罰原則基本繼承了唐律的規定，上述兩條式、敕亦爲《宋刑統》所準，對於前一式文，宋更是制定了令文予以重申和補充，南宋時的《慶元條法事類》有載：

　　　　諸年七十以上、十五以下，若廢疾特敕決杖，或犯加役流，反
　　逆緣坐流，會赦猶流應決者，並量決，不任者奏裁。〔註20〕

但由於宋代實施折杖法，笞、杖、徒、流皆可以折杖代替，所謂「流罪得免遠徒，徒罪得免役年，笞、杖得減決數」。〔註21〕這一變化對於七十歲以上之老年人犯加役流、反逆緣坐流以及會赦猶流等「三流」的實際處罰具有重大影響。依據刑統所載折杖辦法，加役流，折脊杖二十，配役三年；流三千里、二千五百里、二千里分別決脊杖二十、十八、十七，均配役一年。〔註22〕如此，則犯流罪者，皆無需流配遠方，只需決杖之後就地配役。依據「老疾有犯」的減免原則，七十歲以上之老年人犯「三流」須眞流遠方，但至配所之

〔註18〕（宋）竇儀等撰，薛梅卿點校：《宋刑統》卷第四《名例律・老幼疾及婦人犯罪》，第68～69頁。

〔註19〕劉俊文：《唐律疏議箋解》，第310頁。

〔註20〕（宋）謝深甫等撰：《慶元條法事類》卷七十三《刑獄門三・決遣・令・斷獄令》，楊一凡、田濤主編，戴建國點校：《中國珍稀法律典籍續編》第一冊，第745頁。

〔註21〕（元）馬端臨：《文獻通考》卷一百六十八《刑法七》。

〔註22〕（宋）竇儀等撰，吳翎如點校：《宋刑統》卷第一《名例律・五刑》，中華書局1984年版，第3～4頁。

後可免居作，與折杖法結合之後，流放、居作皆可以免除，而「流」所折之杖責是否亦可依據「老疾有犯」的規定贖杖呢？這一疑問在司法實踐中亦當使一些法官不知所措，筆者認為，正基於此，刑統中才有準唐《刑部式》之條，該條可作為法官在決罰七十歲以上老年之人時的參考：對於犯流須受杖的七十歲以上之老人應根據身體狀況酌量決罰，而不可贖免，不堪杖責的則需上奏皇帝裁處。如此一來，七十以上之老人犯「三流」之罪時，實際所受刑罰就有了重大變化，即既免居作亦無需流配他所，身體可堪杖責的，則需承受流刑折合杖刑之後的決罰，從二十至十七不等，身體不堪杖責的，則需上奏皇帝聽候敕裁，或可幸免。不過，唐宋時期七十歲以上的老人身體仍可堪刑責的恐怕是少之又少的，因此可以設想在絕大部分七十歲以上老年人犯三流之罪的場合，該老人即可免於居作，又可因「不堪刑責」而免受杖責。據此，似乎可以判斷由於折杖法的施行，宋代的老年人在刑罰優待上較唐為寬。

但是，由於折杖法實施後，造成「死刑重，生刑輕」不足以禁奸止惡，為彌補這一缺陷，宋在五刑主刑之外增設附加刑，包括配隸（分為刺面和不刺面）、編管、羈管、移鄉等，〔註23〕適用於強盜、殺人、奸贓等重罪犯。〔註24〕老年之人雖可因折杖法而免予流放和居作，又可因身體不堪杖責而奏請免予決杖，但是附加之編配等刑往往需真正履行。

（乾道）三年（1167）二月二十九日，詔右朝議大夫、直秘閣、權廣南東路提點刑獄公事石敦義特貸命，為癃老免真決，追毀出身以來文字，除名勒停，永不收敘，刺面配柳州牢城。以敦義任廣東提舉日盜用鹽腳贓賞錢等入己，及減尅鹽亭戶鹽本錢買銀入己，贓污狼籍，為言者論列，送大理寺勘鞫得實，故有是命。〔註25〕

（紹興【熙】三年（1192）七月）十三日，詔知嚴州葉籌特貸命，追毀出身以來文字，除名勒停，永不收敘，免真決，刺面配遠州牢城收管，仍籍沒家財。坐在任將公庫錢盜支入己。先是，臣僚論列，令浙西憲司勘鞫得實，宰執奏其年老不任真決，上只

〔註23〕 關於宋代的附加刑的研究可以參見戴建國：《宋代刑法史研究》；魏殿金：《宋代刑罰制度研究》。

〔註24〕 （清）徐松：《宋會要輯稿》刑法四之六五：「配隸、羈、編管之條，非奸贓、強盜、殺人貸命與夫鬥殺情重者，不以是罪之。」頁 6654a。

〔註25〕 （清）徐松：《宋會要輯稿》刑法六之三六，頁 6711c。

令刺配。〔註26〕

以上兩個案件中，當事人均由於年老而由皇帝下詔免予決杖，但是仍需承受所附加的刺配牢城之刑罰。由此看來，宋由於折杖法產生的輕刑效果在其附加刑的適用下並未給老年人帶來更多的優待。

不過，依據唐律以及繼承唐律的宋刑統的規定，七十以上之老年人犯杖以下罪時所受優待是收贖免刑，而到咸平元年（998）眞宗下詔疏決繫囚，將這一優待提高爲不必承擔刑事責任〔註27〕：「老幼疾患不任科責者，流、徒罪準律收贖，杖已下並放。」〔註28〕

此外，對於老年人中之孤貧者，宋法所給予的優待更爲明顯：

> （元豐五年（1084））二月五日，開封府言：「令文，諸老幼疾病犯罪應罰銅，而孤貧無以入贖者，取保矜放。本府日決獄訟，應贖者多孤寡貧乏，又無鄰保，不免責廂巡狀，以便取保之文。自今乞從（本府）審察貧乏直行放免。」從之。〔註29〕

據令，對於孤貧的老年人，在犯罪當贖的場合如果無錢可贖則只需找到擔保人即可放歸。這一規定本已是對老者的優待了，但地方司法官不宥於此，針對孤貧老者往往難以找到擔保之人的情況，請求如果查證該老者確爲孤貧之人便可直接放免，無需擔保人。這一請求獲得了皇帝的許可。這對老年犯罪之人來說無疑是種優待。

因此，總的來說，與普通人相比法律對老年人的刑罰優待還是顯著的。也正因如此，部分犯罪之人在接受審訊的過程中往往詐稱年老，以期在官司查對核實的空當遇到大赦〔註30〕，從而逃脫刑責，以致國家不得不制定法律予以禁止：

> 故自毀傷及詐稱瘡、病、產孕、老、幼、有蔭告身在遠，……

〔註26〕　（清）徐松：《宋會要輯稿》刑法六之四二，頁6714d。

〔註27〕　宋代杖以下可收贖的適用對象除了律文中的老疾之人外，從神宗熙寧變法後還擴大適用於普通百姓。（宋）李燾：《續資治通鑑長編》卷二二七，熙寧四年十月庚辰：「自今吏民犯杖以下，情可矜者，聽贖錢，以充助役。」第5534頁。

〔註28〕　（清）徐松：《宋會要輯稿》刑法五之五，刑法五之一八，頁6672a；6678c。

〔註29〕　（清）徐松：《宋會要輯稿》刑法六之一七～一八，頁6702b～c。

〔註30〕　戴建國：「宋三年一郊，郊必大赦，大行慶賞，已成慣例，即使一時無法行南郊大禮，慶賞卻不會因此中斷。」見：《唐宋變革時期的法律與社會》，第288頁。

官司信憑會問，各妨結斷而致會大禮赦者，亦不得原減。〔註31〕
該法可從側面說明在司法實踐中，對犯罪之老年人確實有不同於凡人的優待措施。所以審訊之時、定案之前對這一問題必須查證清楚，否則法官可能會承擔「失出入」之罪，相反那些作奸舞弊的司法人員則往往需要修改老年之人的戶籍年齡以達到入罪的目的。豪民王松龍、嘩民王元方自知有罪，受審之時急忙供述自己的年齡，以求脫罪。正是考慮到老年人犯罪優待之法的存在，該案的法官雖將二人各斷杖罪及編管，但仍要求相關部門查證二者的年齡之後執行。〔註32〕會稽人蔡定的父親蔡革已七十多歲，受獄吏雇傭抄寫，但因獄吏爲奸作弊受到牽連，鞫案之胥爲使其入罪而「削其籍年」。〔註33〕

實踐中，司法官也以「免斷」、「封案」、「訓誡」等方式來處罰老年人的違法犯罪行爲。寡婦阿馮受人鼓誘盜賣亡夫已遺囑予近親之財產，法官判決鼓誘人、牙人以及阿馮各堪杖一百，對阿馮的這項刑罰，則「年老免斷，監錢」，即免於堪杖而以錢贖。〔註34〕另一案件中，寄居當地的謝知府家甲頭胡成爲追逮逃竄的甲頭彭念九，而強押彭念九家人兄弟到謝府追究，因而被訴到官。謝家幹人睦晟卻又以彭念九不交納錢穀爲由訴訟到官。法官審理後認爲「至於逃竄，亦只得經官追其正身，豈得私出文引，追擾其兄弟，妄興詞訴，殘害其親戚？……委實切害。」因此將妄訴的睦晟「堪杖八十，枷項下案，監納未盡苗米，日呈夜寄收，俟納足日放」，而對於胡成，則由於其「已七十有一，且與免斷」。〔註35〕在胡石壁所斷的一件典賣田產的案件中，年老的趙端典得阿龍田產，到期阿龍取贖，趙卻藉故推脫，遷延佔據，依據「諸典賣田產，年限已滿，業主於務限前收贖，而典主故作遷延佔據者，杖一百」的法律，趙端本應判處杖一百的刑罰，但法官以其年老，封案〔註36〕暫時不

〔註31〕（宋）謝深甫等撰：《慶元條法事類》卷第十六《文書門‧赦降‧敕‧斷獄敕》，楊一凡、田濤主編，戴建國點校：《中國珍稀法律典籍續編》第一冊，第338頁。

〔註32〕《名公書判清明集》卷之十三《懲惡門‧告訐‧豪與嘩均爲民害》，第485～486頁。

〔註33〕（元）脫脫：《宋史》卷四百五十六《孝義傳‧蔡定》，第13414～13415頁。

〔註34〕《名公書判清明集》卷之九《戶婚門‧違法交易‧鼓誘寡婦盜賣夫家業》，第304～305頁。

〔註35〕《名公書判清明集》附錄二《勉齋先生黃文肅公文集‧彭念七論謝知府宅追擾》，第588～589頁。

〔註36〕封案，是宋代的一種緩刑制度，封案者所判刑罰可暫予執行。參見：戴建國：《宋代刑事審判制度》，載氏著：《宋代法制初探》；又見：戴建國：《宋代

罰。〔註37〕另一案件中，老而無居住之處的銀仲貴侵佔侄孫茅舍居住不還，且恃其年老爲不義之事，涉嫌燒毀該茅舍，但法官並未對其處以刑責，而是「責戒勵一次」，以觀後效。〔註38〕黃榦處理的一則女道士健訟案中，雖然法官對該老婦人痛恨至極，稱之爲「陰毒狠鷙之老婦人」、「老黠婦人如此之健訟者」，但最後沒有對其健訟行爲給予任何刑責。〔註39〕可見，實踐當中老年之人犯罪確實受到了優待。

在上述基本的減免原則之下，法律還規定了老年人在與他人共同犯罪的特殊情形之下的處刑原則。老年人由於體力日衰、智力日減，其犯罪多與他人共同行爲，或與家人共犯，或爲他人所教唆。不同情形之下如何確認老年者的刑事責任法律作出了相應規定。

1、家人共犯，止坐尊長，老者不坐

「家人共犯，止坐尊長」，這是唐宋律的共通規定〔註40〕，在家庭成員共同犯罪的情況下，法律規定只處罰尊長〔註41〕：

> 諸共犯罪者，以造意爲首，隨從者減一等。若家人共犯，止坐尊長。【議曰】共犯罪者，謂二人以上共犯，以先造意者爲首，餘並爲從。家人共犯者，謂祖、父、伯、叔、子、孫、弟、侄共犯，唯同居尊長獨坐，卑幼無罪。

此一規定乃是基於法律賦予了尊長較大的對家庭及其成員之控制權，相應地也應爲其家庭及其成員的行爲負法律上之責任。〔註42〕具體到犯罪行爲上來

刑法史研究》，第 288 頁；〔日〕宮崎市定《宋元時期的法制與審判機構》，載〔日〕川村康主編：《中國法制史考證》丙編第 3 卷，第 49 頁。

〔註37〕《名公書判清明集》卷之九《户婚門·取贖·典主遷延入務》，第 317～318 頁。

〔註38〕《名公書判清明集》卷之十《人倫門·宗族·訟曾叔祖占屋延燒》，第 392～393 頁。

〔註39〕《名公書判清明集》附錄二《崇眞觀女道士論掘墳》，第 583～584 頁。

〔註40〕（唐）長孫無忌等撰，劉俊文點校：《唐律疏議》卷第五《名例律·共犯罪造意爲首》，第 115～116 頁。（宋）竇儀等撰，薛梅卿點校：《宋刑統》卷第五《名例律·共犯罪分首從及不分首從》，第 94～95 頁。

〔註41〕「家人共犯，止坐尊長」的適用仍有一限制性規定，即家人共同所犯之罪非爲「侵損於人者」，即不是「盜竊財物」、「鬥毆殺傷」之類，此類家人共犯的罪行仍以首從論罪。此處討論的爲「非侵損於人者」之犯罪。

〔註42〕參見瞿同祖：《中國法律與中國社會》，第 26 頁。劉俊文：《唐律疏議箋解》，第 420 頁。關於家長（尊長）之責任學者的概括不盡相同，仁井田陞、錢大群、高明士等均有不同的概括，但「家人共犯，止坐尊長」這一責任幾乎爲

說，由於尊長擁有教令之權，家人共同的犯罪行為很有可能是尊長教令的結果，因此尊長當坐教令之罪；即使不是尊長教令犯罪，作為同居尊長對家人的犯罪行為應當是知情的，知情而不及時阻止犯罪行為的發生，亦屬有罪。南宋時，張光瑞與其子及婿乘人之危，偽寫契約，圖謀他人屋業，法官認為「子、婿均合斷罪，然皆張光瑞使之，罪在一身」，因此僅僅處罰了張光瑞。〔註43〕此為「家人共犯，止坐尊長」之法律的實踐。

但如果老年人與家人共同犯罪，該老年人往往為「尊長」，他是否因此要單獨承擔家人共犯之刑事責任呢？法律隨後以注的形式對需承擔刑事責任之尊長做出了年齡的限制：

> 注云：於法不坐者，歸罪於其次，尊長，謂男夫。【議曰】於法不坐者，謂八十以上、十歲以下及篤疾。歸罪於其次者，假有尊長與卑幼共犯，尊長老、疾，依律不坐者，即以共犯次長者當罪，是名「歸罪於其次」。〔註44〕

也即是說，在八十歲以上的老年尊長與同居家人共同犯罪的場合，該老年人不因其尊長身份單獨承擔家人犯罪之刑事責任，而是將該責任歸於次長者。當然該次長者亦不當是「於法不坐之人」。法律對老年人的優待可見一斑。

需要注意的是，依律文來看在家人共同犯罪的場合可以免於論罪的老年尊長僅限於八十歲以上之尊長，而不包括不滿八十歲之老年人。如果不滿八十歲之老年人與家人共同犯罪，仍須單獨承擔刑事責任。但實際上，由於「止坐尊長」的家人共同犯罪僅僅是「非侵損於人」的處刑為流以下的犯罪，如「脫漏戶口」、「嫁娶違律」、「私鑄錢」之類，七十歲以上不滿八十歲的老年尊長雖需承擔刑事責任，但按律亦是可贖的。且在實踐中，法官基於對老者之矜恤，往往並不嚴格按照法律規定的歸責原則處理「家人共犯」的案件，尤其在涉及婚田之訴時，法官只是簡單地將責任歸於壯年之家人。在黃榦處理的一起家產糾紛案件中，陳氏年老的父親與兄長共同教唆喪夫的陳氏攜帶妝奩田以及其亡夫以妝奩名義購置的田產回歸陳家，因而引發訴訟，法官認為「陳氏一婦人，陳文明亦老矣，其實則陳伯洪之罪也」，因此決定將陳伯洪

所有學者所認可。參見高明士：《唐律中的家長責任》。

〔註43〕 《名公書判清明集》卷之四《戶婚門·爭業上·乘人之危奪其屋業》，第131～132頁。

〔註44〕 （宋）竇儀等撰，薛梅卿點校：《宋刑統》卷第五《名例律·共犯罪分首從及不分首從》，第95頁。

杖六十。〔註45〕

2、教唆犯罪，坐其教唆者，老者不坐

老年之人，智力日衰，生活上又往往依賴他人，因此容易聽信和受制於人。有鑒於此，法律規定一定年齡的老年人爲人所教唆而犯罪的，在該老年人不承擔刑事責任的情況下，由教唆之人承擔：

> 九十以上，七歲以下，雖有死罪，不加刑……即有人教令，坐其教令者。若有贓應備，受贓者備之。【議曰】悼耄之人，皆少智力，若有教令之者，唯坐教令之人。或所盜財物，旁人受而將用，既合備償，受用者備之；若老小自用，還徵老小。〔註46〕

也就是說，九十歲以上的老年人受人教唆而犯罪的，只處罰教唆之人，老人不承擔責任，唯在所涉之罪爲贓罪的情況下，如果老年人受贓自用，則要求該老年人承擔返還的責任。需要注意的是，受人教唆只坐教唆之人的法律僅僅適用於九十歲以上的老年人和七歲以下的未成年人，對於不滿九十歲的老年人受人教唆而犯罪的，仍應依其自身情況承擔刑事責任。也即需要根據該老年人的具體年齡以及所犯之罪的輕重來判斷其是否要受到刑罰。

在筆者所接觸到的有限案例中，年老之人受人教唆所犯之罪大部分爲「誣告罪」。如《宋史·謝深甫傳》中記載了一老婦人以死事誣告他人之案：

> 歲饑，有死道旁者，一嫗哭訴曰：「吾兒也，傭于某家，遭掠而斃。」深甫疑焉，徐廉得嫗子他所，召嫗出示之，嫗驚伏曰：「某與某有隙，賂我使誣告耳。」〔註47〕

陸游《渭南文集》中亦記載了當時浙東安撫司參議陸靜之所斷一案：

> 有嫗訴子不孝二十條，公遽呼嫗問之，懵懂不能置一詞。逮問爲書者，則嫗之女婿實爲之。案驗詞服，一邑驚以爲神。〔註48〕

按照「誣告反坐」的原則，誣告之人當受所誣之罪的處罰。一般情況下法官亦以此原則來斷案。南宋時年老之人楊梓受方福教唆以殺人大罪誣告方三，

〔註45〕《名公書判清明集》附錄二《勉齋先生黃文肅公文集·徐家論陳家取去媳婦及田產》，第603～604頁。

〔註46〕（宋）竇儀等撰，薛梅卿點校：《宋刑統》卷第四《名例律·老幼疾及婦人犯罪》，第67頁。

〔註47〕（元）脫脫：《宋史》卷三百九十四《謝深甫傳》，第12038頁。

〔註48〕（宋）陸游：《渭南文集》卷三三《浙東安撫司參議陸公墓誌銘》，轉引自劉馨珺：《明鏡高懸——南宋縣衙的獄訟》，第293頁。

爲法官蔡久軒識破，於是將楊梓與方福二者處刑，「方福且從輕決脊杖十二，
編管五百里」，楊梓因年老得免徒役，但仍須編管鄰州。〔註49〕此案中，楊梓
雖年老，但未達九十以上，仍須對自己的誣告行爲承擔相應的責任。但依據
「教令人告事虛」之條來看，法官對於受教唆的老年人還是存有優待的，因
爲依據法律「諸教令人告，事虛應反坐，得實應賞，皆以告者爲首，教令爲
從」，〔註50〕而從犯相對於主犯來講應降一等處罰。但在上一案例中，法官雖
處罰了受人教唆誣告他人的老人楊梓，但其處刑卻明顯輕於當歸爲從犯的教
唆之人方福。

（二）老年人緣坐獲罪

老年之人由於身體原因，自己爲犯罪行爲的情況畢竟爲少數，多數場合，
其刑事責任的承擔歸因於親屬犯罪牽連自己而「緣坐」。一人犯罪，累及家屬
的「緣坐」〔註51〕之制最早可以追溯到《尚書》「予則孥戮汝」的記載，其後
秦亦有「三族之刑」，〔註52〕漢初去除亡秦苛法而曾短暫廢除三族之制，但不
久即恢復，並專門制定了有關緣坐之法的《收律》。〔註53〕其後各朝緣坐之制
存而不廢，唯在緣坐所適用的罪行及緣坐範圍上有一定變化。〔註54〕緣坐之
制對那些犯嚴重罪行的人不僅罪其己身，還罪其父母妻子等至親，目的在於
「重累其心」，加強刑法的威懾，所以一般情況下，在所涉犯罪爲反逆大罪的
場合，本可得減免刑罰的老年之人亦或不免於緣坐。不過，基於對老年之人
的矜恤，至遲南北朝之後，老人在因家人犯罪而緣坐之時往往有所優待。《隋

〔註49〕《名公書判清明集》卷之十二《懲惡門‧告訐‧誣訐》，第 485 頁。

〔註50〕（宋）竇儀等撰，薛梅卿點校：《宋刑統》卷第二十四《訟律‧爲人作辭牒教
令人告事》，第 428 頁。

〔註51〕「緣坐」有廣義和狹義之分，廣義上包括一人犯罪累及與之有親屬關係、
鄰伍關係或同職關係之人的多種制度，狹義上的「緣坐」僅指一人犯罪累
及親屬的制度，又稱「族刑」。此處討論的是狹義的「緣坐」。參見（清）
沈家本：《歷代刑法考》，第 81～86 頁；戴炎輝《中國法制史》，第 55～58
頁。

〔註52〕（漢）司馬遷：《史記》卷六《秦始皇本紀》：「三族高家以徇咸陽。」第 275
頁。

〔註53〕張家山二四七號漢墓竹簡整理小組編：《張家山漢墓竹簡（釋文修訂本）》〔二
四七號墓〕，第 32～33 頁。

〔註54〕參見馬作武：《族刑論》，載《法學評論》1997 年第 4 期；陳璽、姜舟：《中國
古代緣坐制度考辯》，載《貴州工業大學學報（社會科學版）》，2004 年第 3
期。

書‧刑法志》載梁朝之時「謀反、大逆已上皆斬。父子同產男，無少長，皆棄市」，又說「其緣坐則老幼不免，一人亡逃，則舉家質作」。後武帝下詔：「自今捕誦之家，及罪應質作，若年有老小者，可停將送。」也即老小之人因緣坐獲罪時可以從寬處理。〔註55〕至唐律對老人緣坐之法做出了更詳細的規定，其「老小及疾有犯」條：

> 諸年七十以上、十五以下及廢疾，犯流罪以下，收贖。注：犯加役流、反逆緣坐流、會赦猶流者，不用此律；至配所，免居作。〔註56〕

也即七十歲以上的老年人犯普通之流罪可以收贖，但因家人犯反逆之罪緣坐得流的，不可以贖免罪。其原因正如疏議所說：「反逆緣坐流者，逆人至親，義同休戚，處以緣坐，重累其心，此雖老疾，亦不許贖。」但七十以上之老人畢竟不同於壯年之人，因此即使需要真流，法律規定其至配所之後可以免除勞役。這不能不說是對老年之人的一種刑罰優待。又其《賊盜律》「謀反大逆」條規定：

> 諸謀反及大逆者，皆斬；父子年十六以上皆絞，十五以下及母女、妻妾、祖孫、兄弟、姊妹若部曲、資財、田宅並沒官，男夫年八十及篤疾、婦人年六十及廢疾者並免。〔註57〕

也即家人犯謀反及大逆之罪，與犯者非父子關係的年八十以上的老年男夫及年六十以上的老年婦人皆得免於沒官。此又是對老年之人的一種刑罰優待無疑。又其後「緣坐非同居」條規定：

> 諸緣坐非同居者，資財、田宅不在沒限。雖同居非緣坐，及緣坐人子孫應免流者，各準分法留還。注：老疾得免者，各準一子分法。〔註58〕

據此，八十以上之男夫及六十以上之老年婦女不僅可以免除反逆緣坐之罪，並且為保證其生活，在沒收反逆人家財的同時，需留出相當於分割家產時一

〔註55〕　（唐）魏徵等撰：《隋書》卷二十五《刑法志》，第699，701～702頁。

〔註56〕　（唐）長孫無忌等撰，劉俊文點校：《唐律疏議》卷第四《名例律‧老小及疾有犯》，第80～84頁。

〔註57〕　（唐）長孫無忌等撰，劉俊文點校：《唐律疏議》卷第十七《賊盜律‧謀反大逆》，第321頁。

〔註58〕　（唐）長孫無忌等撰，劉俊文點校：《唐律疏議》卷第十七《賊盜律‧謀反大逆》，第323頁。

個兒子所當繼承的財產份額作爲老者的養老之資。從這一規定可以看出，法律不僅在刑罰上對老年之人心存體恤，用刑寬恕，更是考慮到了老者的生活需求，爲其生存特留經濟保障。

　　宋代對老年之人緣坐獲罪的優待和減免原則基本繼承了唐律的規定，只是由於宋代的刑罰體系相較於唐代多有變革，因此，在具體的減免結果上存在差異。如前所述，折杖法的施行使得七十歲以上之老年人因家人反逆之罪而緣坐之時，已無需眞流至配所，可以折杖換刑，所折之杖的處罰亦可因其身體不堪杖責而減免。另一方面，由於宋代折杖法實施後「刑輕不足以禁奸止惡」，因此，在五刑之外增設各種附加刑以懲重犯，緣坐獲罪之人本罪決訖之後，往往附加配隸、編管等附加刑以示重懲。然而對於六十歲以上年老之人因緣坐獲罪應編管的，法律規定可以免除：「諸緣坐應編管而年六十以上、十五以下……並免。」〔註59〕

　　對老年人犯罪給予種種責任承擔上之優待乃是出於對老者的矜恤之心，同時也考慮到老年人身體衰弱，再次危害社會的可能性和破壞性較小。但是，有些年老之人依恃法律所規定的上述優待，故意爲非法之事，破壞統治秩序，對於此類人等，法律規定其所犯之罪不再可贖免，而需承受「鄰州編管」的刑罰：「諸憑恃老疾應贖而故有違犯，情不可恕者，鄰州編管。」〔註60〕

二、刑罰執行的變通

　　老年之人犯罪在裁判量刑之時可以享受各種優待而減免，而一個人的年齡是一個自然增長的過程，如果犯罪時、審判定罪時均未達到減免刑罰的年齡，裁判定案之後刑罰執行過程中入老的，其餘下的刑罰可否予以減免呢？《宋刑統》繼承唐律，對此作了原則性的規定：

　　　　諸犯罪時雖未老、疾，而事發時老、疾者，依老、疾論。若在徒年限內老、疾，亦如之。【議曰】假有六十九以下配徒役，或二年、三年，役限未滿，年入七十；又有配役時無疾，役限內成廢疾，並聽準上法收贖。故云「在徒限內老、疾，亦如之」。又，計徒一年三

〔註59〕　《慶元條法事類》卷七十五《刑獄門五・侍丁・敕・名例敕》，楊一凡、田濤主編，戴建國點校：《中國珍稀法律典籍續編》第一冊，第790頁。
〔註60〕　《慶元條法事類》卷七十四《刑獄門四・老疾犯罪・敕・斷獄敕》，楊一凡、田濤主編，戴建國點校：《中國珍稀法律典籍續編》第一冊，第773頁。

百六十日，應贖者徵銅二十斤，即是一斤銅折役一十八日，計餘役

不滿十八日，徵銅不滿一斤，數既不滿，並宜免放。〔註61〕

也就是說，如果刑罰開始執行之時沒有達到可收贖的老年，在刑罰執行過程中達到的，亦可以贖免刑，並在計算具體贖金之時將已徒役時間剔除，只贖餘役時間即可。不過，由於宋代折杖法的實施，犯罪人老疾的發生通常是在編配等具有「徒役」形式的附加刑的執行過程中。對此，宋法的「量移」之制又體現出了對老者的優待。

天聖九年（1031）仁宗下詔對配隸之人進行「量移」：

> 宜令廣南東西、荊湖南北、江南東西、淮南、兩浙、京東、京
> 西路轉運使副親往本路諸州軍監，取赦前見管雜犯、刺面不刺面配
> 軍，與逐州長吏、兵官同共取索配犯因依，勘會配到後有無違犯，
> 看詳揀選，就近體量移配……其年老病患者，看驗委寔不堪醫治充
> 役，即給公憑放停，遞歸本貫州縣知在，係帳編管。〔註62〕

即對經過看驗確實年老病患之配隸人，可以直接移歸本貫，並降刑等爲編管。〔註63〕至和七年（1060）的明堂赦對七十以上受編管者又降福音：「編管人年七十已上或篤疾者，不以赦數，並放（遂）〔逐〕便。」〔註64〕一般情況下，「宋代遇赦揀放制要求犯人必須達到一定的赦數量才能量移或放還」，〔註65〕而對於七十歲以上的老年編管犯人，不必計較其所經歷的赦降次數，一概放歸。元祐六年（1091）刑部建言，對於配沙門島的本不可移配、遇赦不可還鄉的重罪犯人，如果年齡已及六十以上，配在沙門島已經五年的，可移配較近的廣南牢城；年七十以上，配在沙門島已經三年以上的，可移配距離家鄉較近的州軍牢城。此一建議得到了皇帝的同意：

> 十一月十九日，刑部言：「配沙門島人，強盜親下手，或已殺人
> 放火，計贓及五十貫，因而強姦，親毆人折傷，兩犯至死，或累贓
> 滿三百貫、贓滿二百貫以上，謀殺人造意或加功因而致死，十惡本

〔註61〕（宋）竇儀等撰，薛梅卿點校：《宋刑統》卷第四《名例律·老幼疾及婦人犯罪》，第 67 頁。

〔註62〕（清）徐松：《宋會要輯稿》刑法四之一六～一七，頁 6629d～6630b。

〔註63〕戴建國先生依據《慶元條法事類》所載《編配人籍冊》以及其它旁證認爲在「編配」類附加刑中刺面配爲最重，其次爲不刺面配，再次爲編管，末爲羈管。見氏著《宋代刑法史研究》，第 228 頁。

〔註64〕（清）徐松：《宋會要輯稿》刑法四之二四，頁 6633d。

〔註65〕戴建國：《宋代刑法史研究》，第 366 頁。

罪至死，造畜蠱毒藥已殺人，不移配，並遇赦不還。而年六十已上，在島五年，移配廣南牢城；在島十年，依餘犯格移配；篤疾或年七十，在島三年已上，移配近鄉州軍牢城。犯狀應移而老疾者同；其永不放還者，各加二年移配。」從之。〔註66〕

宣和七年（1125）亦有相關敕文：

十一月十九日南郊制：「……其配軍、編管、羈管人係永不移放者，年五十五以上至今及十二年，年六十以上及七年〔註67〕，其餘緣坐編管、羈管人至今及七十，並具元犯聞奏，當議量輕重移改，或放逐便。若篤疾並年七十以上，編配及五年，驗寔特與放逐便。」〔註68〕

也即對於本屬永不移放的嚴重犯罪之人，如果年齡在五十五歲以上且編配至今已有十二年，年齡在六十以上且編配至今已有七年的，可以將其所犯上奏，皇帝依據其所犯罪情節輕重量移或放還。對年齡已達到七十歲的因緣坐而受編配之人亦當上奏聽裁，多數情況可得放免。〔註69〕對於年齡七十以上及篤疾之犯人，受編配已及五年的，考證得實後便可徑行放歸，無需奏裁。紹興九年（1139）正月及紹興十二年九月又均有相類似的敕文降下：

應配及編管、羈管人並特與減三年，三歲理爲揀放年限；永不量移或不放還者，若篤廢疾及年七十以上，仰所屬驗寔，特與放還。配軍年五十以上，到本處已及十年，年六十以上五年，編管、羈管人情重及五年，稍重及三年，情輕及一年，亦與放還。仰所屬限一月疾速依赦移放施行。〔註70〕

可見，年老之人在受編配之時，可因不定期的赦降而量移近鄉之地或直接放免，相較於普通編配之人量移近地需要以所經歷的赦數來確定不同，對於老年之人的量移一般是遇赦即可量移，不必計算赦數。被宣告爲永不量移或放還之人，即使遇赦亦不得量移放還，而對於達到一定年齡層次的老年犯人，通常予以特別照顧，准予量移或放還。並且這類刑罰優待不限於律文所規定的七十

〔註66〕（清）徐松：《宋會要輯稿》刑法四之三一，頁6637a。

〔註67〕原文作「七十」，據文意改爲「七年」。

〔註68〕（清）徐松：《宋會要輯稿》刑法四之四〇，頁6641d。

〔註69〕《慶元條法事類》卷七十五《刑獄門五·侍丁·赦·名例敕》：「諸緣坐應編管而年六十以上、十五以下……並免。若已編配而應免者，亦放。」此時的赦令將年齡從七十以上放寬爲六十以上。楊一凡、田濤主編，戴建國點校：《中國珍稀法律典籍續編》第一冊，第790頁。

〔註70〕（清）徐松：《宋會要輯稿》刑法四之四六，頁6644c。

歲以上的老年人，在幾乎所有的此類赦文中，年齡達到六十歲以上的均獲得了
特別照顧。不過，雖然量移之制在宋代已經相當成熟，但這一制度依賴於皇帝
的赦令，所以對於老年編配之人來講，量移和放還只是一種可能的優待預期。

三、訴訟的程序優待

　　老年之人除了享有各種刑罰處罰上之優待外，在訴訟過程中亦享有程序
上之優待。如起訴之時允許老年之人以「白紙入詞」，案件訊問和調查過程中
免於拷訊和追證等。

（一）白紙入詞

　　何謂白紙宋法中沒有明確規定，對其含意學者多爲推測，〔註71〕綜合來
看我們把它定義爲不符法定形式或未經法定程序的訴狀對本文的討論當無大
礙。《宋刑統》準後周敕節文規定起訴之人須自書或請人代書訴狀，只有不識
字且無法雇請他人代書的才可以投「白紙」：

　　　　其所陳文狀，或自己書，只於狀後具言自書；或雇倩人書，亦
　　於狀後具寫狀人姓名、居住去處。如不識文字，及無人雇倩，亦許
　　通過白紙。〔註72〕

所準此條敕文爲人戶越訴時適用。不過由於「邇來健訟之人多巧作緣故，妄
經臺省越訴」，有關部門要求對白紙越訴之人進行約束，「應陳詞人除軍期急
速、事干人命許越訴外，餘敢於宰執馬前投陳白紙及自毀傷者，並不得受理」，
獲得了皇帝的同意。〔註73〕白紙起訴受到了進一步的限制。同時，隨著宋代
司法制度的成熟，出現了專門代人寫狀的書鋪，廣泛分佈於州縣之中。這些
書鋪均是由官府認可並發予憑證的專門公證機構，〔註74〕無法自書訴狀之人

〔註71〕　日本學者平田茂樹認爲「白紙」是「未經書鋪依狀式書寫、書鋪未蓋印的訴
　　　　狀」，並認爲「白紙」與「白詞」、「白狀」類似。戴建國認爲「白狀」是「未
　　　　經長官審閱簽押的原始起訴狀」。劉馨君則認爲「白紙」「除了不依書鋪寫狀
　　　　規定的訴狀外，還包括訴狀內的證據不充分或當事人自行買『白紙』填寫狀
　　　　詞、契約公據」以及「未經書鋪代書蓋官印的訴狀」，但「白狀」當是指違法
　　　　撰寫的未經官府程序的判決書。參見劉馨君《明鏡高懸——南宋縣衙的獄
　　　　訟》，第73、78頁。
〔註72〕　（宋）竇儀等撰，薛梅卿點校：《宋刑統》卷第二十四《訟律·越訴》，第432
　　　　頁。
〔註73〕　（清）徐松：《宋會要輯稿》刑法三之三二～三三，頁6593d～6594a。
〔註74〕　關於宋代的書鋪，可參見戴建國：《宋代的公證機構——書鋪》，載氏著：《宋

需經書鋪代寫訴狀才可向官府投詞,「不經書鋪不受」。〔註75〕北宋末年李元弼所寫官箴書《作邑自箴》中即有關於對書鋪資格的獲得以及書鋪日常行爲規範的文字。〔註76〕

不過仍有相當一部分人以白紙入詞,李元弼因此特別指出州縣官在日常公文管理時應當將各種不同的狀子以及公文分類擺放並記錄於公事單子之上以期方便查找,其中就包括「白紙」。〔註77〕朱熹在巡歷台州之時即受理過「白紙」告狀的案件,〔註78〕在潭州任內之時,也常常收到諸多白紙狀詞。作爲巡歷之官接受人戶越訴,是特殊情況,但日常州縣工作中,頻繁接受白紙訴狀則會增加州縣衙門的工作壓力,因此將白紙告狀認爲是「紊煩官司」的行爲,並專門發文禁約人戶白紙入詞:

> 契堪人戶,多有不問事節緊慢,不候行押詞狀日分,輒行攔轎下狀,或投白紙。今立約束,攔轎狀詞並不受接。并所投白紙止是理訴婚田債負,即非緊切利害事件,亦非貧竇鰥寡孤獨無告之人,顯無忌憚,紊煩官府。自今後除貧竇、老病、幼小、寡婦,或被劫盜,並鬥毆殺傷,事干人命,初詞許於放詞狀日投白紙外,自餘理訴婚田債負,或一時互爭等事,人戶須管經由書鋪依式書狀,聽引狀日分陳理。如有似此違約束之人,定當重行斷罪。〔註79〕

意即只有貧竇、老病等需要特別幫助之人才能以「白紙」起訴,其它人如果不是事情緊急,干涉人命的案件均不許以「白紙」入詞,否則要對其斷以重罪。這裏對老年之人的訴訟優待得以體現。

(二)免於禁繫、拷訊和追證

在傳統中國的司法過程中,無論是爭罪之「獄」抑或是爭財之「訟」對涉案之原告、被告甚至是證人往往會予以拘禁,無關者待案件審理完畢之後方可放回。對被告之人更是會加以刑具約束其自由。不過,出於對老年之人

代法制初探》,第382~396頁。

〔註75〕 (宋)黃震:《黃氏日抄》卷七十八《公移·詞訴約束》。

〔註76〕 (宋)李元弼:《作邑自箴》卷三《處事》、卷六《勸諭民庶榜》、卷八《寫狀鈔書鋪戶約束》,官箴書集成編纂委員會編:《官箴書集成》第一冊。

〔註77〕 (宋)李元弼:《作邑自箴》卷四《處事》,官箴書集成編纂委員會編:《官箴書集成》第一冊,第77頁。

〔註78〕 (宋)朱熹:《晦庵先生朱文公集》卷第十九《奏狀·按唐仲友第四狀》。

〔註79〕 (宋)朱熹:《晦庵先生朱文公文集》卷第一百《公移·約束榜》。

的矜恤，法律在禁繫上往往給予老者一定的優待。漢景帝曾下詔：

> 高年老長，人所尊敬也；鰥、寡不屬逮者，人所哀憐也。其著
> 令：年八十以上，八歲以下，及孕者未乳，師、侏儒當鞠繫者，頌
> 繫之。〔註80〕

梁武帝時亦有「耐罪囚八十已上，十歲已下，及孕者、盲者、侏儒當械繫者……
並頌繫之」之法。〔註81〕唐《獄官令》對此亦有規定：

> 諸禁囚，死罪枷、杻，婦人及流罪以下去杻，其杖罪散禁。年
> 八十及十歲，並廢疾、懷孕、侏儒之類，雖犯死罪，亦散禁。〔註82〕

「頌繫」、「散禁」意思相同，均指雖拘禁但不戴刑具，「修整獄舍，廣其屋室，
至者頌繫，與平居不大相異」，〔註83〕其境遇與禁繫者迥然有別，而似日常之
居住。《宋刑統》在老年人的頌繫之法上一準唐法，且爲其《獄官令》所本。
〔註84〕實踐中，頌繫老年之人的法規亦爲州縣官所強調，南宋時的胡太初更
是將愼重對待老年被拘之人的告誡寫入了官箴：

> 刑獄重事也，犴狴惡地也，人一入其中大者死、小者流，又小
> 者亦杖，寧有白出之理？脫或差誤，胥吏奚恤？其咎必屬之。令縱
> 可逃陽罰，亦必損陰德，詎可不加謹哉？……羸老之人必察其有無
> 疾病，或致沉重，徒見費力。婦人女子必察其有無娠孕，脫有墮墜，
> 無以自明。此所以禁繫之不可不審也。……況吏輩受賂，則雖重囚
> 亦與釋放安寢，無賂則雖散禁亦必加之縲絏，最不可不躬自檢
> 察。……此所以鞠視之不可不親也。〔註85〕

對老年之人，在禁繫之時一定要查驗其身體狀況，審愼對待，如果因爲禁繫
不當造成病情加重，長官難脫其責，即使僥倖沒有被處罰，自己也會心有不

〔註80〕　（漢）班固：《漢書》卷二十三《刑法志》，第1106頁。
〔註81〕　（唐）魏徵等：《隋書》卷二十五《刑法志》，第700頁。
〔註82〕　〔日〕仁井田陞著，栗勁、霍存福、王占通、郭延德編譯：《唐令拾遺》，第
　　　　　715頁。
〔註83〕　（宋）林表民：《赤城集》卷7，王謙之：《臨海縣獄記》。轉引自劉馨珺：《明
　　　　　鏡高懸——南宋縣衙的獄訟》，第145頁。
〔註84〕　（清）徐松：《宋會要輯稿》刑法六之五一，頁6719a。天一閣博物館、中國
　　　　　社會科學院歷史研究所天聖令整理課題組校正：《天一閣藏明抄本天聖令校正
　　　　　附唐令復原研究》，第334頁。
〔註85〕　（宋）胡太初：《晝簾緒論》「治獄篇」。載官箴書集成編纂委員會編《官箴書
　　　　　集成》第一冊，第107頁。

安。不過由於衙門胥吏收受賄賂，濫用禁繫之法，雖則老人有優待之法，但有法不遵，造成禁繫老人的事例並非沒有，因此胡太初也強調州縣官員應當親自檢查在押之人的禁繫情況。

傳統中國的司法雖也講求物證、書證、證人證言等證據，但口供始終是「證據之王」，一般情況下的案件必須有當事人的口供才可定案。雖然從西周時起就有「五聽」這樣的關於收集和判斷口供的方法和技巧，但大多數情況之下，口供的獲得依賴於拷訊。不過，時人也意識到拷訊之下所獲的口供不一定準確，所謂「捶楚之下，何求不得」，因此，大多在承認拷訊合法的同時對其予以限制，即使是法家重刑思想指導之下的秦律亦然，〔註86〕其後各朝均有相應的拷訊規範。由於老年之人身體衰弱，恐不堪拷訊，因此，在拷訊適用的對象上歷代法律均將老年之人排除在外或給予減輕。《魏書‧刑罰志》將拷訊的年齡上限規定在四十九歲，〔註87〕南梁之時，行測罰之制，一般人需測罰三日才給粥二升，對於老者則一百五十刻即可給食，總斷食之時長不得超過一千刻。〔註88〕

至唐代，「拷囚之法最有節度」，〔註89〕《唐律疏議‧斷獄律》「據眾證定罪」條規定：

> 諸應議、請、減若年七十以上、十五以下及廢疾者，並不合拷
> 訊，皆據眾證定罪，違者以故失論。

年齡七十以上的老年人受審不可拷訊，其定案的證據應當依靠其它眾人的證言，違反這一規定而對七十以上的老年人進行拷訊的，以故失人罪論罪。唐律的這一規定為宋所繼承，亦為州縣官所撰官箴所強調：

> 乃若用刑之節，如入夜有禁，過日當禁，皆當時時警省；老
> 幼不及、疾孕不加，皆當事事審察；令甲備著，毋待多云。……

〔註86〕 《睡虎地秦墓竹簡‧封診式》：「治獄，能以書從跡其言，毋治（笞）諒（掠）而得人請（情）為上；治（笞）諒（掠）為下，有恐為敗。」認為能夠根據記錄的口供進行追查，無需拷訊而查明案情的為上策，以拷訊的方法獲得口供，求得案情的為下策。同時秦律該篇還對不得已使用拷訊之時應當遵守的規則進行了明確。睡虎地秦墓竹簡整理小組：《睡虎地秦墓竹簡》，第147～148頁。

〔註87〕 （北齊）魏收：《魏書》卷一百一十一《刑罰志》：「八十及九歲，非殺人不坐。拷訊不逾四十九。」第2874頁。

〔註88〕 （唐）魏徵等：《隋書》卷二十五《刑法志》，第699頁。

〔註89〕 （清）沈家本：《歷代刑法考‧刑法分考十七‧拷囚‧唐拷囚法》，第512頁。

某事某罪，國有彝章，法外戕人，豈宇民之官所當爲者？戒之哉！戒之哉！〔註90〕

有鑒於此，爲避免因爲對當事人的年齡的無知而犯下失出入之罪，地方官們均要求告狀之人及寫狀書鋪在狀紙之中明確寫明告狀人年齡及身體狀況，如果事先不據實寫明，等到有罪當受決罰之時才聲言的，寫狀書鋪要受到懲罰，因此，官方有專門的狀式下發，要求寫狀書鋪與人戶遵守〔註91〕：民戶詞訴不應爲狀首，人自不當出名，其應爲狀首，人並要正身，如實有事故，得用以次人，仍聲說因依年月若干，有無疾、蔭，婦人有無疾、蔭、娠孕，於前從實開具。或有罪應科決，臨時妄行供說，先契勘元寫狀書鋪。

> 某縣、某鄉、某里、姓名
>
> 年幾歲，有無疾、蔭，合爲狀首，堪任杖責，係第幾狀，訴某事合經潭州
>
> 即不是代名虛妄、無理越訴或隱匿前狀，如違，甘伏斷罪號令
>
> 右某（入事，明注年月，指涉某人某事盡實，限二百字）須至具狀披陳，伏（候判府安撫修撰特賜臺旨）
>
> 　　　　　年　　　月　　　日　　姓某押狀

《作邑自箴》卷6亦要求寫狀書鋪及民戶投狀按照以下狀式書寫〔註92〕：

> 某鄉、某村，耆長某人，耆分，第幾等人戶，姓某，見住處去縣衙幾里（如係客戶，即云係某人客戶）
>
> 所論人係某鄉村居住，至縣衙幾里
>
> 右某年若干，在身有無疾、蔭（婦人即云有無娠孕，及有無疾蔭）
>
> 今爲某事，伏乞縣司施行。謹狀
>
> 　　　　　年　　　月　　　日　　姓某押狀

除了免受禁繫和拷訊之外，老年之人亦可免於被追證。《唐律疏議・斷獄律》「老幼不合拷訊」條規定：

〔註90〕　（宋）胡太初：《晝簾緒論》「用刑篇」。載官箴書集成編纂委員會編《官箴書集成》第一冊，第113頁。
〔註91〕　（宋）朱熹：《晦庵先生朱文公文集》卷一百《公移・約束榜》。
〔註92〕　（宋）李元弼：《作邑自箴》卷六《勸諭民庶榜》，官箴書集成編纂委員會編：《官箴書集成》第一冊，第86頁。

其於律得相容隱者，即年八十以上、十歲以下，及篤疾者，皆
不得令其爲證，違者，減罪人罪三等。

五代後唐長興二年（931）又以敕的形式重申此律，宣告「凡所爭論，如是
悼、耄、篤疾，不勝刑責者，不得身自論對」。〔註93〕這些法律規定均爲宋
代所繼承。因此，在宋代八十以上的老年人，不可爲證。如前所述，在傳
統中國的司法過程中，無論獄、訟，涉案之原告、被告甚至是證人都會被
拘禁，無關者待案件審理完畢之後方可放回。在涉及重大案件時，這一過
程可能「動經旬月」，〔註94〕不僅被禁繫之證人飽受其苦，甚或死於獄中，
〔註95〕其家亦爲之破敗。〔註96〕非但如此，有時由於證人所在地並非案件
審理之地，需要長途追證，因此造成「干證者多斃逆旅」。〔註97〕即使是一
般的婚田之訟，亦有可能「遷延至五七日不能辨對了當，非理拘留，妨廢
農事。」〔註98〕所以，作證對於古人來講無異於災難。〔註99〕從這個意義
上來說，限制老年之人作證是一種對老者的矜恤，可以使之免於因追證而
受「逆旅」、「禁繫」和「拘留」之苦。不過正如律文「不合拷訊者取眾證
爲定」條疏議所言：「其八十以上、十歲以下及篤疾，以其不堪加刑，故並
不許爲證。」〔註100〕立法者禁止老年之人爲證的原因在於年老之人智力日
減，其證言的眞實性值得懷疑，且按律之規定，年老之人不可拷訊，誣告
或證言不實亦無需承擔刑責，這樣一來，老年證人可能會恃其年高而無忌
憚，從而不利於案件的審斷。以此看來，維護正常的審判秩序恐怕也是立
法者免追老年之人爲證的目的之一。

〔註93〕　（宋）竇儀等撰，薛梅卿點校：《宋刑統》卷第二十九《斷獄律・不合拷訊者
　　　　取眾證爲定》，第 537 頁。
〔註94〕　（清）徐松：《宋會要輯稿》刑法六之六三，頁 6725a。
〔註95〕　（清）徐松：《宋會要輯稿》刑法三之七七，頁 6616a。
〔註96〕　（宋）洪適：《盤洲文集》卷四一《奏章一・乞勿禁繫大獄干證人箚子》。
〔註97〕　（元）脫脫：《宋史》卷四百一十三《趙與懽傳》，第 12402 頁。
〔註98〕　（清）徐松：《宋會要輯稿》刑法二之八七，頁 6539a。
〔註99〕　宋代證人之悲慘境遇可參見郭東旭：《宋代「干證人」法制境遇透視》，載《河
　　　　北大學學報》（哲學社會科學版）2008 年第 2 期。關於中國古代證人資格、待
　　　　遇等問題可參見蔣鐵初：《中國古代證人制度研究》，載《河北省政法管理幹
　　　　部學院學報》2001 年第 6 期。關於南宋追證程序與原則可以參見劉馨珺：《明
　　　　鏡高懸——南宋縣衙的獄訟》，第 84～110 頁。
〔註100〕　（宋）竇儀等撰，薛梅卿點校：《宋刑統》卷第二十九《斷獄律・不合拷訊者
　　　　取眾證爲定》，第 537 頁。

　　不過，這是一種理想的狀態，有時在死傷案件中，法官爲查明案情或追逮犯罪嫌疑人，亦會拘押老年之人。被稱爲「名公」的胡石壁就曾因追逮罪人而拘禁其父：羊六誣告他人白晝行劫，歷經縣臺，後自知罪泄不可免，於押解途中逃跑，司法官將其父禁錮逼迫羊六自出。〔註101〕北宋名臣張詠也曾爲逼迫盜牛案犯歸案而禁其母十日。〔註102〕

　　需要注意的是，老年之人免被追證並不排除老年之人在涉及自己利益的婚田訴訟中出庭爲證，實際上在這類訴訟中老年之人作爲尊長其看法會直接影響案件的判決。在一起田業糾紛中，爲證明一份田產賣契的眞僞，法官將早已亡故的立契者的母親趙氏傳喚到庭，趙氏當廳書寫之筆跡與被告人所持賣契中的趙氏簽押筆跡的不同成爲法官證明賣契爲僞的重要證據。〔註103〕在一起立嗣糾紛案中，「老癃」之劉氏「屢造訟庭」，陳述不願立張達善爲嗣之意，成爲法官處斷此一糾紛的重要依據。〔註104〕年老的游氏在家族立嗣糾紛一案上，爲法官「追到取問」，法官雖明知其「年已老耄，心無主宰」，聽信於他人，仍只得聽從其「兩立」的意見。〔註105〕

　　所以，老年之人免被追證使得老年之人得以免受「久繫」、「逆旅」之苦，可以算得上是一種對老者的優待措施。但是這種優待並不排除戶婚田土訴訟中老年之人出官爲證的權利，相反其證詞對案件的裁判有舉足輕重的影響。

四、獄訟優待之反面

　　「悼耄之歲，刑責不加，斯聖人養老念幼之旨也」。〔註106〕如上所述，老年之人犯罪其刑罰或可贖、或可免，刑罰執行過程中又有各種變通減刑之法，在訴訟程序上又可「白紙入詞」並免於禁繫和拷訊，諸如此類皆主要是

〔註101〕《名公書判清明集》卷之十三《懲惡門・妄訴・以劫奪財物誣執平人不應末減》，第497～498頁。

〔註102〕（宋）吳處厚：《青箱雜記》卷十，第107頁。

〔註103〕《名公書判清明集》卷之六《戶婚門・爭田業・僞冒交易》，第172～173頁。

〔註104〕《名公書判清明集》卷之七《戶婚門・立繼・爭立者不可立》，第211～212頁。

〔註105〕《名公書判清明集》卷之八《戶婚門・立繼類・後立者不得前立者自置之田》，第271～272頁。

〔註106〕（清）徐松：《宋會要輯稿》刑法三之一一，頁6583a。

出於對老者的矜恤寬仁之意。但是，立法者在對老者矜恤寬仁之時，亦不會過分損害司法秩序。爲了避免老年之人以及其它人運用上述優待進行紊亂司法的行爲，法律在給予老者上述優待的同時，對其起訴之權進行了限制：

> 年八十以上、十歲以下及篤疾者，聽告謀反、逆、叛、子孫不孝，及同居之內爲人侵犯者，餘並不得告。官司受而爲理者，各減所理罪三等。【議曰】老、小及篤疾之輩，犯法既得勿論，唯知謀反、大逆、謀叛，子孫不孝及闕供養，及同居之內爲人侵犯，如此等事，並聽告舉。自餘他事，不得告言。如有告發，不合爲受。官司受而爲理者……減所推事三等。〔註107〕

即八十歲以上的老年人其起訴告狀的權利受到了嚴格限制，僅僅得就反、逆、不孝等罪起訴。又《宋刑統》所准唐敕節文：

> 【准】唐長慶二年閏五月十八日敕節文：凡所爭論，如是悼、耄、篤疾，不勝刑責者，不得身自論對。

> 臣等參詳：或慮有悼、耄、篤疾之人，同居更無骨肉，被人侵損，須至理訴者，請今後官司亦須受理。其家有骨肉，並情涉無賴，即准敕文處分。〔註108〕

對耄耋老人的訴訟權利做了進一步的限制。耄老之人即使在被人侵損時，如果有同居骨肉，自己也不得論訴。言外之意是要有同居骨肉代爲起訴。僅在無同居骨肉親人之時才可自己起訴。

不過從上述法條來看，起訴限制主要針對的是八十歲以上之老年人，而七十以上之老年人既享有一定的刑罰和訴訟優待，又未被法律明確限制起訴事項。因此有好訟之徒藉此興訟，依仗老年人「刑責不加」的規定，往往以家中七十歲以上之老年人爲陳狀之人，以此逃避官司的禁繫和杖責。宋太祖乾德四年（966年）六月，宋州觀察判官何保樞即向皇帝上奏了此事，並提出對七十歲以上老年人的訴訟權利予以一定的限制：

> 宋州觀察判官何保樞上言：「民爭訟婚田，多令七十以上家長陳狀，意謂避在禁繫，無妨農務，又恃老年不任杖責，以此紊煩公法。

〔註107〕（宋）竇儀等撰，薛梅卿點校：《宋刑統》卷第二十四《鬥訟律·投匿名書告人》，第424頁。

〔註108〕（宋）竇儀等撰，薛梅卿點校：《宋刑統》卷第二十九《斷獄律·不合拷訊者據眾證爲定》，第537頁。

　　欲望自今應年七十以上不得論訟，須令以次家人陳狀，如實無他丁
　　而孤老惸獨者不在此限。」〔註109〕

也就是要求自此之後，除家中確無其它成年男子的孤老可自爲起訴之外，七十歲以上的老年人不可陳狀起訴他人，確有訴求的應由次家長爲起訴之人。這一建言得到了皇帝的同意。但從其後的相關詔令來看，這一禁令並沒有得到有效實施，仍然有老年之人依仗「刑責不加」的優待陳狀控告他人，且多爲虛誕誣告之詞。因此雍熙四年（987）四月朝廷不得不重申上述詔令，限制七十歲以上老年人訴訟的權利：

　　詔曰：「悼耄之歲，刑責不加，斯聖人養老念幼之旨也。然則爭
　　訟之端，不可不省；奸險之作，抑亦多途。或有恃以高年，多爲虛
　　誕者，並從乾德四年六月詔書從事。」〔註110〕

　　在此之前，爲解決因「老而訟不實不可以加刑」所帶來的困擾，皇帝下詔要求有司制定詳細的法令：

　　太宗太平興國二年（977）九月八日，有司言：「詔問老而訟
　　不實者不可以加刑，當詳定其法。准《名例律》，八十以上、十歲
　　以下及篤疾，聽告謀反、叛、逆、子孫不孝及同居之內爲人侵犯
　　者，餘並不得論告。官司受而爲理者，各減所理罪三等。又乾德
　　四年六月（訟）〔詔〕，七十以上爭（詔）〔訟〕婚田，並令家人陳
　　狀。又律，家人共犯，上坐尊長，於法不坐者，歸罪其次。疏云：
　　於法不坐者，謂八十以上、十歲以下及疾患者。自今應論訟人有
　　篤疾及年七十以上，所訴事不實，當坐其罪而不任者，望移於家
　　人之次長；又不任，即又移於其次。其論訟人若老及篤疾，當其
　　罪不任者，論如律。」〔註111〕

也即由於「家人共犯，止坐尊長，於法不坐者，歸罪其次」的「於法不坐者」僅限於八十以上之老人，而法律規定八十以上之老人可訴的僅僅限於「謀反、叛、逆、子孫不孝及同居之內爲人侵犯者」，對於「戶婚田土」類案件往往無起訴之權，因此，對此類案件其家人往往令七十以上未達八十之人論訴，如此一來，對於當反坐之誣告行爲，不可按律歸責於其次家人，而須由尊長單

〔註109〕　（清）徐松：《宋會要輯稿》刑法三之一〇，頁 6582c～d。原文爲「乾德三
　　　　　年」，但根據其後的太平興國二年的「有司」所言，當爲「乾德四年」。
〔註110〕　（清）徐松：《宋會要輯稿》刑法三之一一，頁 6583a。
〔註111〕　（清）徐松：《宋會要輯稿》刑法三之一〇，頁 6582d。

獨承擔，但對於「戶婚田土」類案件，處罰往往在徒刑及以下，七十歲以上之老人是可以贖免刑的。如此一來，爲誣告之家人會逃脫法律的制裁。鑒於此，有司建議對於七十歲以上不任刑責的老人「訴事不實」時，其次家長須承擔責任，次家長不任其責的，又移於其次，且對於爲誣告行爲之老年人本身亦需按律以「贖」來承擔相應的責任。這一建議一方面旨在遏制家人利用老年之人爲虛妄之訴的行爲，如果家人教令老人爲誣告妄訴之行爲的，不再因「止坐尊長」的規定而免責；另一方面在家人身上增加了對同居的老年之人的監護之責，即使家人對老人之誣告妄訴行爲不知情，亦需因疏於監護而需承擔相應的責任。這一建議當時得到了皇帝的同意。

但該法實施之後，部分司法官對其持有異議，認爲「老人論訟事虛，罪其次家長」的規定對於不知情的次家長來說是不公平的，因此申請仍然按照乾德四年（966 年）所下詔書之規定限制七十歲以上老人論訴：

> 太平興國二年（977 年）九月詔書，老人論訟事虛，罪其次家長。至是有司以爲或不知情，虛坐其罪，請依乾德詔書，七十以上不得論訴，當令宗族中一人同狀，官乃爲理，若實孤老即不在此限。〔註112〕

這一申請希望在重申乾德四年（966 年）的詔書之外，通過增加老年人訴狀的共同陳狀之人來解決老人不堪刑責之時無責任承擔者的問題，「令宗族中一人爲同狀」，則此人亦爲起訴者，可以禁繫、可以杖責，誣告之時亦有承擔刑事責任之能力。其辦法不僅可以使老者免於刑責，也可避免論罪無辜的不知情者，「紊煩公法」的姦猾好訟之徒也將無所規避。不過如上文所說，此一建議當時並未爲皇帝完全採納，只是簡單重申了乾德四年的詔令。但在實踐中地方官卻使用了這一方法：

> 似此誣告，必先勒結反坐，果誣必結解，盡法而行，庶懲一戒百。內有畏反坐者，輒令老人、婦人入詞。故老人須追子，婦人須追夫，同結，反坐後追究。〔註113〕

到大中祥符四年（1011 年）皇帝重下詔令徹底禁止了七十歲以上老人的陳狀控告行爲，如果老人有控告之事須以次家長代爲告訴：「自今訴訟，民年

〔註112〕（清）徐松：《宋會要輯稿》刑法三之一一，頁 6583a。

〔註113〕（宋）陳襄：《州縣提綱》卷二《誣告結反坐》。載官箴書集成編纂委員會編《官箴書集成》第一冊，第 49 頁。

七十以上及廢疾者不得投牒，並令以次家長代之。」〔註114〕宋時的地方官也在地方治理的實踐中貫徹了這一法令，要求「百姓年七十或篤疾及有孕婦人並不得爲狀頭」。〔註115〕《清明集》載胡石壁所斷一案中丈夫爲拋棄其妻，以母親的名義誣告妻子與人私通，其起訴的方式即是「抱母龔氏狀」。〔註116〕這種老年人控告他人以家人「代訴」的制度爲元代所繼承〔註117〕，《大明令》則將「代訴」改爲「代告」，〔註118〕《大清律例》亦以條例的形式將這一制度定爲成法，〔註119〕而其實踐中的名稱正是「抱告」。〔註120〕

第二節　賦役優待

　　「有田則稅之，有身則役之」，〔註121〕繳納賦稅與承擔力役乃是百姓必須向國家履行的義務，然而各朝各代的賦役制度不盡相同，其賦、役之種類

〔註114〕（清）徐松：《宋會要輯稿》刑法三之一五，頁 6585a。
〔註115〕（宋）李元弼：《作邑自箴》卷六《勸諭民庶榜》，載官箴書集成編纂委員會編《官箴書集成》第一冊，第 86 頁
〔註116〕《名公書判清明集》卷之十《人倫門・夫婦・夫欲棄其妻誣以曖昧之事》，第 380 頁。
〔註117〕《大元聖政國朝典章》卷五十三《刑部》十五《代訴・老疾合令代訴》：「……省部議得：年老篤廢殘疾人等，如告謀反、叛逆、子孫不孝及同居之內爲人侵犯者，聽，其餘公事若許陳告，誠恐誣枉難以治罪，合令同居親屬人代訴，若有誣告，合行抵罪，反坐元告之人。都省準擬外議得：合令同居親屬通知所告事理的實之人代訴。」中國廣播電視出版社 1998 年影印本，第 1933 頁。
〔註118〕《大明令》：凡年老及篤廢、殘疾之人，除告謀反、叛逆及子孫不孝，聽從赴官陳告外，其餘公事，許令同居親屬，通知所告事理的實之人代告，誣告者，罪坐代訴之人。（明）劉惟謙等撰，懷效鋒點校：《大明律》，第 262 頁。
〔註119〕《大清律例》卷三十《刑律・訴訟・見禁囚不得告舉他事》：「條例：一、年老及篤疾之人，除告謀反、叛逆，及子孫不孝，聽自赴官陳告外；其餘公事，許令同居親屬通知所告事理的實之人代告。誣告者，罪坐代告之人。」第 489 頁。
〔註120〕可見不僅代訴制度本身可以追溯至宋朝，通行於清代的關於代訴的「抱告」之詞亦在宋時已經出現。關於清代抱告制度以及抱告制度之歷史發展的研究可參見：徐忠明、姚志偉《清代抱告制度考論》，載《中山大學學報》（社會科學版）2008 年第 2 期；江兆濤《清代抱告制度探析》，載《西部法學評論》2009 年第 5 期；姚志偉：《抱告制度之淵源辨析》，載《河北法學》2010 年 1 月；吳欣《社會史視野下的清代抱告制度研究》，載《吉首大學學報》2012 年第 1 期。
〔註121〕（元）馬端臨：《文獻通考》卷十《戶口考一》。

以及徵收之辦法各有差異。但無論各代的賦役制度如何，對老年之人予以賦役上之優待是普遍的做法，只是由於各代及其不同時期對「老」的年齡的界定不同，享受賦役優待的老年人年齡下限亦並非一成不變。

西周之時「國中」之六十以上及「野」之六十五以上的老人皆得免徵，〔註122〕秦時，免役年齡因主體的不同而有差別，有爵者年五十六即可免役，無爵者則須年滿六十方爲「免老」而免役。〔註123〕漢律亦以爵位等級來確定「免老」年齡，最低爲五十八歲，最高爲六十六歲。減半服役的「睆老」〔註124〕年齡則依據爵位等級確定爲最高六十二，最低五十八。〔註125〕「免老、小未傅者、女子及諸有除者，縣道勿敢繇（徭）使」。〔註126〕不過漢昭帝時期免老的年齡似乎提前爲了五十六歲。〔註127〕且五十六歲以上的老人不必繳納算賦。〔註128〕除此之外，漢代受王杖的高齡老人還享有「市賣復毋所興」的免除商稅的特殊優待。〔註129〕晉戶調式規定的入老免役年齡爲六十六，〔註130〕北齊則規定年六十免力役，〔註131〕北周的免役年齡亦爲六

〔註122〕《周禮注疏》卷第十二《地官‧鄉大夫》：「鄉大夫之職……以歲時登其夫家之眾寡，辨其可任者。國中自七尺以及六十，野自六尺以及六十有五，皆徵之。其舍者，國中貴者、賢者、能者、服公事者、老者、疾者，皆舍。以歲時入其書。」第295頁。

〔註123〕（漢）衛宏：《漢官舊儀》卷下：「秦制二十爵，男子賜爵一級以上，有罪以減，年五十六免。無爵爲士伍，年六十乃免老。」見（清）孫星衍等輯：《漢官六種》，第53頁。

〔註124〕張家山二四七號墓竹簡整理小組編：《張家山漢墓竹簡（釋文修訂本）〔二四七號墓〕《二年律令‧繇律》：「睆老各半其爵繇。」第64頁。

〔註125〕張家山二四七號墓竹簡整理小組編：《張家山漢墓竹簡（釋文修訂本）〔二四七號墓〕，《二年律令‧傅律》：「大夫以上年五十八，不更六十二，簪裊六十三，上造六十四，公士六十五，公卒以下六十六，皆爲免老。不更年五十八，簪裊五十九，上造六十，公士六十一，公卒、士伍六十二，皆爲睆老。」第57頁。

〔註126〕張家山二四七號墓竹簡整理小組編：《張家山漢墓竹簡（釋文修訂本）〔二四七號墓〕《二年律令‧繇律》：「睆老各半其爵繇。」第64頁。

〔註127〕（漢）桓寬著，王利器校注：《鹽鐵論校注》卷三《未通篇》：「今陛下哀憐百姓，寬力役之政，二十三始傅，五十六而免，所以輔耆壯而息老艾也。」第192頁。

〔註128〕（漢）衛宏：《漢官舊儀》卷下：「民年十五以上至五十六賦錢，人百二十。」見（清）孫星衍等輯：《漢官六種》，第50頁。

〔註129〕甘肅省博物館、中國科學院考古研究所編著：《武威漢簡》，第140頁。

〔註130〕（唐）房玄齡等：《晉書》卷二十六《食貨志》：「制戶調之式……男子一人占田七十畝，女子三十畝。其外丁男課田五十畝，丁女二十畝，次丁男半之，

十，〔註132〕隋開皇令確定六十爲老免課役，〔註133〕唐戶令亦以六十爲老而不課。〔註134〕

宋初頒佈的刑統記載了唐代幾種不同的規定入老年齡的法令：

> 准戶令：諸男女三歲以下爲黃，十五以下爲小，二十以下爲中。
> 其男年二十一爲丁，六十爲老。無夫者，爲寡妻妾。

> 准唐廣德元年七月二十二日敕：天下男子宜令二十五成丁，五十五入老。〔註135〕

依據新法取消舊法的法律原理，宋刑統所確立的入老年齡當爲五十五歲。其後，乾德元年（963）的詔令將入老年齡提高爲六十，以爲定制。其令曰：

> 令諸州歲所奏戶帳，其丁口，男夫二十爲丁，六十爲老，女口不須通勘。〔註136〕

與前代給予入老之人賦役上之優待一樣，宋代的老年之人亦享有各種賦役優待。

在賦稅方面，宋代的老年之人可免於交納「身丁錢」。「身丁錢」乃是宋代對五代十國時期南方小國弊政的沿納，是一種以人頭來計徵的人頭稅，「東南淮、浙、湖、廣等路皆有之」。〔註137〕各地徵收標準不一，或存或廢亦多曲折，然終宋之世未能盡除，且多爲民衆沉重負擔，〔註138〕致使「遠民以有身爲患，

女則不課。男女年十六巳上至六十爲正丁，十五巳下至十三、六十一巳上至六十五爲次丁，十二巳下六十六巳上爲老小，不事。」第790頁。

〔註131〕（唐）魏徵等：《隋書》卷二十四《食貨志》：「河清三年定令……男子十八以上六十五巳下爲丁……六十六以上爲老……六十免力役，六十六退田，免租調。」第677頁。

〔註132〕（唐）魏徵等：《隋書》卷二十四《食貨志》：「司役掌力役之政令。凡人自十八以至五十有九，皆任于役。」第679頁。

〔註133〕（唐）魏徵等：《隋書》卷二十四《食貨志》：「男女三歲以下爲黃，十歲以下爲小，十七以下爲中，十八以上爲丁，以從課役，六十爲老乃免。」第680頁。

〔註134〕〔日〕仁井田陞著，栗勁、霍存福、王占通、郭延德編譯：《唐令拾遺》，第134頁。

〔註135〕（宋）竇儀等撰，薛梅卿點校：《宋刑統》卷第十二《戶婚律‧脫漏增減戶口》，第214～215頁。

〔註136〕（宋）李燾：《續資治通鑒長編》卷四，太祖乾德元年（963）十月庚辰，第106～107頁。

〔註137〕（宋）李心傳《建炎以來朝野雜記》甲集卷十五《身丁錢》，第326頁。

〔註138〕高樹林：《試論宋朝身丁錢》，載《史學月刊》1990年第3期。

有子爲累，竄於蠻猺，逸爲盜賊」，〔註139〕「深山窮谷，至有年三十餘，嚴狀老蒼，不敢裹頭」〔註140〕者。此類繁重之稅，老年之人在宋初即得以免除：

> 年二十成丁，六十入老。其未成丁、已入老者，及身有廢疾，並與放免。〔註141〕

正因爲年老之人身丁錢得以免除，有州縣爲彌補因人丁入老少收之身丁錢，而向其未成丁之孫科納「掛丁錢」，致使丁戶逃亡，因此朝廷多次頒發禁令：

> 乾道七年（1171）二月十四日冊皇太子赦：應民間有曾祖父母存而身已成丁者，其丁錢身役並免一年。訪聞二廣民戶輸納丁錢去處，近來官司纏年十二三便行科納，謂之掛丁錢，多致逃亡，仰本路監司常切嚴行察覺約束。〔註142〕

> 乾道九年十一月九日，南郊赦：廣南東西兩路民間有曾祖父母存而身未成丁之人，訪聞州縣便行科納，謂之掛身丁錢，遂致丁戶逃亡。已令監司約束所隸州縣，尚慮不遵成憲，甚失朝廷愛民之意，仰逐路帥臣更加覺察，或有違戾，互行按治以聞，當議重作施行。〔註143〕

此一現象亦可從側面證實宋代之老年人享有免納身丁錢之優待。

在力役方面，宋代的老年之人亦可免於差役。宋之差役有四，一爲「吏」，二爲「衙前」，三是「耆戶長、弓手、壯丁」等，四是其它雜役。各項差役多爲繁重，特別是衙前役，一旦被差，鮮不破家，所以人戶多設法避免，致使有的家庭爲避役而「規圖百端」，祖母改嫁、孀母異居，老父自殺以就單丁等等。〔註144〕因此，免除老年之人的差役無論是對老年人本身來說還是對老者

〔註139〕（宋）劉克莊：《後村先生大全集》卷一百四十三《神道碑‧寶學顏尚書》。

〔註140〕（宋）呂祖謙：《東萊集》卷三《爲張嚴州作乞免丁錢狀》。

〔註141〕（宋）趙光義：《南郊改雍熙元年赦文》，載曾棗莊，劉琳主編：《全宋文》第4冊，第162頁。

〔註142〕（清）徐松：《宋會要輯稿》食貨一二之一八～一九，頁5016d～5017a。

〔註143〕（清）徐松：《宋會要輯稿》食貨一二之一九，頁5017a。

〔註144〕（宋）李燾：《續資治通鑒長編》卷一百七十九，仁宗至和二年四月辛亥：知并州韓琦言：「州縣生民之苦，無重於里正衙前。自兵興以來，殘剝尤甚，至有孀母改嫁，親族分居，或棄田與人以免上等，或非命求死以就單丁，規圖百端，苟脫溝壑之患，殊可痛傷。」第4330頁。（元）脫脫：《宋史》卷一百七十七《役法上》：治平四年（1067）……三司使韓絳言：「聞京東民有父子二丁將爲衙前役者，其父告其子曰『吾當求死，使汝曹免於凍餒』，遂自縊而死。又聞江南有嫁其祖母及與母析居以避役者，又有鬻田減其戶等者。田歸

之家庭來講都是極大的優待。

此外，在一些雜課方面，老年之人也享有一定的優待。《天聖令‧田令》相關條文表明，孤老之人不必受到強制性的種植桑棗樹木法令的約束：

> 諸每年課種桑棗樹木，以五等分戶，第一等一百根，第二等八十根，第三等六十根，第四等四十根，第五等二十根。各以桑棗雜木相半。鄉土不宜者，任以所宜樹充。內有孤老、殘疾及女戶無男丁者，不在此限。其桑棗滋茂，仍不得非理砍伐。[註145]

鑒於老年之人有上述賦役之優待，有人為避課役而妄增年歲以期入老免課，法律因此有禁止之條：

> 脫口及增減年狀。（謂疾、老、中、小之類。）以免課役者，一口徒一年，二口加一等，罪止徒三年。[註146]

乾道六年（1170）年，針對州縣「妄供申年甲入老規避免納之數」造成稅錢減少的情況，戶部官員特請求下詔各路提刑司委派官員檢察追責，從實拘收。[註147]

不過，歷代法律對老年之人的賦役減免在很多時候並未完全貫徹，在國家財政緊張之時，老年之人亦不免於輸納稅賦，在丁口減少，勞力缺乏以及戰爭頻繁之時，老年之人仍免不了服役。《墨子》以及《商君書》均將老年之人納為兵役徵發的對象，[註148]漢代亦有相當多的入老之人仍需要充役。[註149]唐代杜甫的《石壕吏》、《垂老別》則是唐代戰時老年之人應役的真實寫照。宋人

官戶不役之家，而役並於同等見存之戶。望博訪利害，集議裁定，使力役無偏重之寄。」第4298頁。

〔註145〕天一閣博物館、中國社會科學院歷史研究所天聖令整理課題組校正：《天一閣藏明抄本天聖令校正附唐令復原研究》，第253頁。

〔註146〕（宋）竇儀等撰，薛梅卿點校：《宋刑統》卷第十二《戶婚律‧脫漏增減戶口》，第211頁。

〔註147〕（清）徐松：《宋會要輯稿》食貨一二之一七，頁5016a。

〔註148〕《墨子‧備城門》分配守城之卒的規劃中，每五十步四十人，包括「丈夫十人、丁女二十人、老小十人」。《商君書‧兵守》將「三軍」解釋為：「壯男為一軍，壯女為一軍，男女之老弱者為一軍，此之謂三軍也。」三軍之老弱者，「使牧牛馬羊彘，草木之可食者收而食之，以獲其壯男壯女之食」，即負責放牧和採集，為壯男壯女們提供食物。

〔註149〕（漢）桓寬著，王利器校注：《鹽鐵論校注》卷三《未通第十五》：「今五十已上至六十，與子孫服挽輸，並給徭役，非養老之意也。」第192頁。居延漢簡中亦有一些年該免老的戌卒：53.15「奉明善居里公乘丘誼年六十九」，見謝桂華、李均明、朱國炤：《居延漢簡釋文合校》，第94頁。

梅堯臣的《田家語》亦可爲宋時老艾之人仍被迫服役的證明：

> 庚辰（1040，即康定元年）詔書，凡民三丁籍一，立校與長，
> 號弓箭手，用備不虞。主司欲以多媚上，急責郡吏，郡吏畏，不
> 敢辯，遂以屬縣，令互搜民口，雖老幼不得免。上下愁怨，天雨
> 淫淫，豈助聖上撫育之意耶？因錄田家之言次爲文，以俟採詩者
> 云。……三丁籍一壯，惡使操弓韣。州符今又嚴，老吏持鞭撲。
> 搜索稚與艾，唯存跛無目。田閭敢怨嗟，父子各悲哭。南畝焉可
> 事，買箭賣牛犢。愁氣變久雨，鐺缶空無粥。盲跛不能耕，死亡
> 在遲速……〔註150〕

宋法雖免除六十以上之人的身丁錢，但是在部分地方對「老丁不爲即時
銷落」仍予崔科，〔註151〕或是在災害過後「以虛名追寔錢，或老耄幼弱爲之
代輸」，〔註152〕甚至是已死之人仍要交納身丁錢：

> 廣右深僻之郡，有所謂丁錢。蓋計丁輸錢於官，往往數歲之兒
> 即有之。有至死而不與除豁者，甚爲民病。故南人之謠曰：「三歲孩
> 兒便識丁，更從陰府役幽魂。」讀之可爲流涕。〔註153〕

有時，老年之人亦會因役法之繁苛而間接受到傷害，李覯的《哀老婦》即講
述了一位深受役法之苦的老年婦人的悲慘故事：

> 里中一老婦，行行啼路隅。自悼未亡人，暮年從二夫。寡時十
> 八九，嫁時六十餘。昔日遺腹兒，今兹垂白鬚。子豈不欲養？母豈
> 不懷居？徭役及下戶，財盡無所輸。異籍幸可免，嫁母乃良圖。牽
> 車送出門，急若盜賊驅。兒孫孫有婦，小大攀且呼。回頭與永訣，
> 欲死無刑誅。〔註154〕

因此，可以說，法律上老年之人享有各種賦役之優待，宋代亦繼承了前
代關於優免老者賦役負擔的法律精神，但是這類法律或由於社會形勢的變遷
或由於地方官吏的舞弊，有時並不能被貫徹執行。而宋代繁苛的役法又使得
本當免役的老年之人間接承受著苛役之苦。

〔註150〕 （宋）梅堯臣：《宛陵先生集》卷七《田家語》。
〔註151〕 （清）徐松：《宋會要輯稿》食貨一二之一一，頁5013b。
〔註152〕 （清）徐松：《宋會要輯稿》食貨一二之一六，頁5015d。
〔註153〕 （宋）羅大經：《鶴林玉露》丙編卷五《廣右丁錢》，第326頁。
〔註154〕 （宋）李覯：《李覯集》卷三五《哀老婦》，第381～382頁。

本章小結

宋代對老年人的刑罰以及訴訟優待在基本原則上不出漢唐法律之精神，在具體制度上刑統之規定又一依唐律，但由於宋代刑罰體系的變革，以及社會生活的變化使得老年人在宋代所享有的刑罰以及訴訟優待又有自己的特色之處。

在刑罰優待上，由於宋代折杖法的實施使得「徒罪得免役年，流罪得免遠徙」，七十歲以上的須承擔「加役流、反逆緣坐流、會赦猶流」三流之罪的老年人，其流罪刑罰實際變為折杖和就地居作，按律文之規定，老年之人即使犯三流之罪雖須真正承擔流放之刑罰，但可免於居作，因此，折杖法下的宋代老年人只需承擔折杖之杖責，但由於大多數情況之下，七十歲以上的老年人身體不堪受杖，可免於決杖，因此，流罪之決杖亦可獲免。不過由於宋代在笞、杖、徒、流、死五刑之外，增設了諸多種附加刑，如刺配、編管等，老年之人雖可免於主刑之實際執行，但是附加之編配等刑往往需要真正承擔。

在刑罰執行過程中入老的刑罰變通上，宋代針對附加之編配等刑，發展了一套「量移」之法，承擔編配之責的老年人，在獲得「量移」減刑時，與普通人相比擁有更多的優待，如無需計算所經赦數遇赦即可放還，即使被宣告為永不量移和放還者亦得量移和放還。

在訴訟程序上，老年之人免於禁繫、拷訊的優待，乃是宋法對前朝法律的繼承，其特色之處在於宋代的地方官們在地方治理的時候以官箴和榜文的形式宣傳和強調這些法律知識。鑒於宋代證人可能會受到各種禁繫、奔波之苦，年老之人因不堪杖責故不可為一般案件之證人的規定亦可算作是一種對老者的優待。不過由於宋人之間經濟交往日益密切，在頻繁出現的各種婚田訴訟中老年證人並不是沒有，相反在涉及到老年人利益的此類訴訟中，老者的證言可能對案件的審斷具有舉足輕重的影響。除此之外，老年之人起訴告狀可以不經書鋪寫狀而直接以白紙入詞。

然而，法律給予老年之人的各種刑罰以及訴訟優待往往為別有用心的好訟之徒所利用，肆意興訟，擾亂司法。為應對此類情形，國家法律又反過來對老年人的訴訟權利予以各種限制，老年之人可自為起訴的年齡上限受到進一步壓縮，並最終以「代訴」制度徹底取消了法律上年及七十的老年人的訴訟權利。可見，宋法有關「矜老」的各種優待措施只是仁政的標榜，維護有效司法秩序才是法律的根本。

在賦役優待方面，宋法在繼承前代的基礎之上，又因其特定的賦役之法而有自己的特色。身丁錢作爲宋承五代之「沿納」在一定地區是爲民眾沉重負擔，而宋之役法雖歷經變革，仍是繁苛，宋法規定老人既得免納身丁又可免於差役，無疑是一種對老人的優恤。不過，賦役之制與一朝財政經濟相聯，在經濟繁榮、社會穩定、國庫充足的情況下，老人免於賦役之法或可有效實施。然終宋一代，國家財政困難相伴始終，戰爭頻繁、社會不穩，如此社會背景之下，老人本當免納之稅錢則被想方設法轉移於其它的家庭成員之上，老人本當免應之役卻因官吏的舞弊而被迫應役，而宋代繁苛的役法造成家庭經濟的破壞又使得老人間接承受著役法之苦。

第四章　對孤貧老人的特殊救助

　　「老而無妻曰鰥，老而無夫曰寡，老而無子曰獨，幼而無父曰孤。此四者，天下之窮民而無告者。」〔註1〕據此，「孤」本指年幼而無父者，「獨」才是年老而無子者，然《說文解字》將「孤」引申爲「凡單獨皆曰孤」，故鰥、寡、孤、獨者均可稱爲「孤」。「孤貧老人」的說法與「獨貧老人」相比也更符合現代語言的習慣。因此，本章所謂「孤貧老人」是指無子且貧窮的老人。

　　如前文所述，年老之人，身體漸趨衰弱，其所恃以爲養者，一在得其人，二在有其財。而孤貧老人，一無子可侍養，二無財可依靠，將面臨老無所終的晚年生活。這種局面與儒家的社會理想是大不相合的。在儒家的大同世界裏，人們除了要孝養自己的老人之外，還應將這種感情推而廣之，及於無親屬關係的老人。〔註2〕而在儒家的仁政思想裏，矜恤鰥寡孤獨乃是仁政之先。〔註3〕這種推己及人的養老思想與矜恤鰥寡孤獨的仁政思想相結合，便對國家提出了救濟孤貧老人的要求，養孤老之責由家庭轉移到國家。歷代法律之中都有相關的孤貧老人救濟制度，而「宋之爲治，一本於仁厚，凡振貧恤患之意，視前代尤爲切至」，〔註4〕在對孤貧老人的救濟制度上多有創建，影響深遠。本章希望在梳理歷代救濟孤貧老人的政策措施的基礎上，探討宋代孤貧老人救濟制度的內容及其實踐情況，並試圖結合宋代特定的社會背景分析其得失。

〔註1〕　楊伯峻編著：《孟子譯注》卷二《梁惠王章句下》，第36頁。
〔註2〕　楊伯峻編著：《孟子譯注》卷一《梁惠王章句上》：「老吾老，以及人之老；幼吾幼，以及人之幼。」第16頁。
〔註3〕　楊伯峻編著：《孟子譯注》卷二《梁惠王章句下》：「文王發政施仁，必先斯四者。」第36頁。
〔註4〕　（元）脫脫：《宋史》卷一百七十八《食貨上六・振恤》，第4335頁。

第一節　歷代救助孤貧老人的思想與制度

　　尊老養老本是自先秦以來即已形成的傳統，對老人中的孤貧者予以救濟乃是尊老養老的當然之意，但孤貧老人相對於普通的老人來說其所面臨的生活困難更大，在基本的尊老養老之策下需要對其予以特殊的照顧。有鑒於此，歷朝歷代均有相應的救濟孤貧老人的思想與制度，構成了傳統中國保護老年人權益的重要一環。

一、先秦的孤貧老人救助

　　先秦時期有豐富的政治法律思想，對孤貧老人予以救濟的思想與制度設計多處可見，是以後各朝救助孤貧老人的思想與制度的淵源。

　　《周禮》有「保息六政」，其中第三即項為「振窮」。鄭玄注「振窮」即「抍拔天民之窮者也。窮者有四，曰矜、曰寡、曰孤、曰獨。」〔註5〕《禮記‧王制》亦曰：「少而無父者謂之孤，老而無子者謂之獨，老而無妻者謂之矜，老而無夫者謂之寡。此四者，天民之窮而無告者也，皆有常餼。」〔註6〕這些因人倫缺失而陷入孤貧的老人，是為政者首先應當關注和救助的群體，應給予其經常性的物質幫助，如此才能實現「矜寡孤獨廢疾者，皆有所養」〔註7〕的大同世界。孔子對曾子所講的「尊老」、「尚齒」等為國之「七教」而外更有應為之「七脩」，其中就包括了「哀鰥寡，養孤獨，恤貧窮」等內容。〔註8〕《孝經》引孔子語曰：「治國者，不敢侮於鰥寡。」〔註9〕即治國之人不敢輕慢欺侮鰥寡，而應對其關心照顧。而此「不敢侮鰥寡」的思想在《尚書‧康誥》中即已出現。齊宣王問政，孟子主張其應效法文王而施仁政，並以矜恤「鰥寡孤獨」為仁政之先。荀子亦主張為國者應如愛護嬰兒那樣愛護其人民，「政令制度，所以接下之人百姓，有非理者如毫末，則雖孤獨鰥寡必不加焉」，〔註10〕即政令制度中即使有極細小的不合理之處也不可施之於鰥寡孤獨之人。

　　墨子主張「兼愛」，自然包括愛孤貧之老人，因此也極力推崇文王「不為大國侮小國，不為眾庶侮鰥寡」之政，認為正因文王能行此政，所以獲得上

〔註5〕　《周禮注疏》卷第十《大司徒》，第261頁。
〔註6〕　《禮記正義》卷十三《王制》，第429頁。
〔註7〕　《禮記正義》卷二十一《禮運》，第658頁。
〔註8〕　《孔子家語》卷一《王言解》，第27頁。
〔註9〕　《孝經注疏》卷第四《孝治章》，第25頁。
〔註10〕　方勇，李波譯注：《荀子》「王霸」，第184頁。

天的眷顧，使其國人「老而無子者，有所得終其壽，連獨無兄弟者，有所雜於生人之間，少失其父母者，有所放依而長」〔註 11〕如果當政者能行「兼愛」之說，亦會有「老而無妻子者，有所侍養以終其壽；幼弱孤童之無父母者，有所放依以長其身」的大好結果。〔註 12〕

《管子》當中的社會救助思想更為豐富，其中有不少涉及救助孤貧老人的內容。它主張為國者當有所查問，所問之事包括「問死事之寡，其餼廩何如」、「問獨夫、寡婦、孤寡、疾病者幾何人也」、「問鄉之良家，其所牧養者幾何人矣」、「問邑之貧人，債而食者幾何家」、「問……父母存，不養而出離者幾何人」等，〔註 13〕是為對鰥寡孤獨貧窮者的特別關注，只有使「孤寡老弱不失其所職」才是「治國」。〔註 14〕其《五輔》篇主張「德有六興」，「養長老，慈幼孤，恤鰥寡，問疾病，弔禍喪」的匡民之急的措施即為「六德」之一，只有做好了包括「匡其急」在內的六德才能使人民的欲求得到滿足，從而能夠聽從政令，實現國家的治理。〔註 15〕而《管子》中最為人所熟悉的「九惠之教」是其社會救助主張最集中的反映，其中「合獨」之政乃是直接有關救助鰥寡的措施，「所謂合獨者，凡國都皆有掌媒。丈夫無妻曰鰥，婦人無夫曰寡，取鰥寡而合和之，予田宅而家室之，三年然後事之，此之謂合獨。」〔註 16〕對鰥寡者由國家予以婚配並給田宅，三年之內不供職役，此與「老老」、「問疾」、「通窮」、「振困」等措施相結合，是孤貧老人得國家之救助的依據。官府救濟鰥寡老人多的有功，少的則有罪。〔註 17〕不僅如此，《管子》主張作為諸侯霸主的齊桓公當將此矜恤鰥寡孤獨之政推廣於諸侯，因此其《幼官》篇有冬月會諸侯，令「養孤老，食常疾，收孤寡」〔註 18〕之主張。

〔註 11〕吳毓江撰，孫啟治點校：《墨子校注》卷四《兼愛中》，第 160～161 頁。
〔註 12〕吳毓江撰，孫啟治點校：《墨子校注》卷四《兼愛下》，第 176 頁。
〔註 13〕（清）黎翔鳳撰，梁運華整理：《管子校注》卷九《問》，第 486～487 頁。
〔註 14〕（清）黎翔鳳撰，梁運華整理：《管子校注》卷二十一《明法解》，第 1207 頁。
〔註 15〕（清）黎翔鳳撰，梁運華整理：《管子校注》卷三《五輔》，第 194～195 頁。
〔註 16〕（清）黎翔鳳撰，梁運華整理：《管子校注》卷十八《入國》，第 1034 頁。
〔註 17〕（清）黎翔鳳撰，梁運華整理：《管子校注》卷二十四《輕重己》：「民生而無父母，謂之孤子。無妻無子，謂之老鰥。無夫無子，謂之老寡，此三人者，皆就官，而眾可事者不可事者食如言而勿遺。多者為功，寡者為罪，是以路無行乞者也。路有行乞者，則相之罪也，天子之春令也。」第 1529 頁。
〔註 18〕（清）黎翔鳳撰，梁運華整理：《管子校注》卷三《幼官》，第 158 頁。

二、秦漢的孤貧老人救助

秦時成書的《呂氏春秋》彙集先秦諸子學說而成，其中亦有豐富的救助鰥寡孤獨的思想，如其主張在仲春之月「養幼少，存諸孤」，〔註19〕在季春之月「賜貧窮，振乏絕」，〔註20〕在仲秋之月「養衰老，授几杖，行糜粥飲食」〔註21〕，在孟冬之月「賞死事，恤孤寡」〔註22〕等。然而，秦行「暴政」，並未將上述思想付諸實踐，而是不知「振百姓之急，養老存孤」，〔註23〕因而造成了「百姓靡敝，孤寡老弱不能相養，道路死者相望」以致二世而亡的結局。〔註24〕但是，在一定範圍內，秦法對孤貧老者仍給予了特別關注。睡虎地秦簡《為吏之道》是對官吏行為準則的要求，其中要求官吏需「除害興利，茲（慈）愛萬姓」，亦應關注「孤寡窮困，老弱獨傳」，對老弱癃病者的「衣食飢寒」亦當留心。〔註25〕

漢代鑒於秦二世而亡，除其苛政，注重養老，對孤貧老人的救助亦尤為重視。在帝王詔令中多有對孤貧老人的存問賜物之制，據學者統計《漢書》和《史記》中記載的西漢時的鰥寡孤獨救助詔令有 30 次，東漢時有 28 次。〔註26〕其詔令的頒佈或因慶典、或因災害、或行大赦，雖非常制，但充分體現了漢代「哀鰥寡，恤孤獨，養耆老，振匱乏」〔註27〕之意。除了這些特恩性質的賜賞之外，漢代法律之中也有對孤貧老人予以特別照顧的常行之制。《二年律令·戶律》中有對鰥寡老人的分戶優待，其律文曰：

> 寡夫、寡婦母子及同居，若有子，子年未盈十四，及寡子年未盈十八，及夫妻皆癃病，及老年七十以上，毋異其子；今毋它子，欲令歸戶入養，許之。〔註28〕

〔註19〕 許維遹撰，梁運華整理：《呂氏春秋集釋》卷二《仲春紀》，第 34 頁。

〔註20〕 許維遹撰，梁運華整理：《呂氏春秋集釋》卷三《季春紀》，第 60 頁。

〔註21〕 許維遹撰，梁運華整理：《呂氏春秋集釋》卷八《仲秋紀》，第 176 頁。

〔註22〕 許維遹撰，梁運華整理：《呂氏春秋集釋》卷十《孟冬紀》，第 216 頁。

〔註23〕 （漢）司馬遷：《史記》卷八十八《蒙恬列傳》，第 2570 頁。

〔註24〕 （漢）司馬遷：《史記》卷一百一十二《平津侯主父列傳》，第 2954 頁。

〔註25〕 睡虎地秦墓竹簡整理小組編：《睡虎地秦墓竹簡》，第 170 頁。

〔註26〕 參見王文濤：《秦漢社會保障研究——以災害救助為中心的考察》，第 141〜146 頁。

〔註27〕 （漢）班固：《漢書》卷六十四上《嚴助傳》，第 2777 頁。

〔註28〕 張家山二四七號墓竹簡整理小組編：《張家山漢墓竹簡（釋文修訂本）》〔二四七號墓〕，《二年律令·戶律》，第 55 頁。

即鰥寡老人的家庭，不要強制分異，已經分異而要求合戶歸養的應當允許。
東漢建武六年因水旱蝗災光武帝下詔「給稟高年、鰥寡孤獨及篤癃、無家屬
貧不能自存者，如《律》」，〔註29〕可見當時已經有給稟鰥寡孤獨貧乏者的法
律了。除此之外，發現於甘肅武威的《王杖詔書令冊》則記載了漢時關於優
待鰥寡老人的法令：

> 年六十以上，母子男爲鰥；女子年六十以上，母子男爲寡，賈市
> 母租，比山東復。復人有養謹者扶持，明著令。蘭臺令第卅二。〔註30〕

鰥寡老人從事商業活動可以比照山東免除賦役一樣免徵商稅，凡能恭敬扶養
鰥寡老人的亦可免除賦役。

三、三國兩晉南北朝的孤貧老人救助

三國兩晉南北朝時期國家多處於割據戰亂之中，但各政權對孤貧老人仍
給予了特別關注，對鰥寡貧窮的老者給予物質賞賜的詔令屢見於史書。特別
是南北朝時期，由於受到佛教行善觀念的影響，在救助孤貧老人方面取得了
巨大的成就，主要表現爲出現了專門的救助機構。先是信奉佛教的齊武帝長
子文惠太子「立六疾館以養窮民」，〔註31〕其後篤信佛教的梁武帝除了詔令「凡
民有單老孤稚，不能自存，主者郡縣咸加收養，贍給衣食，每令周足，以終
其身」之外，「又於京師置孤獨園，孤幼有歸，華髮不匱。若終年命，厚加料
理。」〔註32〕北魏道武帝登國十年（395）設三長，「孤獨癃老篤疾貧窮不能
自存者，三長內迭養食之」。〔註33〕孝文帝在太和二十一年（497）也發佈了
救助孤貧老人的詔書：

> 可敕司州洛陽之民，年七十以上無子孫，六十以上無期親，
> 貧不自存者，給以衣食；及不滿六十而有廢痼之疾，無大功之親，
> 窮困無以自療者，皆於別坊遣醫救護，給醫師四人，豫請藥物以
> 療之。〔註34〕

〔註29〕　（南朝・宋）范曄：《後漢書》卷一下《光武帝紀下》，第47頁。

〔註30〕　武威縣博物館：《武威新出王杖詔書令冊》，載甘肅省文物工作隊、甘肅省博
　　　　物館編：《漢簡研究文集》，第35頁。

〔註31〕　（南朝・梁）蕭子顯：《南齊書》卷二十一《文惠太子傳》，第401頁。

〔註32〕　（唐）姚思廉：《梁書》卷三《武帝紀下》，第64頁。

〔註33〕　（北齊）魏收：《魏書》卷一百一十《食貨志》，第2855頁。

〔註34〕　（北齊）魏收：《魏書》卷七下《高祖紀下》，第182頁。

其中不僅有對孤貧老人的物質救助，還有對孤貧病患老人的專門救療機構，所謂「別坊」。十多年後，「長於釋氏之義」的北魏宣武帝亦於永平三年（510）下詔設立專門機構救治貧病者，並「嚴敕醫署，分師療治」，根據醫生救療效果而論考賞罰。﹝註35﹞雖然上述機構的救助對象有些並不限於孤貧老人，其設立也僅在京師等極有限之地區，但其設置開創了以專門機構來救助鰥寡孤獨貧困者的先河。

四、唐代的孤貧老人救助

唐代對孤貧老人除以詔令的形式給予物質賜賞之外，在法律制度上則有收養之制，在專門救助機構上則有悲田養病坊。開元二十五年《戶令》云：

> 諸鰥寡孤獨貧窮老疾，不能自存者，令近親收養。若無近親，付鄉里安恤。如在路有疾患，不能自勝致者，當界官司收付村坊安養，仍加醫療，並堪問所由，具注貫屬，患損之日，移送前所。
> ﹝註36﹞

即對於孤貧不能自存之老人首先令近親收養，如果沒有近親則由鄉里基層組織負責照顧，國家在此時還未有明確的責任。悲田養病坊為唐初的專門救助機構，在武則天長安（701～704）之前當已經存在，亦是佛教影響之下的產物。「悲田」即為「施貧之田」，乃是佛教三福田之一，其所救助者包括「貧窮孤老乃至蟻子」。﹝註37﹞唐初的悲田養病坊其主持與管理人員為僧尼，但由於在儒家的理想中，濟貧救困之事當由政府實施，個人或社會機構的救助行為是奪走了政府展現仁政的機會，因此對佛寺的救助行為政府多有猜忌，長安以後國家開始派遣專人進行監督管理。不過，由於在悲田養病坊的經營管理過程中，弊端多出，因此開元五年（717）宋璟乾脆上奏罷除：

> 宋璟奏：悲田養病，從長安以來，置使專知。國家矜孤恤窮，敬老養病，至於安庇，各有司存。今驟聚無名之人，著收利之便，實恐遁逃為藪，隱沒成奸。昔子路於衛，出私財為粥，以飼貧者，孔子非之，乃覆其饋。人臣私惠，猶且不可，國家小慈，殊乖善政。

﹝註35﹞（北齊）魏收：《魏書》卷八《世宗紀》，第210頁。

﹝註36﹞〔日〕仁井田陞著，栗勁、霍存福、王占通、郭延德編譯：《唐令拾遺》，第165～166頁。

﹝註37﹞《像法決疑經》，轉引自〔日〕道端良秀：《唐代佛教史の研究》，法藏館1967年版，第389頁。

伏望罷之。其病患人，令河南府按此分付其家。〔註38〕

但此奏並未獲得皇帝的認可。至開元二十二年（714），玄宗令悲田養病坊去「悲田」二字，改爲「病坊」，收管京城「乞兒」，其目的在於降低佛寺在救助機構中的影響而增加政府的影響。此事在會昌五年（845）李德裕的所奏中有所反映：

> 恤貧寬疾，著於《周典》，無告常餒，存於《王制》。國朝立悲田養病，置使專知。開元五年，宋璟奏悲田乃關釋教，此是僧、尼職掌，不合定使專知，元宗不許。至二十二年，斷京城乞兒，悉令病坊收管，官以本錢收利給之。

但由於此時正值武宗廢佛，眾多寺院被廢，僧尼迫令還俗，病坊無人管理，李德裕因此進一步奏請從當地德高望重之人中選定一人管理，並計劃了病坊的經濟來源：

> 今緣諸道僧尼，盡已還俗，悲田坊無人主領，恐貧病無告，必大致困窮。臣等商量，悲田出於釋教，並望改爲養病坊。其兩京及諸州，各於錄事耆壽中，揀一人有名行謹信，爲鄉里所稱者，專令勾當。其兩京望給寺田十頃，大州鎮望給田七頃，其它諸州，望委觀察使量貧病多少給田五頃，以充粥食。如州鎮有羨餘官錢，量予置本收利，最爲穩便。

其請得到了皇帝的認可，因此敕下兩京諸州：

> 悲田養病坊，緣僧尼還俗，無人主持，恐殘疾無以取給，兩京量給寺田拯濟，諸州府七頃至十頃，各於本置耆壽一人勾當，以充粥料。〔註39〕

可見，悲田養病坊在唐初由寺院創設，後改爲政府管理，「矜孤恤窮，矜老養病」，其後僧尼被排除在外，而由政府選任專人管理，名稱亦改爲「病坊」，所救助對象也從孤窮疾病變爲貧病乞丐。此後「病坊」的發展如何，史籍未有記載，可見政府與佛寺救助貧病者的爭奪「只意在顯示其權威，並沒有將濟貧列爲持久的政策」。〔註40〕結合其令近親和鄉里收養安恤孤貧老人的戶令來看，唐代的孤貧老人救助之責仍在家庭和基層組織。歸根到底這

〔註38〕 （宋）王溥：《唐會要》卷四十九《病坊》，第863頁。
〔註39〕 （宋）王溥：《唐會要》卷四十九《病坊》，第863頁。
〔註40〕 梁其姿：《施善與教化——明清的慈善組織》，第33頁。

又與唐代的田制有莫大的關係。「因爲國家在理念上已經根據均田制向鰥寡孤獨授了田，這些田足夠維持他們的生活，因此無須再向他們發放口糧。這就是說，即使他們沒有可依靠的親屬，但在理論上近親和鄉里完全可以幫助他們耕種，並向他們提供充分的救濟。」〔註41〕至宋代，田制發生重大變化，孤貧老人並無固定田產以資近親、鄉里供養，救助之責自然落到了政府身上。

第二節　居養之法：宋代的孤貧老人救助

「皇朝以仁立國，凡惸獨廢疾皆有養。」〔註42〕宋代對孤貧老人的救助在繼承前代之制的基礎之上有巨大的發展。主要表現在於官方救助機構的大量出現和普遍設置上。宋代因不同的救助對象設置了不同的官方救助機構，包括居養院、安濟坊、漏澤園等，「以居養名院，而窮者有所歸；以安濟名坊，而病者有所療；以漏澤名園，而死者有所葬」。〔註43〕其中救助孤貧老人之責主要由居養院及其類似機構負責，使其有屋以居之，有錢以養之。從中央到地方的居養之制在機構設置、人員配備、經費來源以及居養條件等方面均有規定，可謂完備。

一、居養機構的設置

（一）京師居養機構的設置

宋初於京師設有「福田院」，源於唐代的悲田養病坊，分爲東、西兩院，其功能在於「廩老疾孤窮丐者」，但規模有限，獲得錢米救濟者僅二十四人。其後英宗在東、西福田院之外增設南、北福田院，每院可「日廩三百人」。〔註44〕熙寧二年（1069）十一月，因寒雪天氣神宗下詔四福田院在額定人數外收養「老疾孤幼無依乞丐者」，看驗得實後可按照院制支錢賑濟，至立春天氣暖和後爲止。但以京師之人口比例來看，鰥寡孤獨貧乏不能自存者遠不止一千二百人，在寒冷的雨雪天氣，皇帝也經常下詔令福田院收養「京城內

〔註41〕　〔日〕夫馬進：《中國善會善堂史研究》，第35～36頁。
〔註42〕　〔宋〕梅應發：《開慶四明續志》卷四《廣惠院》，第5970頁。
〔註43〕　〔清〕徐松：《宋會要輯稿》食貨六〇之一〇，頁5869c。
〔註44〕　〔元〕脫脫：《宋史》卷一百七十八《食貨上六·振恤》，第4338～4339頁。

外老疾幼孤無依者」，〔註45〕福田院原有的規模已不能滿足需要。因此，哲宗元祐二年（1087）范祖禹上書請求擴大福田院的收養規模：

> 朝廷自嘉祐以前，諸路有廣惠倉以救恤孤貧，京師有東西福田院以收養老幼廢疾，至嘉祐八年十二月又增置城南北福田，共爲四院，此乃古之遺法也。然每院止以三百人爲額，臣竊以爲京師之眾，孤窮者不止千二百人。又朝廷每遇大冬盛寒則臨時降旨救恤，雖仁恩溥博，然民已凍餒，死損者眾。夫救饑于未饑之時，先爲之法，則人不至於饑死；救寒于未寒之時，預爲之備，則人不至於凍死。今每歲收養與臨時救濟，二者等爲費用，不若多養之爲善也。臣愚以爲宜于四福田院增蓋官屋，以處貧民，不限人數，並依舊法收養，委左右廂提舉使臣，每至冬月多設方略救濟，或給米豆，設糜粥，不必專散見錢。其使臣存活到人數書爲課績，量與酬獎；死損多者，亦立殿罰。〔註46〕

此一建議爲皇帝所採納。〔註47〕到元符元年（1098）十月在立法機構的請求下哲宗又下詔：

> 鰥寡孤獨貧乏不能自存者，州知通、縣令佐驗實，官爲養之。疾病者，仍給醫藥。監司所至，檢察閱視。應居養者，以戶絕屋居；無戶絕者，以官屋居之。及以戶絕財產給其費，不限月分，依乞丐法給米豆。若不足者，以常平息錢充。居養而能自存者，罷。〔註48〕

此即爲著名的「居養法」，據此，各州縣紛紛創建了救濟鰥寡孤獨貧乏之人的居養機構。而京師開封仍以「福田院」爲之，其救助面有限，因此崇寧四年（1105）在皇帝的詔令之下京師也開始奉行居養之法：

> 京師根本之地，王化所先。鰥寡孤獨與貧而無告者，每患居養之法施於四海而未及京師，殆失自近及遠之意。今京師雖有福田院，所養之數未廣，祈寒盛暑，窮而無告及疾病者，或失其所，

〔註45〕 （宋）李燾：《續資治通鑑長編》卷二百四十八，熙寧六年十一月丙寅：「詔：『開封府雪寒，京城內外老疾幼孤無依者，並收養於四福田院，自今準此。』」第6051頁。

〔註46〕 （宋）范祖禹：《范太史集》卷一四《乞不限人數收養貧民箚子》。

〔註47〕 （宋）李燾：《續資治通鑑長編》卷四百八，元祐三年春正月庚戌，第9919～9920頁。

〔註48〕 （清）徐松：《宋會要輯稿》食貨六〇之三，頁5866b。

朕甚憫焉。可令開封府依外州法居養鰥寡孤獨，及置安濟坊，以
稱朕意。〔註49〕

此後，京師亦當有居養機構的設立，因此，始有崇寧五年（1106）京師及諸路
居養機構獲賜「居養」之詔：

> 居養院始於唐之悲田、福田院。元符元年，詔：「鰥寡孤獨貧
> 乏不能自存者，以官屋居之，月給米豆；疾病者，仍給醫藥。」
> 崇寧五年，始賜名居養。從淮東提舉司之請也。（崇寧）五年，淮
> 東提舉司言：「安濟坊、漏澤園，並已蒙朝廷賜名。其居養鰥寡孤
> 獨等，亦乞特賜名稱。」詔：「依京西湖北以『居養』爲名，諸路
> 準此。」〔註50〕

自此，京師開封救濟孤貧老人之責主要由居養院承擔，而福田院同時並存。
宋室南渡之後，於紹興十三年（1143）在臨安以蘇軾所創安樂坊爲基礎設置養
濟院，承擔對「老疾孤寡貧乏不能自存及丐者」的救助之責。〔註51〕其養濟
院共有兩所，「一在錢塘縣界西石頭之北」，「一在艮山門外」，前者淳祐年間
改在寶勝院內。〔註52〕

（二）地方居養機構的設置

地方上的孤貧老人救助早期依賴於廣惠倉。廣惠倉之普遍設於諸路在仁
宗嘉祐二年（1057），是以沒入官府的戶絕田產募人耕種，所收租米用於救
助州縣城內老幼貧疾不能自存者，〔註53〕「廩食窮獨」，〔註54〕「救恤孤貧」。
〔註55〕熙寧四年（1071）廣惠倉併入常平倉，而後在范祖禹的請求之下於元
祐三年（1088）得以恢復，紹聖元年（1094）又罷。〔註56〕其後地方上的孤
貧老人救助主要依賴據「元符居養法」所設之居養機構，此類機構在崇寧五
年統一命名爲居養院之前，其名稱多種多樣，有爲「仁先院」者，有爲「貧

〔註49〕 （清）徐松：《宋會要輯稿》食貨六〇之四，頁 5866c～d。
〔註50〕 （清）徐松：《宋會要輯稿》食貨六〇之一，頁 5865a。
〔註51〕 （宋）吳自牧：《夢粱錄》卷十八《恩霈軍民》，第 172 頁。
〔註52〕 （宋）施諤：《淳祐臨安志》卷七《養濟院》，第 3290 頁。又見（宋）潛說友：
《咸淳臨安志》卷八八《養濟院》，第 4174 頁。
〔註53〕 （元）馬端臨：《文獻通考》卷二十六《國用四‧振恤》。
〔註54〕 （宋）杜大珪：《名臣碑傳琬琰之集中集》卷 52《曾太師公亮行狀》。轉引自
張文：《宋朝社會救濟研究》，第 53 頁。
〔註55〕 （宋）范祖禹：《范太史集》卷一四《乞不限人數收養貧民箚子》。
〔註56〕 （清）徐松：《宋會要輯稿》食貨五三之一四，頁 5726d。

子院」者等等。南宋之後，各地居養機構的名稱亦較多變，有名爲養濟院，
有名爲廣惠院，還有利濟院、安養院等等，不一而足。綜合學者考證，對各
地居養機構之大概列表如下﹝註57﹞：

名稱	創建重建時間	設施規模	救助對象及數額	養濟標準	管理人員	創建重建者	經費來源	出處
陝州仁先院			鰥寡老者					《北宋陝州漏澤園》M0111、M0152、M0176號磚墓誌
陝州貧子院			鰥寡老者、貧不能自存者					《北宋陝州漏澤園》M0129、M0156、M0568、M0572、05、010號磚墓誌
餘杭居養院、養濟院								楊時《龜山集》卷二《餘杭所聞》；《咸淳臨安志》卷八八《恤民·餘杭》
臨安府養濟院			老疾貧乏不能自存及乞丐之人	每名日支米一升，錢十文，小兒半之；支給時間由十一月一日至次年二月，後展至四月、七月。				《咸淳臨安志》卷八八《恤民·養濟院》

﹝註57﹞ 本表參考張文：《宋朝社會救濟研究》，第 177～179 頁；李瑾明：《宋代社會救濟制度的運作和國家權力──以居養院制的變遷爲中心》，載《中國史研究》2005 年第 3 期。有增損。

名稱	創建重建時間	設施規模	救助對象及數額	養濟標準	管理人員	創建重建者	經費來源	出處
徽州居養院	紹興元年(1131)	有如小蘭若兩廡;田300畝	孤老廢疾之民		僧主其院	太守徐誼依元符制所創		《弘治徽州府志》卷五《卹政》
吳興利濟院	紹興三年(1133)	屋27楹,田若干,歲收租米323石	孤病貧乏老病之人40餘人	月給錢五百文,米六斗	僧行各一名主管收支	知州事王回（慶元中曾築增益之）	公田撥付;以圭田3歲租所購田	《嘉泰吳興志》卷八《公廨·義倉》
淳安縣安老坊	淳熙八年(1181)	屋24楹,瓴植堅緻,牕戶明潔,垣牆疪湢几用,咸備無缺	年運衰耄及窮悴流離而無所歸者			令尹陳某	費不靡於公,力不騷乎私	《嘉靖淳安縣志》卷十四《文翰·安老坊記》
淳安縣安養院	開禧二年(1206)之前	田地若干,歲收穀1328斤,米1.5石,錢6800文,絹5疋			僧行掌收支灑掃	原安老坊之餘,官田、僧人捐獻	《嘉靖淳安縣志》卷一十四《文翰·安養院記》
眞州居養院	火廢於淳熙,重建於慶元六年(1200)	初爲茅屋16間,後擴建,繞以圍牆,有廚有井,有房有廳	老疾無告者		一老成道民啓閉門戶	提舉常平汪梓,劉宰	常平錢、公費之餘。但養濟經費無著落	劉宰《漫塘文集》卷二○《眞州居養院記》
和州居養院	慶元六年(1200)	牆園五十三丈九尺	鰥寡孤獨無依倚人69人	每人日支米一升		本路提舉韓挺		《宋會要輯稿》食貨六○之一
和州養濟院	嘉泰元年(1201)	瓦屋二十五間,家居器物等	鰥寡孤獨無依倚人約100餘人	歲需米四七十餘石、錢六百貫文	僧行一名點檢粥食,兵士充火頭,輪差醫人診侯病人	本路提舉韓挺	本州島別項米內借撥;4個圩田子米	《宋會要輯稿》食貨六○之一
常德居養院		即鄉落寺觀分置	遠民之無告者			知常德府郭份		《朱文公文集》卷九十二《郭公墓誌銘》

名稱	創建重建時間	設施規模	救助對象及數額	養濟標準	管理人員	創建重建者	經費來源	出處
貴溪縣孤獨廬	開禧元年(1205)之前					劉建翁		《水心集》卷一十八《劉建翁墓誌銘》
台州養濟院	嘉定四年(1211)移徙	安老慈幼二坊,屋二十楹;田一十二頃有奇,地山園一頃一十六畝有奇,可得穀一千七百石有奇,錢七十九貫有奇,又歲以千緡給他費	廢疾者百口		提督官吏典直卒及醫職皆具	黃守𢍰		《嘉定赤城志》卷五《養濟院》
建康府養濟院	嘉定五年(1212)重建,寶祐五年(1257)增修	城南北兩處,為屋100間,又有廢寺一處	窮民之流殍者,每歲500人	歲費米一千五百石、錢2000緡	每三年以質庫息錢各度一僧掌之	守臣錢良臣、知建康府黃度、馬光祖	常平米、府倉耗米、安撫司藥局息錢、公使錢	《景定建康志》卷二十三《廬院·養濟院》
建康府實濟院	寶祐六年(1258)	門廊房屋60餘間,生活設施齊備	無告之民,額定100人	每名月支米6斗、錢20貫,一歲通計米750石、錢25000貫文		轉運副使余晦	賑惠庫解息、寄納倉每歲耗剩錢米	《景定建康志》卷二十三《廬院·實濟院》
吉水居養院		屋10楹	日贍20人	鰥寡孤獨老者		吉水丞黃閌及常平使	縣屬經費,常平歲給50斛	《洺水集》卷七《吉水創建居養院記》
明州養濟院	寶慶三年(1227)重修	矮屋三數間		人支米一升、錢十二文,省小者減半,亦一二十人		守胡矩		《寶慶四明志》卷三《養濟院》;《開慶四明續志》卷四《廣惠院》;

名稱	創建重建時間	設施規模	救助對象及數額	養濟標準	管理人員	創建重建者	經費來源	出處
明州廣惠院 (養濟院)	寶祐五年(1257)	院屋 105 間	鰥寡孤獨癃聾跛躄者，300 人	每一大口月給米六斗，錢一十貫；一小口五歲以上月給米四斗，錢七貫；十五歲以上從大口	行者一人供灑掃；設甲頭；募強壯者充火頭	吳潛	淘湖米千碩，郡又增置田租，且歲撥錢四萬緡充費錢	《開慶四明續志》卷四《廣惠院》；《許國公奏議》卷四《奏創養濟院以存養鰥寡孤獨之民》
嘉興廣惠院	紹定四年(1231)	以米二千七百石有奇創屋一區，為程六十有五，凡門廡直舍、倉室廚湢皆備。繚以垣牆，環以溝洫	鰥寡孤獨癃聾跛躄顛連而無告者。額以二百人	老者病者月廩米五斗、錢千，少者月廩米三斗，錢半之		吳潛	或墾閒田，或市良田，或括公田，或民之化於善者樂助田	《嘉禾金石記》卷一七；光緒《嘉興府志》卷二四，同治《鄞縣志》
蘇州廣惠坊	紹定四年(1231)	屋 70 楹	額以200人為率	大人粟1.5升、月錢33文；小兒粟0.5升、月錢16.5文		守吳淵	沒官田產，僧寺廢田	《退庵先生遺集》卷下《廣惠坊記》
瀘州養濟院		有序有室有庖	老廢，疾病，孤幼，鰥寡者；百人			魏了翁	官田	《鶴山先生大全集》卷四五《瀘州社倉養濟院義冢記》
玉峰安懷坊	淳祐十一年(1251)	每歲租入524石6斗9升5合	孤窮老人；百口			知縣項澤		《玉峰志》卷中《公宇·安懷坊記》，卷中《官租·安懷坊租米》

可見各地在矜恤孤貧思想指導之下，在朝廷居養之法的支持下建立了諸多救助機構，孤貧的老人可基於這些機構的救助，有屋居，有錢養。

二、孤貧老人的居養待遇

　　鰥寡貧困的老人是各類居養機構的當然救助對象。宋以六十爲老，因此，年滿六十的孤貧之人才可居於居養機構獲得救助。不過對於可居於居養機構的鰥寡者年齡法律有一個變化的過程。大觀元年（1107）徽宗皇帝曾將這一年齡降低爲五十歲以上，〔註58〕但宣和二年（1120）又恢復爲六十。〔註59〕其後不見降低年齡標準的詔令。是爲在多數時候六十以上的孤貧老人可獲得居養救助。宋代的居養制度對於居養老人應獲得何種生活救助有明確的規定。但有法不行或奉法太過的情況經常出現。

（一）一般的待遇

　　依據前引元符居養法，居養老人可於居養機構中居住，每日獲得米豆之食。具體到每一個居養機構其標準則不盡相同。

　　就居住條件而言，因居養機構本身的規模和設施情況而有差異。如上表所顯示，有的居養機構有院屋上百間，〔註60〕有的有房以居住，有廳以聚集，有廚房有水井，〔註61〕有的甚至還有浴室，〔註62〕而有的則僅有「矮屋三數間」。〔註63〕在這些不同的機構中居養的孤貧老人其居住條件自然有所不同。不過，對於孤貧無告的老人來說，有棲身之所已是大幸，至於居所的設置、大小已不及在意。

　　居養的老者特別需要在意的是日常生活資料的供給。據元符居養法的規定，居養之人可「不限月份，依乞丐法給米豆」。據此，我們可以獲得兩個信息，一是居養人獲得政府救助的時間是「不限月份」，沒有季節限制的；二是，居養人所獲得的救助標準是與「乞丐法」給予乞丐的救助標準相一致的。

　　就第一點來說，前輩學者似乎並未注意，或者雖有注意但將後期所謂養濟「老疾貧乏不能自存及乞丐之人」的限時支給辦法歸爲居養制度的支給辦

〔註58〕（清）徐松：《宋會要輯稿》食貨六〇之五，頁5867a。
〔註59〕（清）徐松：《宋會要輯稿》食貨六〇之七，頁5868b。
〔註60〕（宋）梅應發：《開慶四明續志》卷四《廣惠院》，第5970頁。（宋）周應合：《景定建康志》卷二三《盧院・養濟院》，第1702頁。
〔註61〕（宋）劉宰：《漫堂文集》卷二〇《眞州居養院記》。
〔註62〕（宋）吳潛：《廣惠院記》，見曾棗莊，劉琳主編：《全宋文》第337冊，第255頁
〔註63〕（宋）梅應發：《開慶四明續志》卷四《廣惠院》，第5972頁。

法，認爲對居養人的支給亦是限時的。〔註64〕綜合史料，筆者認爲此說似有未安。大觀初楊時在餘杭對比居養之法與養士之法，指出：

> 學校養士，反不如居養安濟所費之多。如餘杭學今止有三十餘人，而居養安濟乃共有百餘人。居養安濟人給米二升，錢二十，爲士者所給如其數加四錢耳，而士未必常在學也，則其所費固寡於彼矣。〔註65〕

言外之意則是居養人常在居養院，居養人每日米二升，錢二十的支給是一年中都有的經常之制。南宋時各地的居養機構亦是一年之中都有支給。據前表所列嘉泰元年（1201）和州所設養濟院，以一百人爲養濟之額，「一歲約用米四百七十餘石、錢六百貫文」，折算來看則剛好大約是以每人每日一升米，十餘文錢的標準一年中每日支給而來。再看寶祐六年（1258）所設建康府實濟院的歲費標準，該院以一百人爲養濟定額，居養人「每名月支米六斗、錢二十貫」，一年的費用一共是「米七百五十石、錢二萬五千貫文」，以此計算，該院必是一年中十二個月均有支出錢米，而並不僅僅限於冬寒之月。又建康府寶祐五年（1257）增修的養濟五百人的養濟院，其一年所費爲「米一千五百石、錢二千緡」，則又是以每人每日一升米、十文錢的十個月的支出，與十一月支給至春暖爲止的說法亦不相合。除此之外，其它居養機構在設定支給標準之時均不見限時支給的規定。

而從出土文獻提供的信息來看，並非冬寒之月的居養機構中仍有居養人居住。如河南滑縣萬集村墓地出土政和七年（1117）漏澤園一則磚銘記載：「居養院人王信屍首，年八十一歲。政和七年四月十四日葬。」〔註66〕八十一歲的居養人王信葬於四月十四日，之前居於居養院，此時已是春暖之時。三門峽出土的北宋漏澤園墓磚中的 05 號、010 號銘文也反映了在四月、五月居養機構中仍有居養人居住的事實。〔註67〕情理上講，當不會有法律規定孤貧的老者可居於院中但不支給錢米。

可見對居養人的錢米支給並不限月份，是經常性的，居於居養機構中的

〔註64〕 金中樞：《宋代幾種社會福利制度》，載邢義田、黃寬重、鄧小南總主編《臺灣學者中國史研究論叢》之李建民主編：《生命與醫療》，第315～316。

〔註65〕 （宋）楊時：《楊龜山集》卷二《語錄・餘杭所聞》，第34頁。

〔註66〕 宋采義、予嵩：《談河南滑縣發現北宋漏澤園》，載《河南大學學報》1986年第4期。

〔註67〕 三門峽市文物工作隊編：《北宋陝州漏澤園》，第332、337頁。

孤貧老人只要在院中居住就應享有一定的支給待遇，直至其「能自存」或「待其盡」〔註68〕之後為止。

至於南宋屢次所降之敕文及令文中的限定在一定時段內支給米豆的救助措施，乃是針對「老疾貧乏不能自存及乞丐之人」者。國家對此類人的救助並不同於對「鰥寡孤獨無所依歸」者的救助，後者是一種長期性的居養救助，而前者則是臨時性的收養或給散粥食的賑濟，在天氣回暖之後這種臨時性的救助就會住罷，所收養之人則被放散。而在冬季寒冷季節，對乞丐等人的收養之責主要也是由居養機構來承擔的，因此學者往往容易誤將這種收養乞丐的起止時間等同於鰥寡孤獨居養者的救助起止時間。關於居養機構收養乞丐的規定在大觀元年（1107）閏十月徽宗的詔令中已有反映：

> 在京遇冬寒，有乞丐人無衣赤露，往往倒於街衢。其居養院，止居鰥寡孤獨不能自存之人。應遇冬寒雨雪，有無衣服赤露人，並收入居養院，並依居養院法。〔註69〕

也即居養機構在收養孤貧老人的同時於冬寒之時也收養乞丐。此一詔令所確定之規則雖在宣和二年（1120）被廢止，居養機構不再收養乞丐人，〔註70〕但宣和七年（1125）即被要求修復。〔註71〕之後，於冬寒之時收養不能自存之乞丐人等成為居養機構的一項職能。〔註72〕有時官府也會另選空閒房屋作為收養乞丐貧乏不能自存人的場所。〔註73〕

初時，這種對乞丐的收養並無固定的起止時間，不過至遲在政和五年（1115）之前已有在二月二十日止的規定。〔註74〕南宋紹興四年（1134），從臣僚所請支散日期亦定在二月終。〔註75〕由於乞丐眾多並不能盡行收養，多數對乞丐人的救助是通過給散粥食的賑濟之法來實現的。而對乞丐的賑濟起止時間早有定制，即所謂的「元豐惠養乞丐法」：

〔註68〕　（宋）梅應發：《開慶四明續志》卷四《廣惠院・規式》，第5972頁。
〔註69〕　（清）徐松：《宋會要輯稿》食貨六〇之五，頁5867a〜b。
〔註70〕　（清）徐松：《宋會要輯稿》食貨六〇之七，頁5868b。
〔註71〕　（清）徐松：《宋會要輯稿》食貨六〇之七，頁5868b。
〔註72〕　（清）徐松：《宋會要輯稿》食貨六〇之八，六〇之一二，六〇之一三，頁5868d，5870c〜d，5871a。
〔註73〕　（清）徐松：《宋會要輯稿》食貨六〇之一四，頁5871c。
〔註74〕　（清）徐松：《宋會要輯稿》食貨六〇之六，頁5867d。
〔註75〕　（清）徐松：《宋會要輯稿》食貨六〇之八，頁5868d。

諸州歲以十月差官檢視內外老病貧乏不能自存者注籍，人日給
米豆共一升，小兒半之。三日一給。自十一月朔始，止明年三月晦。
〔註76〕

對收養之老疾貧乏不能自存及乞丐人的救助也基本上是按此時間來實施。不
過，對乞丐等人的支給住罷時間常常被延展：

（紹興二年（1132））三月二十六日，中書門下省言：「臨安府
賑養乞丐人，三月一日已行放散，各無歸所。」詔臨安府更賑養一
月，候麥熟，取旨罷。

（紹興二年（1132））閏四月三日，臨安府言：「被旨，乞丐人
更賑養一月，合至四月二十九日滿。」詔更展一月。〔註77〕

（紹興十三年（1143））十一月八日，南郊赦：「老疾貧乏不能
自存及乞丐之人，依法籍定姓名，自十一月一日起，支米豆養濟，
至次年三月終。病者，給藥醫治。訪聞州縣視為文具，不曾留意，
監司亦不檢察，致多失所，甚非惠養寬恤之意。仰提舉司及州縣當
職官遵依條法指揮，多方存恤養濟。其有病患，亦仰如法醫治，不
得滅裂。」十九年十一月十四日、二十二年十一月十八日、二十五
年十一月十八日、二十八年十一月二十三日南郊赦，三十一年九月
二日明堂赦，同此制。〔註78〕

這些米豆支給時間的限制或延展所針對者均是季節性的貧困人口，而非人倫
缺失且限於貧困的居養人。

就第二點來說，所謂的「乞丐法」支給標準為「每人日支米一升，小兒
減半」。〔註79〕其後在臣僚起請之下屢有增添，〔註80〕大觀四年（1110）仍恢
復以乞丐法支給。〔註81〕政和元年（1111）又下詔「遇歉歲或大寒，合別加優
恤」。〔註82〕宣和二年（1120），「裁立中制」，規定居養人「日給粳米或粟米

〔註76〕 （宋）李燾：《續資治通鑑長編》卷二百八十，熙寧十年二月丁酉，第 6865
頁。

〔註77〕 （清）徐松：《宋會要輯稿》食貨六〇之八，頁 5868b。

〔註78〕 （清）徐松：《宋會要輯稿》食貨六〇之九，頁 5869a。

〔註79〕 （清）徐松：《宋會要輯稿》食貨六〇之八，頁 5868b。

〔註80〕 （清）徐松：《宋會要輯稿》食貨六〇之五，頁 5867b。

〔註81〕 （清）徐松：《宋會要輯稿》食貨六〇之六，頁 5867c。

〔註82〕 （清）徐松：《宋會要輯稿》食貨六〇之六，頁 5867c。

一升、錢十文省，十一月至正月，加柴炭錢五文省」，〔註83〕其支給標準已優
於乞丐舊法。其後法令所定的養濟標準大約如此。

　　不過，具體到各地居養機構，其支給標準因經濟狀況之差異各不相同，但
基本上都優於乞丐法，在支給米豆之外又支給少量銀錢。徽宗時，餘杭的居養
院居養人的救助標準是「人給米二升，錢二十」，高於乞丐法標準。〔註84〕又
如上表所示，吳興的利濟院支給標準爲「月給錢五百文，米六斗」，則是每日
可有米兩升、錢十六文有餘。建康府養濟院一年養濟五百人，費米一千五百
石，錢二千緡，則是每人每日可支取的米不到一升，錢十文餘。蘇州廣惠坊
的居養老人每日可支取粟一點五升、錢則僅一文餘。明州的養濟院居養人每
人每日可支取米一升、錢十二文。創於紹興四年（1231）的嘉興府廣惠院給
予老病者的養濟標準是每月「米五斗、錢千」，則每日的標準是米一點六升有
餘，錢三十三文餘，其它則是「米三斗、錢半之」，即每日可得米一升，錢十
三文餘。也有看似極爲優厚的，如創於寶祐五年（1257）的明州廣惠院的支
給標準較細，「每一大口月給米六斗，錢一十貫；一小口五歲以上月給米四斗，
錢七貫；十五歲以上從大口」，居養之老人自然按照大口標準計算，則是每日
可支米兩升，錢零點三貫餘。創於寶祐六年（1258）的建康府實濟院居養人
則每人可「月支米六斗、錢二十貫」，即每日可支米兩升、錢零點六貫餘。不
過，如果以淳祐十二年（1252）一貫大約二百文的比值來算，此二處老者每
日所支之錢也就是六十文或一百二十文餘，如果把此時紙幣的流通和貶值考
慮進去的話，一百文的購買力是極低的。〔註85〕

　　除此之外，居養之高齡老者可獲得特別優待：

　　　　大觀二年（1108）四月五日，知荊南府席震等言：「枝江縣居
　　養人咸通一百一歲，已下縣依條就賜絹、米、酒訖。契勘居養人
　　年八十以上，依條許支新色白米及柴錢；九十以上，每日更增給
　　醬菜錢二十文；夏月支布衣，冬月衲衣絮被。況如咸通年踰百歲，
　　若循前項八、九十之例，竊慮未稱朝廷惠民之政。欲將居養人咸
　　通每日添給肉食錢，並見增給醬菜，通爲錢三十文省，冬月給綿
　　絹衣被，夏單絹紗袴、裝著。仍乞諸路有百歲以上之人，亦依此

〔註83〕（清）徐松：《宋會要輯稿》食貨六〇之七，頁 5868a～b。
〔註84〕（宋）楊時：《楊龜山集》卷二《語錄・餘杭所聞》，第 34 頁。
〔註85〕可參考漆俠：《宋代經濟史》上，《漆俠全集》第四冊，第 1030～1078 頁。

施行。」從之。〔註86〕

即八十以上的居養人可以支給新出白米，還可額外領取柴錢；九十以上者每天還可多支取二十文醬菜錢，夏天可領取布衣，冬天可領取些破舊衣物和絮被；百歲以上者則可每日額外增加肉食錢十文，冬季有綿絹衣被，夏季有絹紗衣物。

（二）異化的待遇

由於朝廷對居養之法極為重視，並據州縣所救助之數課以殿最，因此有地方對居養之法「奉行太過」，以致奢靡。如大觀年間有的州縣給居養之人「設供張，備酒饌」，〔註87〕有的「置蚊帳，給肉食，許祭醮，加贈典」，造成「日用即廣，靡費無藝」。〔註88〕會稽的養濟院更為奢靡，甚至給居養之人雇請女使：

> 居養院最侈，至有為屋三十間者，初遇寒，惟給紙衣及薪，久之，冬為火室給炭，夏為涼棚，什器飾以金漆，茵被悉用氈帛，婦人小兒置女使及乳母，有司先給居養安濟等用度，而兵食顧在其後。〔註89〕

對此，宋人頗有微詞，陸游就有一段論述頗有代表性：

> 崇寧間……置居養院、安濟坊、漏澤園，所費尤大。朝廷課以為殿最，往往竭州郡之力，僅能枝梧。諺曰：「不養健兒，卻養乞兒；不管活人，只管死屍。」蓋軍糧乏、民力窮，皆不問，若安濟等有不及，則被罪也。〔註90〕

宋以後的宋史著者亦認為這種奢靡浪費的居養之法造成了「貧者樂而富者擾」。〔註91〕因此，皇帝屢下詔令講明居養法之初衷，指出「居養、安濟、漏澤，為仁政先，欲鰥寡孤獨、養生送死各不失所而已」，〔註92〕「鰥寡孤獨，古之窮民，生者養之，病者藥之，死者葬之，惠亦厚矣」，〔註93〕並對於各地

〔註86〕 （清）徐松：《宋會要輯稿》食貨六〇之五，頁5867b。

〔註87〕 （清）徐松：《宋會要輯稿》食貨六〇之五，頁5867b。

〔註88〕 （清）徐松：《宋會要輯稿》食貨六〇之六，頁5867c。

〔註89〕 （宋）施宿：《嘉泰會稽志》卷一三《漏澤園》，第6959頁。

〔註90〕 （宋）陸游：《老學庵筆記》卷二，第27頁。

〔註91〕 （元）脫脫：《宋史》卷一七八《食貨上六·振恤》，第4339頁。

〔註92〕 （清）徐松：《宋會要輯稿》食貨六〇之五，頁5867b。

〔註93〕 （清）徐松：《宋會要輯稿》食貨六〇之六，頁5867c。

「奉行太過」、「靡費無藝」的行爲立法禁止，大觀四年（1110）徽宗下詔各地方除已經建立的居養院可以保留並摒棄奢靡之外，不再增設，而「開封府創置坊院悉罷，見在人並歸四福田院，依舊法施行」。〔註94〕政和年間居養機構雖得以恢復，但至宣和初奢靡浪費的情形又復滋生，宣和二年（1120）六月徽宗因此又下詔令重新裁定居養人的錢米支給辦法：

> 居養、安濟、漏澤之法，本以施惠困窮，有司不明先帝之法，奉行失當。如給衣被器用，專顧乳母及女使之類，皆資給過厚，常平所入，殆不能支。天下窮民飽食暖衣，猶有餘峙，而使軍旅之士糜食不繼，或至逋逃四方，非所以爲政之道。可參考元豐惠養乞丐舊法，裁立中制。應居養人，日就（給）粳米或粟米一升、錢十文省，十一月至正月，加柴炭錢五文省，小兒並減半。……吏人、公人員額及請給酬賞，並令戶部右曹裁定以聞。〔註95〕

此後，朝廷法定的支給標準基本與之相當。

（三）待遇的落空

然而，也有些時候，由於居養機構的養濟費用缺乏，居養人或可無法獲得必要的待遇。如南宋眞州的居養院，創建者雖多方籌集有了居養機構的基本設施，但日常居養經費卻沒有著落。〔註96〕而更多情況下，則由於各地對居養之法並不切實奉行，導致應居養之人官府並不爲救助，因此也談不上獲得錢米支給了；或者因官吏從中作弊，導致應居養之人得不到居養，或雖居養而不能獲得必要的居養待遇。此類弊端在居養之法實施之初已經出現。崇寧四年（1105）五月，徽宗因此下詔嚴令各地奉行居養法，對於侵擾居養人、減扣居養待遇者以違制論：

> 民爲邦本，本固則邦寧。天下承平日久，民既庶矣，而養生送死尚未能無憾，朕甚憫焉。今鰥寡孤獨既有居養之法以厚窮民，若疾而無醫，則爲之置安濟坊，貧而不葬，則爲之置漏澤園，朕之志於民深矣。吏不奉法，但爲具文，以應詔令，並緣爲奸，欺隱騷擾，元元之民，未被惠澤。朕夙興夜寐，惻然於懷。其令提舉常平司與監司守令悉力奉行，毋或違戾，其有失職，仰劾罪以聞，若侵擾、

〔註94〕（清）徐松：《宋會要輯稿》食貨六〇之六，頁5867c。
〔註95〕（清）徐松：《宋會要輯稿》食貨六〇之七，頁5868a～b。
〔註96〕（宋）劉宰：《漫塘文集》卷二〇《眞州居養院記》。

乞取、減刻，或故爲隱漏，或因而科抑，罪輕者以違制論。〔註97〕
然而各地不奉法的情況並未改觀，次年六月、九月皇帝兩下詔令令各州縣奉
行。六月詔曰：

> 朕述追先志，作新法度。昨緣星變，恐懼修省，不敢自以爲是。
> 乃詔有司審量可否，詳度利害，改其未便者，以承天休。訪聞小人
> 乘間觀望，全不遵奉，已行之令，公然馳廢，懷奸害政。如居養鰥
> 寡孤獨漏澤園安濟坊之類，成憲具在，輒廢不行，監司坐視，不復
> 按舉。天之窮民，朕所矜恤，頗聞失所，其何以上當天心乎？仰監
> 司分按本道，舉行如法，有違慢觀望不修厥職者，按罪以聞，必罰
> 無赦。監司失於按舉，令御史臺彈奏。故茲詔示，想宜知悉。〔註98〕

九月詔曰：

> 居養院、安濟坊、漏澤園，以惠天下窮民。比嘗申飭，聞稍就
> 緒，尚慮州縣怠於奉行，失於檢察，仁澤未究。仰提舉常平司倍加
> 提按，毋致文具滅裂。城寨鎮市戶及千以上，有知監者，許依諸縣
> 條例增置，務使惠及無告，以稱朕意。〔註99〕

大觀中爲糾正居養奢靡之風，又橋枉過正，各地官吏對居養之法「觀望廢弛」，
甚至「徹屋鬻器，播棄孤老」，提舉常平司又不加監督，因此政和初年皇帝屢
下詔令申明法意。先是政和元年（1111）十一月十九日，尚書省上言：「居養
院、安濟坊、漏澤園，比來提舉常平司官全不復省察，民之無告，坐視不救，
甚失朝廷惠養之意。」皇帝因此下詔：「自今居養、安濟、漏澤園事，轉運、
提刑、鹽香司並許按舉。在京委御史臺彈奏。」〔註100〕政和二年（1112）徽
宗又下詔各地依據大觀三年（1109）四月之前的居養法施行，並對廢法不行者
以違制加二等論罪。〔註101〕然至政和四年（1114）仍有地方奉行不力，孤老
孱弱者甚至連破舊的被褥也沒有，因此有臣僚上言請求設置：

> 兩浙轉運司言：「鎮江府在城並丹徒縣居養院、安濟坊，並不置
> 造布絮衲被給散孤老孱弱之人，未副惠養之意。兼用布絮被支費錢

〔註97〕《宋大詔令集》卷一百八十六《恤窮·奉行居養等詔令詔》，第680頁。
〔註98〕《宋大詔令集》卷一百八十六《恤窮·監司分按居養安濟漏澤詔》，第681頁。
〔註99〕（清）徐松：《宋會要輯稿》食貨六〇之五，頁5867a。
〔註100〕（清）徐松：《宋會要輯稿》食貨六〇之六，頁5867c。
〔註101〕《宋大詔令集》卷一百八十六《恤窮·居養依大觀三年四月以前指揮御筆》，
第681頁。

數不多，即非過有濫支錢物。欲應居養院、安濟坊寒月許置布絮被
給散蓋臥。」

這一請求得到了皇帝的許可，並令其它地區依此辦理。〔註102〕但是從宣和元
年（1119）皇帝的詔令來看，地方官們對居養制度並不關心，其實施不力當可
想見，因此皇帝又有監察、嚴刑之令：

> 法以立政，政在於人，吏慢不承，法爲徒法。頃以孤獨鰥寡不
> 能自存，爲室廬衣食以居養，……憫仁元元，意甚篤至。法令具在，
> 歲久浸怠。比覽四方奏文，吏趨目前，無一吏稱述居養漏澤安濟者。
> 士失所守，廢法自便，不知享上惠下，罪不可貸。仰諸路監司廉訪
> 使者分行所部，按吏之不虔者，當重實以法。胥吏配流千里。若失
> 按容庇，其罪依此。〔註103〕

即使如此，上述不切實施行的現象伴隨著居養機構的興興廢廢始終存在。

　　有時本可居養的鰥寡孤獨貧乏不能自存之人，因官吏舞弊，並不能進入
居養機構獲得救助，而居養機構所養者則或爲「浮浪遊手之徒」，〔註104〕或爲
「強壯有行業住家之人」〔註105〕。靖康二年（1227）正月，爲贖回欽宗，汴
京民眾「竭其家所有獻之」，而有一福田院貧民居然也獻出了「金二兩、銀七
兩」，〔註106〕可見並非無告之民也被收養在居養機構之內。有時已居養之人又
因官吏舞弊被非法遣逐：

> （政和四年（1114）二月）臣僚言：「訪聞諸路民之寔老而正當
> 居養、寔病而眞欲安濟者，往往以親戚識認爲名，虛立案牘，隨時
> 遣逐，使法當收卹者復被其害。官吏相蒙，無以檢察。欲令今後州
> 縣居養、安濟人，遇有親戚識認處，委不干礙官一員驗實，若詐冒
> 及保明不寔，與同罪。仍不以赦降去官原免。」從之。〔註107〕

如此，則符合居養條件的孤貧老人可能得不到應有的救助。

〔註102〕（清）徐松：《宋會要輯稿》食貨六〇之六，頁5867c～d。

〔註103〕《宋大詔令集》卷一百八十六《恤窮·居養安濟漏澤事務仰監司廉訪分行所
　　　　部按察御筆》，第681頁。

〔註104〕（宋）楊時：《楊龜山集》卷二《語錄·餘杭所聞》，第34頁。

〔註105〕（清）徐松：《宋會要輯稿》食貨六〇之一七，頁5873a。

〔註106〕（清）黃以周等：《續資治通鑒長編拾補》卷五九，靖康二年正月辛丑。轉引
　　　　自張文：《宋朝社會救濟研究》，第165頁。

〔註107〕（清）徐松：《宋會要輯稿》食貨六〇之六，頁5867d。

三、居養機構的興廢

宋代的居養機構在徽宗時期大規模發展起來之後，或因經濟之原因、或因人事之變動、或因政治之鬥爭、或因社會情勢之變化而處於時興時廢的不穩定的狀態之中。居養機構興盛時期，孤貧老者可以獲得國家的居養救助，而居養機構的衰敗時期，孤貧老者則只可寄希望於不定期的賑濟。

（一）經費欠缺

如前所述，自崇寧中居養機構興起以來，各地的居養機構因奢靡浪費等原因倍受詬病，其發展屢遭挫折，甚至「浸廢不舉」。〔註108〕但是，另一方面，在大多數情況下居養機構本身的經濟來源是缺乏的，因此往往入不敷出，導致不能維繫。

依據元符居養法，居養機構的經費乃爲戶絕田產和常平息錢。不過從有關南宋居養機構的記載來看，常平之錢主要用於賑災，在非災情況下不可擅自支取，即高宗所謂「常平法不許他用，惟待賑荒恤饑而已」，〔註109〕淳祐初年又有厲禁，「常平義廩之儲，有司不得擅發」，〔註110〕因而創建和維持居養機構的經費更多地來源於地方政府的自籌，因此存在來源不穩、不足的情況。

如眞州的居養院，淳熙年間（1174～1189）毀於火災後官府並未修繕，而是被「有力者請於官轉爲民居」，慶元（1195～1200）初提舉常平汪梓有志於重修，但經費缺乏，只得「編茅織葦，架以散材，爲屋十有六間」，茅草之屋一年之後即破敗，而常平所撥修葺之費不足三十緡，卻又被不良之徒侵吞過半，居養之屋「蔽漏庳濕」，如此簡陋的居所即使是強壯之人居之亦有危險，更何況是孤貧之老者？後劉宰多方措置才備齊修繕經費，然而，居養之屋雖已備，但居養之資卻無著落。〔註111〕又如淳安縣的安養院，創建者雖努力建造了六間房屋，並依靠官田及僧人捐贈之田作爲其經濟來源，但是「數椽之立，僅庇風雨，窮陋之地，歲比水旱，濟養之資恨未能辦」，則亦是有屋居但日常養濟費用沒有保障。〔註112〕又如吉水的居養院，依靠修建常平倉剩餘之

〔註108〕（宋）施宿：《嘉泰會稽志》卷一三《漏澤園》，第6960頁。

〔註109〕（宋）李心傳：《建炎以來繫年要錄》卷一三三，紹興九年十二月壬戌，第2141頁。

〔註110〕（宋）吳潛：《履齋遺稿》卷三《養濟院記》，引自曾棗莊，劉琳主編：《全宋文》第337冊，第247頁。

〔註111〕（宋）劉宰：《漫塘文集》卷二十《眞州居養院記》。

〔註112〕《嘉靖淳安縣志》卷十四《安養院記》。

木材和官府沒收所得房屋「為屋十楹，日贍二十人」，每年又得常平使者所撥五十斛米為資費，但計算起來每人每日所得之米是極少的，難以達到「日給一升」的標準。其將來維繫之艱難可想而知。〔註113〕

　　有的居養機構雖創建或重建之初似乎經費充足，但歲久侵損，其財源漸趨枯竭。嘉定五年（1212）建康府的養濟院在開創之初，似乎是有充足的經濟來源的，包括常平米、府倉米一千五百斛，又有惠民藥局息錢二千緡，並有官田五百九十畝、山地五百一十九畝，還有僧徒捐贈千緡之錢用於放貸。但是到寶祐五年（1257），卻不能維繫，「雖有疲癃殘疾之人無以為養」。〔註114〕臨安府昌化縣的養濟院本有田五十畝，居養院本有田產十七畝，但同樣是「歲久，養濟田十失其八，居養田十失其三」。〔註115〕玉峰縣的安懷坊淳祐十一年（1251）創建之時每年有租米「五百二十四石六斗九升五合」，〔註116〕不可謂少，但二十多年後，「為吏卒侵蠹不能續，老者乏食」，結果在居養老人的投詞之下，才又予以整頓，「革舊圖新，量入為出」，使居養之人「終歲均得一飽」。〔註117〕

（二）人事變動

　　此外，各地居養機構之興廢還與主持者的去留密切相關。當此地方官重視居養事業之時，居養機構可能會得到較好的發展，但當其去官，如果沒有一個同樣重視居養事業的繼任者，則已措置之居養經費可能流散，居養機構也將因無以為繼而廢置。因此程珌說：「州縣間，惠利之事，不難於為而難於久。往往為者代去，來者不卹，則一切影滅矣。」〔註118〕為避免此種「人存政舉，人去政息」的現象，許多居養機構的創建者或在向皇帝奏報創建情況之時，請求下旨要求繼任者永遠遵守，或在院記中呼籲後來者堅持毋廢。

　　黃度於嘉定五年（1212）創辦建康府養濟院時，財源充足，但擔心來者不繼，因此上奏皇帝請求下旨保證其財源不墜：

　　　　懼其時改歲遷，來者不繼，則所撥錢米或遂中輟，所置屋廬漸

〔註113〕（宋）程珌：《洺水集》卷七《吉水縣創建居養院記》。

〔註114〕（宋）周應合：《景定建康志》卷二三《養濟院》，第1703頁。

〔註115〕（宋）潛說友：《咸淳臨安志》卷八八《養濟院》，第4175頁。

〔註116〕（宋）凌萬頃、邊實：《玉峰志　玉峰續志》卷中《公宇·安懷坊》、《官租·安懷坊租米》，第577，580頁。

〔註117〕（宋）凌萬頃、邊實：《玉峰志　玉峰續志》「公宇」，第605頁。

〔註118〕（宋）程珌：《洺水集》卷七《吉水縣創建居養院記》。

至頹毀，是用不避屑，瀆冒昧以聞，敢望聖慈特降睿旨，行下建康
府及江東安撫常平司常切遵守，所給錢米每歲照數取撥毋得輒廢，
庶幾德澤深長，與國同久。〔註119〕

吳潛創辦四明的養濟院之時，向皇帝說明了該養濟院的經費來源是「本府自
行措置，上於朝廷係省錢無預，下於本府經常錢無關」，乃是「就本府有管淘
湖米內分撥」，之後便請求皇帝下旨要求本府依據此制撥付養濟之資，並永遠
遵守。〔註120〕同樣是吳潛，紹定四年（1231）在嘉興創辦廣惠院並作記，其
文結尾也呼籲「後之君子，其與永久之」！〔註121〕余晦在建康創實濟院亦將
規式刻石，以期繼任者能遵守並推廣。〔註122〕這些創辦者的請求和呼籲，表
達了他們希望艱難創辦起來的居養機構能夠長存之願，也表明了他們對居養
機構不能長存的擔心。這種擔心恐怕不是「杞人憂天」，而是來源於現實的經
驗。

（三）政治鬥爭

除此之外，居養機構興廢的背後，還有政治鬥爭的影響。宋代居養機構
的大發展在徽宗時期，其與蔡京的積極支持是分不開的。《宋史》作者亦承認
此點，其《食貨志‧振恤》曰：

> 崇寧初，蔡京當國，置居養院、安濟坊。給常平米，厚至數
> 倍。差官卒充使令，置火頭，具飲膳，給以衲衣絮被。州縣奉行
> 過當，或具帷帳，雇乳母、女使，糜費無藝，不免率斂，貧者樂
> 而富者擾矣。〔註123〕

但是，徽宗時期居養機構的發展並非一帆風順，興興廢廢頗為波折，而此波
折與蔡京仕途之起伏完全相合。〔註124〕蔡京在神宗熙寧三年（1070）進士及
第，支持王安石的新法，徽宗崇寧元年（1102）官拜宰相。而崇寧年間（1102
～1106）又正是宋代居養制度形成和發展的關鍵時期，先是崇寧元年（1102）

〔註119〕（宋）周應合：《景定建康志》卷二三《養濟院》，第1702～1703頁。
〔註120〕（宋）吳潛：《許國公奏議》卷四《奏創養濟院以存養鰥寡孤獨之民》，第93
　　　　頁。
〔註121〕（宋）吳潛：《廣惠院記》，載（清）倪濤：《嘉禾金石志》卷一七，引自曾棗
　　　　莊，劉琳主編：《全宋文》，第337冊，第254頁。
〔註122〕（宋）周應合：《景定建康志》卷二三《實濟院》，第1706頁。
〔註123〕（元）脫脫：《宋史》卷一百七十八《食貨上六‧振恤》，第4339頁。
〔註124〕參見金中樞：《宋代幾種社會福利制度》，載邢義田、黃寬重、鄧小南總主編
　　　　《臺灣學者中國史研究論叢》之李建民主編：《生命與醫療》，第299～335。

九月有重申元符居養法之詔，〔註125〕四年（1105）五月又下詔令督促地方切實施行居養之法〔註126〕，十月又下御筆使居養機構之設立遍及地方和京師，〔註127〕雖然從這些督促訓誡之詔來看，各地對居養之法的奉行並不是那麼徹底，但這類詔令的發佈至少表明了官方對居養之法的支持態度，而此時的蔡京正是當權得寵之時。崇寧五年（1106）正月出現星變異象，舊黨借機攻擊蔡京，二月蔡京罷相。不過，次年之後又被起用，因此，對居養之法的實施並未帶來大的震動，皇帝於是於六月、九月兩下詔令要求監司對居養之法的實施嚴加監督。〔註128〕大觀元年（1107）蔡京官復宰相，居養之法又有了大的發展，主要表現是對居養者的年齡條件予以方寬，五十五歲的孤貧之人亦可獲得收養，〔註129〕居養的對象也不限於鰥寡孤獨之人，冬寒天氣衣不蔽體的貧窮乞丐也是官府收養的對象，〔註130〕居養機構的管理人員增多，出納錢物者由居養院、安濟坊共用一名軍典，改為「各差軍典一名」，以提高工作效率。〔註131〕大觀二年（1108）皇帝同意了對百歲居養之人給予特殊優待的臣僚請求。〔註132〕大觀三年（1109）六月蔡京致仕，居養機構的奢侈現象為朝臣所訴病，居養之法陷入危機。早在當年四月已有對居養之法奉行太多的指責，〔註133〕十二月又有盡罷官司起請增添之待遇恢復元符舊法之詔。〔註134〕至大觀四年（1110）八月京師的居養機構罷廢，居養人被併入福田院，地方上則不得增加新的居養機構，原有的居養機構也只可依據元符居養舊法施行。〔註135〕而實際上元符元年的居養舊法也多未得到貫徹，官吏多視之為具文，甚至徹居養之屋、賣居養之設、逐居養之人。至政和二年（1112）蔡京重回權力中心，為輔政，居養之法才得以恢復，並得皇帝御筆下詔：

〔註125〕（清）徐松：《宋會要輯稿》食貨六〇之三，頁5866b。

〔註126〕《宋大詔令集》卷一百八十六《恤窮‧奉行居養等詔令詔》，第680頁。

〔註127〕《宋大詔令集》卷一百八十六《恤窮‧開封府置居養安濟御筆手詔》，第681頁。又（清）徐松：《宋會要輯稿》食貨六〇之四，頁5866c～d。

〔註128〕《宋大詔令集》卷一百八十六《恤窮‧監司分按居養安濟漏澤詔》，第681頁；（清）徐松：《宋會要輯稿》食貨六〇之五，頁5867a。

〔註129〕（清）徐松：《宋會要輯稿》食貨六〇之五，頁5867a。

〔註130〕（清）徐松：《宋會要輯稿》食貨六〇之五，頁5867a～b。

〔註131〕（清）徐松：《宋會要輯稿》食貨六〇之五，頁5867a。

〔註132〕（清）徐松：《宋會要輯稿》食貨六〇之五，頁5867b。

〔註133〕（清）徐松：《宋會要輯稿》食貨六〇之五，頁5867b。

〔註134〕（清）徐松：《宋會要輯稿》食貨六〇之五，頁5867b。

〔註135〕（清）徐松：《宋會要輯稿》食貨六〇之五～六，頁5867b～c。

> 鰥寡孤獨有院以居養，疾病者有坊以安濟，死者有園以葬，王
> 道之本也。詔令具在，而吏不奉法，觀望廢弛，至或徹屋鬻器，播
> 棄孤老，甚失惠養元元之意。其令轉運提刑司條具廢弛事狀及違法
> 官吏以聞。自今敢有廢法，以違制加二等論。即不得接便過爲騷擾，
> 仍並依大觀三年四月以前指揮施行。〔註 136〕

此後居養之法在朝廷的支持之下有所成就：

> 政和六年（1116）正月五日，知福州趙靖言：「鰥寡孤獨居養、
> 安濟之法，自崇寧以來，每歲全活者無慮億萬。乞詔有司歲終總諸
> 路全活之數，宣付史館。」從之。〔註 137〕

宣和二年（1120），蔡京被令致仕，居養之法又被質疑，其實施過程中的浪費
現象被指造成了軍費的欠缺，即所謂「不養健兒，養棄兒」，使「軍旅之士廩
食不繼，或致逋逃四方」，因此徽宗又下詔「參考元豐惠養乞丐舊法，裁立中
制」，限定居養人的日常支給，〔註 138〕大觀元年的收養乞丐之法亦被廢除，
〔註 139〕爲節省開支，管理錢物出納的軍典又重回居養院、安濟坊合用一名
的舊態，〔註 140〕老者獲收養救助的年齡亦恢復爲六十。〔註 141〕但實際上，
此後各地的居養之法多「浸廢不舉」。〔註 142〕宣和六年（1124）蔡京再次復出，
因此宣和七年（1125）四月有「合行修復」之請。〔註 143〕靖康元年（1126）
蔡京被黜，於貶途中死於潭州，被葬於當地漏澤園，北宋亦告結束。

爲方便理解，此處將蔡京政治生涯之起落與居養機構之興廢列表對比如
下：

蔡京政治生涯的起落	居養機構的興廢	備　註
熙寧三年（1070）進士及第		支持王安石新法
崇寧元年（1102）七月拜相	居養機構在京師和地方普遍設置	

〔註 136〕《宋大詔令集》卷一百八十六《恤窮·居養依大觀三年四月以前指揮御筆》，
　　　　　第 681 頁。
〔註 137〕（清）徐松：《宋會要輯稿》食貨六〇之六，頁 5867d。
〔註 138〕（清）徐松：《宋會要輯稿》食貨六〇之七，頁 5868a～b。
〔註 139〕（清）徐松：《宋會要輯稿》食貨六〇之七，頁 5868b。
〔註 140〕（清）徐松：《宋會要輯稿》食貨六〇之七，頁 5868b。
〔註 141〕（清）徐松：《宋會要輯稿》食貨六〇之七，頁 5868b。
〔註 142〕（宋）施宿：《嘉泰會稽志》卷一三《漏澤園》，第 6960 頁。
〔註 143〕（清）徐松：《宋會要輯稿》食貨六〇之七，頁 5868b。

蔡京政治生涯的起落	居養機構的興廢	備　註
崇寧五年（1106）二月罷相	居養機構似未受到衝擊	因正月星變，三月星變消
大觀元年（1107）正月復相	居養年齡降低、居養對象擴大、居養待遇提高、居養管理加強	
大觀三年（1109）六月致仕	居養機構因浪費倍受訴病，居養之法成為具文	張商英任相
政和二年（1112）二月復太師，五月掌實權	大觀三年四月前之居養法得以恢復	
宣和二年（1120）六月致仕	居養浪費之弊重被指責，徽宗詔令裁立中制，居養之法浸廢不舉	
宣和六年（1124）十二月再命相	修復居養之法	
靖康元年（1126）二月貶黜		

　　由上表可以清晰地看出居養機構的興廢與蔡京的政治命運密切相連，蔡京掌權之時，居養之法得朝廷支持嚴令施行，蔡京落權之後，居養之法則備受訴病以致廢弛。而蔡京起落的背後則是黨派之爭，是新法舊法之辯。居養之法在實施的過程中固然有諸種弊端，但其矜恤無告之民的初衷當是值得肯定的，舊法支持者或新法之右派專注於居養法運行中的弊端而不顧其矜恤的本質恐怕是犯了因噎廢食的錯誤。

　　正因有上述原因，各地的居養機構時興時廢並不穩定。居養機構廢止之時，鰥寡孤獨貧不能自存者的救助只能依乞丐法，在多寒之時獲得臨時性的賑濟。但此臨時性的賑濟可能因虛冒之弊而落空。紹興二年的南郊赦文就透露了這樣的社會現實：

　　　紹興二年十一月二十七日，南郊赦：「在法，諸州縣每歲收養乞丐，自十一月一日為始，至次年三月終止。訪聞近來州縣往往將強壯有行業住家之人，公然違法計囑所屬官司並團頭，貌驗養濟，冒濫支給錢、米。其委實老、疾、孤、幼、貧乏、乞丐之人，正當存恤，緣無屬記，漏落姓名，以至不霑實惠，深可憐憫。仰諸州縣，今後須管照應條令，從實盡行根括，不得仍前冒濫支請，縱容合干

人作弊。令主管常平官常切覺察。其臨安府仁和、錢塘縣養濟院，
每歲收養流寓乞丐，亦仰依此施行，不得徒爲文具，致失朝廷存恤
之意。如有違戾去處，仰提舉常平司覺察，按治施行。〔註 144〕

雖有皇帝的禁令，但這種虛冒之弊在整個紹興年間一直困擾當局，紹興十九
年（1149）又有臣僚上言禁絕此種虛冒之行爲：

十九年十一月二十八日，權發遣秀州郭琮言：「民之饑貧不能自
存者，每歲仲冬例加賑濟，可謂愛民如子，視民如傷矣。是宜州縣
守令遵承聖訓，以廣宣惠。然往往有元非饑貧，巧爲計囑，得以與
籍，而困窮無告卻或棄遺。望申嚴守令究心檢察，庶幾惠及鰥寡，
且無虛費。」

皇帝因此又「詔令戶部檢坐見行條法，申嚴行下」。〔註 145〕其後紹興二十六年
（1156）、二十七年（1157）又不斷有嚴查冒濫之請，〔註 146〕然至嘉泰年間此
弊仍然存在，因此，此後的郊赦、明堂赦都有申嚴禁止之內容。〔註 147〕禁令
的頻繁下頒，雖反映了當局者對糾正救助之弊的願望，但也反映了此種虛冒
之弊的普遍存在和屢禁不絕。宋人戴復古描寫饑民慘狀的詩句亦可反映乞丐
救助之法執行的不力：

餓死拋家舍，縱橫死路歧。有天不雨粟，無地可埋屍。劫數慘
如此，吾曹忍見之！官司行賑恤，不過是文移。〔註 148〕

在此境況之下，居養機構廢弛之時孤貧老人想要借助乞丐賑濟之法獲得冬寒
之時的救助也可能落空。

本章小結

孤貧老人一方面無子可以侍養，另一方面無財可供維生，是特別需要救
助的群體，對此先秦的思想家們已有關注並作出了制度設計，且成爲後代王
朝付諸實踐的基礎。秦漢時期國家對孤貧老人的救助除了非常制性的賜物存

〔註 144〕 （清）徐松：《宋會要輯稿》食貨六〇之一七，頁 5873a。
〔註 145〕 （清）徐松：《宋會要輯稿》食貨六〇之一〇，頁 5869d。
〔註 146〕 （清）徐松：《宋會要輯稿》食貨六〇之一一，頁 5870a～b。
〔註 147〕 （清）徐松：《宋會要輯稿》食貨六〇之一七，，頁 5873b。
〔註 148〕 （宋）戴復古：《石屏詩集・庚子薦饑》，轉引自陸德陽：《流民史》，第 196
頁。

問活動之外，在法律上已經有了對孤貧老人的特別關注和優待。到南北朝時期，由於佛教思想的影響，對社會弱勢群體的救助取得了巨大的進步，主要表現在專門救助機構的出現上，這種依靠專門機構救助弱者的模式在唐代雖有發展，但基於均田制的經濟基礎，對孤貧老人的養老之責仍主要在於家庭和鄉村基層組織。到宋代，由於田制的變化，孤貧老人並無可供近親和鄉里贍養的固定田產，政府成為養贍孤貧老人的主要責任人。正因如此，宋代官方的孤貧老人救助取得了巨大的成就，主要表現在居養之法的制定和居養機構的普遍設立上。

宋代的居養之法制定於哲宗元符元年，政府不僅給予孤貧老人以居住之所，還提供日常之需。在此法之下，京師和各地方紛紛創建了居養機構以養贍鰥寡孤獨無告之民。這些居養機構一般具備日常所需的基本生活設施，有專門的管理和服務人員。養於這些居養機構中的孤貧老者，可以不限月份獲得一定數量的錢米。這種不限分月支給錢米的居養法不同於只在冬寒之月給散米豆的惠養乞丐法，政策的區別源於被救助者身體特徵的不同，季節性的貧困人口只要有勞動能力在渡過最難熬的冬寒之月後，便可自謀生路，因此，米豆之給可停；孤貧老人年高體弱，即使是在春暖之月亦可能無法自活，因此，錢米支給需常設。依元符居養法，對孤貧老人的錢米支給標準，與惠養乞丐法相同，大約是每天支給米一升，不過實踐中多有增加，甚至在某些時期出現了養贍太過的奢靡現象，為時人所詬病。

不過，宋代的居養之法在實施的過程中亦有多種不足和弊端。一是居養機構規模小，宋代眾多的居養機構大多只能收養數百人，較多的不過千人，少的只有一二十名，以當時的人口比例來看是遠遠滿足不了需求的。二是居養之法實施不力，就其實施情況來說，雖然在有些時候有奉行太過的情況，但大多數時候由於官吏怠於施行，或徇私舞弊，導致居養之法並不能得到切實施行，孤貧老人因而得不到相應的居養待遇。三是居養機構缺乏穩定性。由於經費、人事以及政治鬥爭等原因導致宋代的居養機構時興時廢，並不穩定。居養機構之經費本出於戶絕田產和常平之錢，但南宋時期，國家經費緊張，地方上居養機構的創建和維持經費多由地方籌集，地方官們往往「經營卜度，寸積尺累，或墾開田，或市良田，或括公田，或民之化於善者樂助田」，〔註149〕其經費來源不足、不穩，一些居養機構好不容易創建起來，但日常所

〔註149〕（宋）吳潛：《廣惠院記》，載（清）倪濤：《嘉禾金石志》卷一七，引自曾棗

需經費卻沒有著落，一些居養機構雖有固定田產收入，但可能因自然災害而受影響，日常居養難以維繫。由於官員思想認識和執政水平的差異，因人事的變動往往會帶來「人存政舉，人去政息」的結果，居養機構亦隨之廢棄。「成也蕭何，敗也蕭何」，宋代居養機構的興起在徽宗朝蔡京當權之時，在其推動之下，居養之法逐步完善，居養機構廣泛設立，但由於政治鬥爭，蔡京的宦海沉浮又直接影響到居養之法的興廢。

　　然而，無論如何，宋代廣泛設置官方居養機構對孤貧老人予以救助，是歷史的進步，其在此事業上所取得的成就是前朝所不能比擬的，其在救助孤貧老人之事上對官方責任的強調，又直接影響了明清對孤貧老人的救助之法。〔註150〕

　　莊，劉琳主編：《全宋文》，第337冊，第254頁。

〔註150〕（明）劉惟謙等撰，懷效鋒點校：《大明律》卷第四《戶律一·戶役·收養孤老》：「凡鰥寡孤獨及篤疾之人，貧窮無親屬依倚，不能自存，所在官司應收養而不收養者，杖六十。若應給衣糧而官吏赳減者，以監守自盜論。」第51頁。

結　語

　　通過以上關於宋代尊老之法、養老之法、優老之法以及對孤貧老人的特殊救助之法的分析，對宋代老年人的法律保護制度可有以下認識，這些認識亦可作爲對本文緒論中所提出的關於「宋代的法律給老年人提供哪些保護」、「這些法律保護的實踐情況如何」、「這些法律實踐是否受到其它社會因素的影響，其結果如何」、「宋代的法律生活中，老年人基於什麼價值選擇獲得尊重和保護，它對於老年群體本身有何影響」、「從宋代老年人法律保護的制度與實踐中我們能得到什麼啓示」等問題所做的回應：

　　第一，保護面廣。宋代對老年人的保護之法涉及到生活的方方面面，在家庭生活中，通過勸孝與禁止不孝之法促使子女實現對父母老人「居則致其敬，養則致其樂，病則致其憂」的事親之道；爲使負有養老責任之子不因「外迫公事，內乏資財」而無法實現對父母老人的侍養，法律又有老疾給侍之法和對老者賜爵封官賞物之措施；通過法律和司法實踐所確立的父母尊長遺囑處分財產的權利則使父母老人能借利益的驅動獲得子女親屬的孝養；生分時預留的養老份則使得父母老人有相對獨立的養老之資；無子家庭的老人可借助收養之法的諸種規定找到能夠盡生養死葬義務的養子，亦可借助對贅婿財產繼承權利的諸種規制實現依婿養老。在家庭之外，宋代又有諸種「老老」之法，除了朝廷不定時賜物存問之外，在刑罰、訴訟以及賦役承擔上給予老年人各種優待，既可使老者直接從中獲益亦可在社會上形成一種「矜老」、「敬老」的風氣。對於無子可以侍養，無財可供維生的孤貧老人，宋代則有創造性的居養之法，保證了孤貧老人有屋居，有錢養。

　　第二，家國結合。宋代的老年人保護之法體現出一種家庭尊老、養老與

國家尊老、養老相結合的形態。如前代一樣，宋代也強調家庭在尊老、養老等方面的責任，因此有眾多關於保證老人居家而有所養、有所敬的法律，這些法律既有繼承前代的部分，又有順應宋代特定社會情勢而創新的部分。同時，宋代國家也積極主動地承擔了部分尊老、養老之責，特別是在對孤貧老人的救助責任上，宋代各種官辦居養機構的廣泛設立使得宋代的孤貧老人救助事業大大超越前代，在官方行爲上也是其後諸朝未能超越的。〔註1〕此外，宋代的老年人保護之法也如前代一樣體現出一種家國的互動。在儒家的理想世界裏，家庭尊老與國家尊老是互動相通的，所謂「老吾老以及人之老」，說的是由家庭養老而推向國家尊老、社會尊老，《袁氏世範》說：「高年之人，鄉曲所當敬者，以其近於親也。」〔註2〕也就是要求將對父母的孝遷於與父母年紀相仿的無血緣關係的老人。所謂「上老老而民興孝」，說的則是通過國家尊老帶動家庭養老。宋代國家旌表孝行的法令和舉措對家內孝道起著導向作用，如蘇軾所說：「上以孝取人，則勇者割股，怯者廬墓。」〔註3〕國家對老人的各種優待之法，如刑罰上之優待、侍丁犯罪之優待、賜爵賞物等又刺激著家庭內部的養老熱情。

第三，標準多元。宋代法律在對老年人進行法律保護和優待之時，標準是多元的，當不涉及家庭內部關繫時，老者的年齡是主要標準，法律也往往單純以年齡爲依據規定對老者的種種優待，如對老者的刑罰優待、賦役優待等。但一旦涉及到家庭內部關繫時，具有尊長身份是老者獲得法律特別保護的更重要依據，年齡在此時隱退其後，顯得並不重要。儘管由於大部分的家庭中尊長者爲老者，對家庭中尊長者的保護，客觀上也是對老者的保護，但這種客觀效果並不能反映「矜老」的仁政思想，相反其中凸顯的是「尊卑有序」的等級思想。

此外，以家庭養老爲依託的養老制度和實踐除了受到老者身份地位的影響之外，還受到性別的影響，老年婦女與老年男子所獲得的保護是不同的。由於妻子的人格被丈夫吸收，因此在丈夫在世時作爲妻子的老年婦女對家庭生活的控制力依賴於丈夫，在丈夫死後作爲尊長的老年婦女雖亦可依靠遺囑

〔註1〕 參見梁其姿：《施善與教化——明清的慈善組織》，第13~48頁；王衛平：《明清時期江南城市史研究：以蘇州爲中心》，人民出版社1999年版，第254頁。
〔註2〕 （宋）袁采著，賀恒禎，楊柳注釋：《袁氏世範》卷之中《處己·老人當敬重》，夏家善主編《中國歷代家訓叢書之三》，第85頁。
〔註3〕 （元）脫脫：《宋史》卷一百五十五《選舉一》。

處分財產的權利，利用利益的驅動獲得子孫之養，也可保有養老份作爲養老之資，但相對於作爲家長的老年男子對家庭生活的控制力多得到法律的支持不同，老年婦女對家庭生活的掌控之權往往受到諸多限制。法律此時表現出了一種「男女有別」的宗法傾向。

第四，目的世俗。如前所述宋法給予了老年之人方方面面的保護，這種保護或基於仁政思想、或基於尊卑等級思想，其目的在於推行有利於其統治的倫理道德進而維護統治秩序的穩定，它既不同於因宗教信仰而實施的慈善行爲，也不同於今天在人權體制之下所倡導的對弱勢群體權益的保護，其目的具有明確的世俗化的指向。正因如此，宋代的老年人保護之法，或有違背老年人的實質利益的規定，如「刲股割肝」的極端孝行，孝子非死即傷，實質上並不符合老者的養老利益，但是宋法中卻專有刲股、割肝給賜之條格。是法律制定者不知道這種刲股割肝行爲的損害嗎？顯然不是，合理的解釋是此法的實際目的在於通過給賜「刲股割肝」推行一種符合統治需要的「孝」的社會風氣，而不論此孝是否「愚孝」，相反以「移孝作忠」的理論來看，「愚孝」更容易帶來「愚忠」，這才是此法的眞正目的。除此之外，爲實現維護統治秩序的世俗化目的，法律在給予老年人一定的優待之時又對其權益進行了一定的限制。如老年之人因身體衰弱不堪刑責，法律給予了其一定的刑罰以及訴訟程序上的優待，包括犯罪時刑罰的贖、免，刑罰執行過程中的變通減刑，訴訟時的「白紙入詞」和免於禁繫、拷訊等，但是爲避免別有用心之人運用上述優待進行紊亂司法的行爲，老年之人的起訴之權一步一步受到了法律的限制，七十歲以上的老人漸被剝奪了起訴之權，而形成了「代訴」之制，可見法律對老者的矜恤仍要讓位於維護司法秩序的世俗目的。

第五，實施不力。宋法雖然給予了老年人諸多方面的保護，但由於經濟基礎的薄弱以及其它制度配合的欠缺某些保護之法的貫徹實施並不理想。就救助孤貧老人的「居養之法」來說，由於經費的欠缺，多數居養機構的建立困難重重，既建之後，又可能難以維繫；而經費充足之時，又或因管理的漏洞而使孤貧之人並不能獲其實惠；又因人事變動、政治鬥爭居養之法或興或廢，實未持續穩定實施。就老人的賦役優待來看，因賦役之法與國家財政密切相關，經濟繁榮，財政充足之時，老者免役或可貫徹實施，但經濟困難，財政欠缺幾乎相伴宋之始終，不僅老者免役之法常被違反，老年之人更是承受著繁苛的役法帶給家庭的困擾。與役法的繁苛相聯，侍丁免役之制亦不被

重視，難於實施。

可見，宋代對老年人的法律保護在繼承前代的基礎之上取得了一些成就，在某些方面還具有超越前代的創造性，其利弊得失可爲今天的老年人法律保護制度之鑒。其一，剔除其不合理的因素，傳統的孝道倫理仍是我們今天維繫家庭和諧、實現老有所養的思想基礎，因此，儘管在孝道宣傳上宋代的法律有極端之處，但其通過國家激勵、地方勸諭、家庭訓誡相結合的勸孝方式來實現家庭尊老、社會尊老的思路可爲當代借鑒。其二，今天的法律，多注重對養老的經濟條件的保障而忽視了對養老的親情需求的保障，反觀宋代在家庭養老上，強調「得其人，有其財」，特別是「得其人」得到了法律的多方支持，此種法律的努力方向亦可爲當代之鑒。其三，任何一項法律制度不可能獨立於國家制度體系之外獲得實施，它必須與相關制度配合運行，否則它將形同虛設。宋代老年人保護之法的某些部分正是因爲沒有其它制度的配合才導致了實施不力的結果，今天的立法者如能從中吸取教訓，就不會再有「常回家看看」之類游離於國家制度體系之外的法律規定了。

參考文獻

一、古籍類

1. 《周禮注疏》，十三經注疏標點本，北京大學出版社 1999 年版。
2. 《禮記正義》，十三經注疏標點本，北京大學出版社 1999 年版。
3. 《孝經注疏》，十三經注疏標點本，北京大學出版社 1999 年版。
4. 楊伯峻譯注：《論語譯注》，中華書局 1980 年版。
5. 楊伯峻編著：《孟子譯注》，中華書局 1962 年版。
6. 胡平生譯注：《孝經譯注》，中華書局 1996 年版。
7. 吳毓江撰，孫啓治點校：《墨子校注》，中華書局 1993 年版。
8. （清）黎翔鳳撰，梁運華整理：《管子校注》，新編諸子集成，中華書局 2004 年版。
9. （清）王先謙撰，沈嘯寰、王星賢點校：《荀子集解》，新編諸子集成，中華書局 2004 年版。
10. 王國軒，王秀梅譯注：《孔子家語》，中華書局 2011 年版。
11. 方勇，李波譯注：《荀子》，中華書局 2011 年版。
12. 石磊譯注：《商君書》，中華書局 2011 年版。
13. 許維遹撰，梁運華整理：《呂氏春秋集釋》，新編諸子集成，中華書局 2009 年版。
14. 高華平、王齊洲、張三夕譯注：《韓非子》，中華書局 2010 年版。
15. （漢）桓寬著，王利器校注：《鹽鐵論校注》，中華書局 1992 年版。
16. （漢）司馬遷：《史記》，中華書局 1959 年版。
17. （漢）班固：《漢書》，中華書局 1962 年版。

18. （南朝・宋）范曄：《後漢書》，中華書局 1965 年版。

19. （南朝・梁）沈約：《宋書》，中華書局 1974 年版。

20. （南朝・梁）蕭子顯：《南齊書》，中華書局 1972 年版。

21. （北齊）魏收：《魏書》，中華書局 1974 年版。

22. （唐）姚思廉：《梁書》，中華書局 1973 年版。

23. （唐）房玄齡等：《晉書》，中華書局 1974 年版。

24. （唐）李延壽：《北史》，中華書局 1974 年版。

25. （唐）魏徵等：《隋書》，中華書局 1973 年版。

26. （唐）杜佑：《通典》，中華書局 1982 年版。

27. （唐）長孫無忌等撰，劉俊文點校：《唐律疏議》，中華書局 1983 年版。

28. （唐）李林甫等撰，陳仲夫點校：《唐六典》，中華書局 1992 年版。

29. （後晉）劉昫：《舊唐書》，中華書局 1975 年版。

30. （後晉）和凝，（宋）鄭克著，楊奉琨校釋：《疑獄集・折獄龜鑒校釋》，復旦大學出版社 1988 年版。

31. （宋）王溥：《唐會要》，中華書局 1955 年版。

32. （宋）竇儀等撰，薛梅卿點校：《宋刑統》，法律出版社 1999 年版。

33. （宋）謝深甫等撰：《慶元條法事類》，楊一凡、田濤主編，戴建國點校：《中國珍稀法律典籍續編》第一冊，黑龍江人民出版社 2002 年版。

34. （宋）李燾：《續資治通鑒長編》，中華書局 1995 年版。

35. （宋）李心傳：《建炎以來繫年要錄》，中華書局 1956 年版。

36. （宋）李心傳：《建炎以來朝野雜記》，唐宋史料筆記叢刊，中華書局 2000 年版。

37. （宋）宋敏求：《唐大詔令集》，商務印書館 1959 年版。

38. （宋）佚名：《宋大詔令集》，中華書局 1962 年版。

39. （宋）歐陽修等：《新唐書》，中華書局 1975 年版。

40. （宋）歐陽修等：《新五代史》，中華書局 1974 年版。

41. （宋）洪邁：《容齋隨筆》，唐宋史料筆記叢刊，中華書局 2005 年版。

42. （宋）洪邁撰，何卓點校：《夷堅志》，中華書局 1981 年版。

43. （宋）洪適：《盤洲文集》，四部叢刊本。

44. （宋）魏了翁：《鶴山先生大全文集》，四部叢刊本。

45. （宋）陳傅良：《止齋先生文集》，四部叢刊本。

46. （宋）劉克莊：《後村先生大全集》，四部叢刊本。

47. （宋）梅堯臣：《宛陵先生集》，四部叢刊本。

48. （宋）蔡襄：《蔡襄集》，上海古籍出版社 1996 年版。

49. （宋）曾敏行：《獨醒雜誌》，上海古籍出版社 1986 年版。

50. （宋）范祖禹：《范太史集》，文淵閣四庫全書本。

51. （宋）程珌：《洺水集》，文淵閣四庫全書本。

52. （宋）呂祖謙：《東萊集》，文淵閣四庫全書本。

53. （宋）呂祖謙：《少儀外傳》，文淵閣四庫全書本。

54. （宋）楊時：《楊龜山集》，叢書集成初編，商務印書館 1936 年版。

55. （宋）陸游：《渭南文集》，四部叢刊本。

56. （宋）葉適：《葉適集》，中華書局 1961 年版。

57. （宋）王安石：《臨川先生文集》，中華書局 1959 年版。

58. （宋）張方平著，鄭涵點校：《張方平集》，中州古籍出版社 2000 年版。

59. （宋）樓鑰：《攻媿集》，叢書集成初編，商務印書館 1935 年版。

60. （宋）劉宰：《漫堂文集》，民國嘉業堂本。

61. （宋）李覯：《李覯集》，中華書局 1981 年版。

62. （宋）歐陽修著，李逸安點校：《歐陽修全集》，中華書局 2001 年版。

63. （宋）虞儔：《尊白堂集》，宋集珍本叢刊，線裝書局 2004 年影印本。

64. （宋）朱熹：《晦庵先生朱文公文集》，四部叢刊本。

65. （宋）朱熹：《朱子全書》，上海古籍出版社 2002 年版。

66. （宋）黎靖德編：《朱子語類》，中華書局 1986 年版。

67. （宋）韓元吉：《南澗甲乙稿（附拾遺)》，叢書集成初編，中華書局 1985 年版。

68. （宋）范致明：《岳陽風土記》，成文出版社有限公司 1976 年影印本。

69. （宋）司馬光：《涑水記聞》，唐宋史料筆記叢刊，中華書局 1989 年版。

70. （宋）王銍，王林：《默記　燕翼詒謀錄》，唐宋史料筆記叢刊，中華書局 1981 年版。

71. （宋）周密：《癸辛雜識》，唐宋史料筆記叢刊，中華書局 1997 年版。

72. （宋）周輝撰，劉永翔校注：《清波雜志校注》，唐宋史料筆記叢刊，中華書局 1994 年版。

73. （宋）羅大經：《鶴林玉露》，唐宋史料筆記叢刊，中華書局 1983 年版。

74. （宋）吳處厚：《青箱雜記》，唐宋史料筆記叢刊，中華書局 1985 年版。

75. （宋）陸游：《老學庵筆記》，唐宋史料筆記叢刊，中華書局 1979 年版。

76. （宋）李心傳：《建炎以來朝野雜記》，唐宋史料筆記叢刊，中華書局 2000 年版。

77. （宋）吳自牧：《夢梁錄》，叢書集成初編，商務印書館 1939 年版。

78. （宋）孟元老撰，鄭之誠注：《東京夢華錄注》，中華書局 1982 年版。

79. （宋）李元弼：《作邑自箴》，官箴書集成編纂委員會編：《官箴書集成》第一冊，黃山書社 1997 年版。

80. （宋）陳襄：《州縣提綱》，官箴書集成編纂委員會編：《官箴書集成》第一冊，黃山書社 1997 年版。

81. （宋）胡太初：《晝簾緒論》，官箴書集成編纂委員會編：《官箴書集成》第一冊，黃山書社 1997 年版。

82. （宋）黃震：《黃氏日抄》，文淵閣四庫全書本。

83. （宋）岳珂：《愧郯錄》，文淵閣四庫全書本。

84. （宋）葉夢得：《避暑錄話》，叢書集成初編，中華書局 1985 年版。

85. （宋）葉夢得：《石林家訓》，觀古堂本。

86. （宋）葉夢得：《石林治生要略》，觀古堂本。

87. （宋）趙鼎：《家訓筆錄》，叢書集成初編，商務印書館 1939 年版。

88. （宋）司馬光著，王宗志注釋：《溫公家範》，夏家善主編《中國歷代家訓叢書之二》，天津古籍出版社 1995 年版。

89. （宋）袁采著，賀恒禎，楊柳注釋：《袁氏世範》，夏家善主編《中國歷代家訓叢書之三》，天津古籍出版社 1995 年版。

90. （宋）樂史：《太平寰宇記》，中華書局 2000 年版。

91. （宋）陳耆卿：《嘉定赤城志》，宋元方志叢刊，中華書局 1990 年影印本。

92. （宋）梅應發：《開慶四明續志》，宋元方志叢刊，中華書局 1990 年影印本，

93. （宋）施諤：《淳祐臨安志》，宋元方志叢刊，中華書局 1990 年影印本。

94. （宋）潛說友：《咸淳臨安志》，宋元方志叢刊，中華書局 1990 年影印本。

95. （宋）周應合：《景定建康志》，宋元方志叢刊，中華書局 1990 年影印本。

96. （宋）施宿：《嘉泰會稽志》，宋元方志叢刊，中華書局 1990 年影印本。

97. （宋）凌萬頃、邊實：《玉峰志　玉峰續志》，續修四庫全書。

98. （宋）吳潛：《許國公奏議》，叢書集成初編，商務印書館 1939 年版。

99. （宋）吳潛：《履齋遺稿》，曾棗莊，劉琳主編：《全宋文》第 337 冊，上海辭書出版社 2006 年版。

100. （宋）佚名：《增入名儒講義皇宋中興聖政》，宛委別藏，臺灣商務印書館 1981 年影印本。

101. （宋）佚名：《名公書判清明集》，中華書局 1987 年版。

102. （宋）張栻：《張南軒先生文集》，叢書集成初編，商務印書館 1936 年版。

103. （宋）趙汝愚編：《宋朝諸臣奏議》，上海古籍出版社 1999 年版。

104. （宋）眞德秀：《諭俗文》，叢書集成初編，商務印書館 1939 年版。

105. （宋）鄭克：《折獄龜鑒》，叢書集成初編，中華書局 1985 年版。

106. （宋）鄭至道撰，彭仲剛續，應俊輯補、（元）左祥增：《琴堂諭俗編》，文淵閣四庫全書。

107. （元）脫脫：《宋史》，中華書局 1977 年版。

108. （元）佚名：《大元聖政國朝典章》，中國廣播電視出版社 1998 年影印本。

109. （元）佚名編撰，郭成偉點校：《大元通制條格》，法律出版社 1999 年版。

110. （元）陶宗儀：《南村輟耕錄》，元明史料筆記叢刊，中華書局 1965 年版。

111. （元）徐元瑞：《吏學指南》，浙江古籍出版社 1988 年版。

112. （元）馬端臨：《文獻通考》，中華書局 1986 年影印本。

113. （明）黃淮、楊士奇編：《歷代名臣奏議》，臺灣學生書局 1985 年版。

114. （明）劉惟謙等撰，懷效鋒點校：《大明律》，法律出版社 1999 年版。

115. （清）張廷玉等撰：《明史》，中華書局 1974 年版。

116. （清）佚名編撰，田濤、鄭秦點校：《大清律例》，法律出版社 1998 年版。

117. （清）顧炎武撰，（清）黃汝城集釋：《日知錄集釋》，上海古籍出版社 1985 年版。

118. （清）趙翼：《陔餘叢考》，商務印書館 1957 年版。

119. （清）徐松：《宋會要輯稿》，中華書局 1957 年影印本。

120. （清）沈家本：《歷代刑法考》，中華書局 1985 年版。

121. （清）孫星衍：《漢官六種》，中華書局 1990 年版。

122. （清）董誥：《全唐文》，中華書局 1983 年影印版。

123. 山東中醫學院、河北醫學院校釋：《黃帝內經素問校釋》，人民衛生出版社 1982 年版。

二、出土文獻

1. 甘肅省博物館、中國科學院考古研究所編著：《武威漢簡》，文物出版社 1964 年版。

2. 甘肅省文物工作隊編：《漢簡研究文集》，甘肅人民出版 1984 年版。

3. 謝桂華、李均明、朱國炤：《居延漢簡釋文合校》，文物出版社 1987 年版。

4. 三門峽市文物工作隊編：《北宋陝州漏澤園》，文物出版社 1999 年版。

5. 沙知輯校：《敦煌契約文書輯校》，江蘇古籍出版社 1998 年版。

6. 睡虎地秦墓竹簡整理小組：《睡虎地秦墓竹簡》，文物出版社 1990 年版

7. 張家山二四七號墓竹簡整理小組編:《張家山漢墓竹簡〔釋文修訂本〕》〔二四七號墓〕,文物出版社 2006 年版。

三、專著

1. 包東坡選注:《中國歷代名人家訓精粹》,安徽文藝出版社 2000 年版。
2. 陳振:《宋史》,上海人民出版社 2003 年版。
3. 程維榮:《中國繼承制度史》,東方出版中心 2006 年版。
4. 戴建國:《宋代法制初探》,黑龍江人民出版社 2000 年版。
5. 戴建國:《宋代刑法史研究》,上海人民出版社 2008 年版。
6. 戴建國:《唐宋變革時期的法律與社會》,上海古籍出版社 2010 年版。
7. 戴炎輝:《中國法制史》,三民書局 1979 年版。
8. 鄧小南:《宋代文官選任制度諸層面》,河北教育出版社 1993 年版。
9. 范忠信、鄭定、詹學農《情理法與中國人——中國傳統法律文化探微》,中國人民大學出版社 1992 年版。
10. 高成鳶:《中華尊老文化探究》,中國社會科學出版社 1999 年版。
11. 高楠:《宋代民間財產糾紛與訴訟問題研究》,雲南大學出版社 2009 年版。
12. 顧元:《衡平司法與中國傳統法律秩序——兼與英國衡平法相比較》,中國政法大學出版社 2006 年版。
13. 郭東旭:《宋朝法律史論》,河北大學出版社 2001 年版。
14. 郭文佳:《宋代社會保障研究》,新華出版社 2005 年版。
15. 龔延明:《宋代官製辭典》,中華書局 1997 年版。
16. 黃今言:《秦漢賦役制度研究》,江西教育出版社 1988 年版。
17. 李錦繡:《唐代制度史略論稿》,中國政法大學出版社 1998 年版。
18. 李淑媛:《爭財競產——唐宋的家產與法律》,北京大學出版社 2007 年版。
19. 李偉國:《宋代財政和文獻考論》,上海古籍出版社 2007 年版。
20. 梁庚堯:《南宋的農村經濟》,新星出版社 2006 年版。
21. 梁其姿:《施善與教化——明清的慈善組織》,河北教育出版社 2001 年版。
22. 劉廣安:《中華法系的再認識》,法律出版社 2002 年版。
23. 劉俊文:《唐律疏議箋解》,中華書局 1996 版。
24. 劉黎明:《宋代民間巫術研究》,巴蜀書社 2004 年版。
25. 劉馨君:《明鏡高懸——南宋縣衙的獄訟》,北京大學出版社 2007 年版。
26. 柳立言:《宋代的家庭和法律》,上海古籍出版社 2008 年版。
27. 陸德陽:《流民史》,上海文藝出版社 1997 年版。

28. 皮慶生：《宋代民間祠神信仰研究》，上海古籍出版社 2008 年版。

29. 漆俠：《宋代經濟史》，河北大學出版社 2008 年版。

30. 瞿同祖：《中國法律與中國社會》，中華書局 1981 年版。

31. 天一閣博物館、中國社會科學院歷史研究所天聖令整理課題組校正：《天一閣藏明抄本天聖令校正附唐令復原研究》，中華書局 2006 年版。

32. 王長金：《傳統家訓思想通論》，吉林人民出版社 2006 年版。

33. 王善軍：《宋代宗族和宗族制度研究》，河北教育出版社 2000 年版。

34. 王文濤：《秦漢社會保障研究——以災害救助爲中心的考察》，中書書局 2007 年版。

35. 王衛平：《明清時期江南城市史研究：以蘇州爲中心》，人民出版社 1999 年版。

36. 王雲海主編：《宋代司法制度》，河南大學出版社 1992 年版。

37. 王曾瑜：《宋朝階級結構》，人民大學出版社 2010 年版。

38. 王子今，劉悅斌，常宗虎：《中國社會福利史》，中國社會出版社 2002 年版。

39. 汪聖鐸：《兩宋財政史》，中華書局 1995 年版。

40. 魏殿金：《宋代刑罰制度研究》，齊魯書社 2009 年版。

41. 謝元魯、王定璋《中國古代敬老養老風俗》，陝西人民出版社 2004 年版。

42. 邢鐵：《戶等制度史綱》，雲南大學出版社 2002 年版。

43. 邢鐵：《宋代家庭研究》，上海人民出版社 2005 年版。

44. 徐少錦、陳延斌：《中國家訓史》，陝西人民出版社 2003 年版。

45. 徐揚傑：《中國家族制度史》，人民出版社 1992 年版。

46. 徐揚傑：《宋明家族制度史論》，中書書局 1995 年版。

47. 徐梓：《中華文化通志·家範志》，上海人民出版社 1998 年版。

48. 薛梅卿，趙曉耕主編：《兩宋法制通論》，法律出版社 2002 年版。

49. 楊一凡總主編，《中國法制史考證》，中國社會科學出版社 2003 年版。

50. 葉孝信主編：《中國民法史》，上海人民出版社 1993 年版。

51. 張晉藩總主編，張晉藩，郭成偉主編：《中國法制通史·宋》，法律出版社 1999 年版。

52. 張文：《宋朝社會救濟研究》，西南師範大學出版社 2001 年版。

53. 張希清等著：《宋朝典制》，吉林文史出版社 1997 年版。

54. 鄭學檬主編：《中國賦役制度史》，廈門大學出版社 1994 年版。

55. 朱瑞熙：《宋代社會研究》，中州書畫社 1983 年版。

56. 朱瑞熙、張邦煒、劉復生、蔡崇榜、王曾瑜：《遼宋西夏金社會生活史》，中國社會科學出版社 1998 年版。

57. 祝豐年、祝小惠：《宋代官吏制度》，中國社會出版社 2007 年版。

58. 〔日〕道端良秀：《唐代佛教史の研究》，法藏館 1957 年版。

59. 〔日〕夫馬進：《中國善會善堂史研究》，商務印書館 2005 年版。

60. 〔日〕仁井田陞著，栗勁、霍存福、王占通、郭延德編譯：《唐令拾遺》，長春出版社 1989 年版

61. 〔日〕仁井田陞：《唐宋法律文書の研究》，東方文化學院東京研究所 1937 年。

62. 〔日〕曾我部靜雄：《宋代財政史》，株式會社 1966 年版。

63. 〔日〕滋賀秀三：《中國家族法原理》，中國政法大學出版社 2002 年版。

64. 〔日〕川村康主編：《中國法制史考證》丙編第 3 卷，中國社會科學出版社 2003 年版。

四、論文

1. 包偉民、尹成波：《宋代別籍異財法的演變及其原因闡析》，載《浙江大學學報》（人文社會科學版）2009 年 5 月。

2. 蔡崇榜：《宋代醫療淺說》，載《四川大學學報》（哲學社會科學版）1998 年第 4 期。

3. 曹旅寧：《〈二年律令〉與秦漢繼承法》，載《陝西師範大學學報》（哲學社會科學版），2008 年第 1 期。

4. 陳景良：《試論宋代士大夫司法活動中的人文主義批判之精神》，載《法商研究》1997 年第 5 期。

5. 陳景良：《試論宋代士大夫司法活動中的德性原則與審判藝術》，載《法學論壇》1997 年第 6 期。

6. 陳景良：《試論宋代士大夫的法律觀念》，載《法學研究》1998 年第 4 期。

7. 陳明光：《唐朝的侍老制度》，載《文史知識》1991 年 11 期。

8. 陳平、王勤金：《儀徵胥浦 101 號西漢墓〈先令券書〉初考》，載《文物》1987 年第 1 期。

9. 陳璽、姜舟：《中國古代緣坐制度考辯》，載《貴州工業大學學報》（社會科學版）2004 年 6 月。

10. 陳延斌：《中國傳統家訓的孝道教化及其現代意蘊》，載《孝感學院學報》2011 年 1 月。

11. 陳延斌：《〈袁氏世範〉的倫理教化思想及其特點》，載《道德與文明》2000 年第 5 期。

12. 陳延斌：《論司馬光的「家訓」及其教化特色》，載《南京師範大學學報》（社會科學版）2001 年 7 月第 4 期。

13. 方瀟：《中國古代的代親受刑現象探析》，載《法學研究》2102 年第 1 期。

14. 高明士：《唐律中的家長責任》，載《中西法律傳統》第六卷，北京大學出版社 2008 年版，第 61～63 頁。

15. 高樹林：《試論宋朝身丁錢》，載《史學月刊》1990 年第 3 期。

16. 郭東旭：《宋代財產繼承法初探》，載《河北大學學報》1986 年第 3 期。

17. 郭東旭：《宋代「干證人」法制境遇透視》，載《河北大學學報》（哲學社會科學版）2008 年第 2 期。

18. 郭浩：《漢代「養老令」考辯》，載《合肥師範學院學報》2010 年 7 月。

19. 侯欣一：《孝與漢代法制》，載《法學研究》1998 年第 4 期。

20. 黃修明：《宋代孝文化述論》，載《四川大學學報》（哲學社會科學版）2002 年第 4 期。

21. 黃修明：《論儒家「孝治」司法實踐中「孝」與「法」的矛盾衝突》，載《江西社會科學》2010 年第 6 期。

22. 霍存福：《中國傳統法文化的文化性狀與文化追尋——情理法的發生、發展及其命運》，載《法制與社會發展》2001 年第 3 期。

23. 江兆濤：《清代抱告制度探析》，載《西部法學評論》2009 年第 5 期；

24. 姜密：《中國古代「非户絕」狀態下的遺囑繼承制度》，載《歷史研究》2002 年第 2 期；

25. 蔣鐵初：《中國古代證人制度研究》，載《河北省政法管理幹部學院學報》2001 年第 6 期。

26. 金眉：《唐宋養子制度變動研究——以異姓男的收養爲考察對象》，載《法制與社會發展》2011 年第 4 期。

27. 金中樞：《宋代幾種社會福利制度》，載邢義田、黃寬重、鄧小南總主編《臺灣學者中國史研究論叢》之李建民主編：《生命與醫療》，中國大百科全書出版社 2005 年版。

28. 李瑾明：《宋代社會救濟制度的運作和國家權力——以居養院制的變遷爲中心》，載《中國史研究》2005 年第 3 期。

29. 李雲根：《宋代入贅婚論略》，載《江西社會科學》2012 年第 8 期。

30. 林明：《傳統法制中的孝道文化因素釋義》，載《法學論壇》2011 年 11 月。

31. 劉德增：《古代中國的養老與敬老》，載《民俗研究》1992 年第 1 期。

32. 劉松林：《淺談我國古代的養老制度》，載《文史雜談》1999 年第 6 期。

33. 劉希烈：《論存留養親製度在中國封建社會存在的合理性》，載《當代法

學》2005 年第 3 期。

34. 柳立言：《子可否告母——傳統「不因人而異其法」的觀念在宋代的局部實現》，載《臺大法學論叢》第三十卷第六期。

35. 柳立言：《宋代的社會流動與法律文化：中產之家的法律》，載《唐研究》第 11 卷，北京大學出版社 2005 年版。

36. 呂志興：《宋代立嗣制度探析》，載《現代法學》2001 年第 3 期。

37. 馬作武：《族刑輪》，載《法學評論》1997 年第 4 期。

38. 毛曉燕：《中國傳統恤刑思想與刑獄實踐述評》，載《中州學刊》2006 年第 4 期。

39. 苗明宇：《中國古代復仇制度初探》，載《中國青年政治學院學報》2002 年第 6 期。

40. 苗書梅：《宋代官吏迴避法述論》，載《河南大學學報》（社會科學版）1991 年第 1 期。

41. 明輝：《法律與復仇的歷史糾纏——從古代文本中透視中國法律文化傳統》，載《學海》2009 年第 1 期。

42. 莫家齊：《從名公書判清明集看宋朝繼承制度》，載《法學雜誌》1984 年第 6 期。

43. 穆中傑：《「矜老恤幼」：唐律認定刑事責任能力的基點》，載《理論月刊》2012 年第 5 期。

44. 乜小紅：《秦漢至唐宋時期遺囑制度的演化》，載《歷史研究》2012 年第 5 期。

45. 沈葦：《宋代官辦慈善事業新探》，載《江西社會科學》2008 年 11 月。

46. 舒大剛：《兩宋時期的孝悌文化》，載《宋代文化研究》第十九輯，四川文藝出版社 2011 年版。

47. 宋采義、予嵩：《河南滑縣發現北宋漏澤園》，載《河南大學學報》1986 年第 4 期。

48. 宋東俠：《淺析宋代家訓的和諧因子》，載《青海師範大學學報》（社會科學版）2008 年第 2 期。

49. 宋炯：《兩宋居養制度的發展——宋代官辦慈善事業初探》，載《中國史研究》2000 年第 4 期。

50. 王春林：《論中國古代法律中的矜老恤幼原則》，載《廣西青年幹部學院學報》2006 年第 4 期。

51. 王定璋：《中國古代的敬老養老》，載《文史雜誌》1991 年第 5 期。

52. 王美華：《官方旌表與唐宋兩代孝悌行爲的變異》，載《東北師大學報》（哲學社會科學版）2003 年第 2 期。

53. 王美華：《唐宋時期地方官教化職能的規範與社會風俗的移易》，載《社會科學輯刊》2006 年第 3 期。

54. 王美華：《地方官社會教化實踐與唐宋時期的禮制下移》，載《遼寧大學學報》（哲學社會科學版）2010 年第 5 期。

55. 王善軍：《從〈名公書判清明集〉看宋代的宗祧繼承與財產繼承的關係》，載《中國社會經濟史研究》1998 年第 2 期。

56. 王曉勇：《略論北宋的盜賊重法》，載《中州學刊》2002 年第 6 期。

57. 王志芬：《淺析中國古代的尊老養老體制》，載《學術探索》2003 年第 7 期。

58. 王志強：《南宋司法裁判中的價值取向》，載《中國社會科學》1998 年第 6 期。

59. 魏殿金：《折杖法與唐宋量刑制度的變化》，載《齊魯學刊》2012 年第 6 期。

60. 魏明道：《中國古代遺囑繼承制度質疑》，載《歷史研究》2000 年第 6 期。

61. 魏天安：《宋代「戶絕條貫」考》，載《中國經濟史研究》1988 年第 3 期。

62. 吳曉玲：《論中國封建法制的恤刑原則》，載《南昌大學學報》（人文社會科學版）2000 年第 1 期。

63. 吳欣：《強權與弱勢：中國古代老人的雙重身份研究》，載《西北人口》2010 年第 3 期。

64. 吳欣：《社會史視野下的清代抱告制度研究》，載《吉首大學學報》2012 年第 1 期。

65. 邢鐵：《我國古代的贅婿繼產問題》，載《民俗研究》1996 年第 2 期。

66. 邢鐵：《唐宋時期的贅婿和接腳夫》，載《宋史研究論叢》第九輯，河北大學出版社 2008 年版。

67. 邢鐵：《宋代的財產遺囑繼承問題》，載《歷史研究》1992 年第 6 期。

68. 熊慧嵐：《論宋代諭俗文——王與守牧共天下》，載《新北大史學》第二期。

69. 徐麗：《中國古代家訓通論》，載《學術月刊》1995 年第 7 期。

70. 徐世虹：《秦漢簡牘中的不孝罪訴訟》，《華東政法大學學報》2006 年第 3 期。

71. 徐世虹：《「三環之」、「刑復城旦春」、「繫城旦春某歲」解——讀〈二年律令〉札記》，載中國文物研究所編：《出土法律文獻研究》（第六輯），上海古籍出版社 2004 年版。

72. 徐忠明、姚志偉：《清代抱告制度考論》，載《中山大學學報》（社會科學版）2008 年第 2 期。

73. 楊建宏：《論宋代官方諭俗文與基層社會控制》，載《湖南社會科學》2006年第 3 期。

74. 姚志偉：《抱告制度之淵源辨析》，載《河北法學》2010 年 1 月。

75. 尹旦萍：《〈周易〉的生存智慧與中國的家訓文化》，載《孔子研究》2002年第 2 期。

76. 游彪：《建構和諧：宋儒理想狀態的家庭鄰里關係》，載《上海大學學報》（社會科學版）2008 年第 1 期。

77. 俞江：《家產製視野下的遺囑》，載《法學》2010 年第 7 期。

78. 張邦煒：《宋代避親避籍制度述評》，載《四川師範大學學報》1986 年第 1 期。

79. 張本順：《變革與轉型：宋代「別籍異財」法的時代特色、成因及意義論析》，載《法制與社會發展》2012 年第 2 期。

80. 張鴻浩：《唐之前「敬老」文化的發展及其法制化進程》，載《理論月刊》2012 年第 8 期。

81. 張建國：《中國古代復仇觀之我見》，載《法學》1998 年第 8 期。

82. 張紀寒：《存留養親製探源》，載《中南大學學報》（社會科學版）2003年第 4 期。

83. 張玉光：《儒家孝義思想對傳統中國國家司法主義的影響——以「復仇」制度爲論域的思考》，載《西南政法大學學報》2004 年第 5 期。

84. 周欣宇：《中國古代孝——法關係模式及其影響》，載《蘭州學刊》2009年第 2 期。

85. 朱鳳詳：《漫話贅婚》，載《黃淮學刊》（哲學社會科學版）1998 年第 3期。

86. 莊華鋒、譚書龍：《宋代江南地區慈善事業研究》，載《安徽史學》2006年第 6 期。

87. 〔日〕柳田節子：《宋代的父老——關於宋代專制權力對農民的支配》，載《漆俠先生紀念文集》，河北大學出版社 2002 年版。

88. 〔日〕佐立治人：《〈清明集〉的「法意」與「人情」——由訴訟當事人進行法律解釋的痕跡》，載楊一凡總主編《中國法制史考證》丙編第三卷，寺田浩明主編《日本學者考證中國法制史重要成果選擇·宋遼西夏元卷》，中國社會科學出版社 2003 年版。

五、博碩士論文

1. 葛敬靜：《中國古代寬宥制度研究》，青島大學 2012 年碩士學位論文。

2. 李小紅：《巫覡與宋代社會》，浙江大學 2004 年博士學位論文。

3. 劉欣《宋代家訓研究》，雲南大學 2010 年博士學位論文。

4. 馬雪：《宋代優老養老政策述論》，湘潭大學 2008 年碩士學位論文。

5. 王春花：《唐代老年人口研究》，山東大學 2011 年博士學位論文。

6. 王家封：《中國古代老幼廢疾法律制度研究》，吉林大學 2011 年碩士學位論文。

7. 王慶亮：《論中國古代法制之矜恤主義》，吉林大學 2006 年碩士學位論文。

8. 吳昊：《存留養親製度流變探析》，西南政法大學 2005 年碩士學位論文。

9. 任麗麗：《唐宋時期的養老問題》，河北師範大學 2010 年碩士學位論文。

10. 石璠：《宋代弱勢群體法律地位探析——以寡婦、贅婿、養子爲例》，中國政法大學 2004 年碩士學位論文。

11. 唐楊靜：《論中國古代老年人犯罪之寬宥制度》，蘇州大學 2012 年碩士學位論文。

12. 楊建宏：《宋代禮制與基層社會控制》，四川大學 2006 年博士學位論文。

13. 尹成波：《從異子之科到禁止別籍異財》，浙江大學 2009 年博士學位論文。